VÅGA LEVA

Eva Dillner

Copyright © 2006 Eva Dillner

Tavla framsida
© 2003 Karin Swanström
www.karinswanstrom.com

Inbunden mjukband (Perfect Bound)
ISBN-13: 978-91-976309-1-7
ISBN-10: 91-976309-1-8

Trycks on demand av Lightning Source inom 48 timmar i USA eller England och distribueras via Ingram Book Group, Bertrams, Gardners, Nielsen BookData, Baker & Taylor & Stjärndistribution till bokhandlare och nätbutiker världen runt.

e-bok i pdf/mobipocket
ISBN-13: 978-91-976309-3-1
ISBN-10: 91-976309-3-4

Ljudbok för mp3/iPod & dator
ISBN-13: 978-91-976309-2-4
ISBN-10: 91-976309-2-6

E-böcker i pdf/mobipocket och ljudböcker i mp3/iPod distribueras via Elib AB, Stockholm till nätbutiker och bibliotek.

Utgivare:
DIVINE DESIGN
www.divinedesign.nu

VÅGA LEVA

Eva Dillner

DIVINE DESIGN
www.divinedesign.nu

Tidigare utgivna böcker av Eva Dillner:

God put a Dream in my Heart
Handbook of Life Therapy
2003

The Naked Truth
an exercise in therapeutic storytelling and the principles involved in becoming finally free
2003

The Pathfinder Process
exploring the potential of organizations and relationships
2005

also known as the Paradise Trilogy

*

Livs Levande Eva
Ljudbok MP3-iPod
2006

På denna sida brukar man hitta recensioner och kommentarer. I stället för att läsa om vad andra tycker, så får du i detta fall bilda dig en egen uppfattning. Boken handlar i mångt och mycket om att ta tillbaka den sanna auktoriteten över ditt liv, att ta tillbaka makten att leva, verkligen leva.

Svenskar älskar auktoritet och undrar ofta "vad tycker du?" Denna bok handlar om att du själv får ha en åsikt, det är ingen auktoritet som kommer att godkänna eller rekommendera boken. Det är du som är chefen i ditt liv. Ja, jag vet att det är hur osvenskt som helst, men när du läst boken kan du skriva en egen recension och lägga in den på bokhandelns nätbutik för andra att läsa. Det är demokrati.

Läs igenom eller lyssna på hela boken innan du tar dig an övningarna. I stället för att varva övningar med text, har jag valt att lägga alla övningar i en separat del, efter själva boktexten. Läsningen blir mer flytande på så vis. Dessutom känner jag inte en kotte som gör övningarna medan de läser en bok. Många skippar dem helt och hållet.

Boken kan du använda många gånger, hela livet ut, i alla möjliga sammanhang. Har du frågor så finner du författaren genom www.divinedesign.nu på nätet.

DET OKÄNDA

När du har kommit till gränsen för allt ljus Du känner till och Du står inför att stiga ut i det okändas mörker: Då är förtröstan att veta att en av två saker kommer att hända. Det kommer att finnas något stadigt att stå på eller Du kommer att lära Dig att flyga.

- Okänd

INNEHÅLL

Det var N gång... 1
   Vad handlar boken om? 1
Alla har DET inom sig 5
Beslutet 6
Vad är DET? 8
Skapa utrymme 10
Som ett garnnystan 13
Dansen i mitt liv 17
Barnsligt och omoget 22
Kvinnan från 1600-talet 24
Det okända 28
Vila vid denna källa 31
   Meditation 31
   Fem minuter är en bra början 33
Att gå i väggen 35
Osäkerhet 38
Livrädd 42
Återkomsten 45
Mitt häftiga liv 47
Har män beröringsskräck? 52
   Jag ringer 56
      Väck inte hoppet om du inte verkligen menar det 57
      En självbiografi i fem korta avsnitt 57
   Ibland saknar jag ord 58
      Syftet med möten 60
   Tankar om relationer 60
Motsatser 62
Vi är alla sargade 65
   Dra ur korken 65
   Tydliga besked 68

    Det enda sättet du kan såra mig är att inte vara sann med dig..69
    Vad är lösningen? 70
Vänta inte tills du får en hjärtinfarkt 74
    Vad är heligt med 40 timmar? 74
        Lösningar finns hos alla 76
    Olika sorters motion 77
        Styrketräning 77
        Aerobisk 79
        Flexibilitet 79
Döden 80
    Mellanrum 81
    Mörker 81
        Vad är TID? 82
    Motstånd 82
Varningssignaler 86
Känslor är energi i rörelse 91
    Men hur jobbar man med sina känslor? 91
        Fysisk och emotionell smärta 92
        Det kan vara jobbigt att lyckas 92
        Alla nyanser behövs 94
        Olika åldrar 94
Framtidens terapimodell 96
    Men vad ska terapeuterna göra? 97
    Inlevelse, upplevelse, utlevelse 98
    Vad är mitt och vad är ditt? 99
Övergrepp och misshandel 101
    PTSD - Post Traumatisk Stress Syndrom 103
    Barn far illa 103
    Goda féer 104
Bakom kulisserna 105
    Översittare och undertryckta 107

Acceptera människor som de är 111
Du är inte redo 113
Empowerment 115
    Nya lösningar 118
    Tankar om jämställdhet 120
Uppfinnare och filantroper 122
    Hjärta till Hjärta 125
        St Maur korset som symbol 126
Money Money Money… 129
Det är ditt liv 136
Lita på dig själv 138
Det blev inte som de tänkt sig 140
    Konsten att misslyckas 141
    Framåt och uppåt 141
    Knyta kontakter 144
    Bygga människor 146
Måleriets magi 148
Mina känslor väcks 152
    Du har tre val 156
Varför vill du bli frisk? 158
Nya möjligheter 160
    Vinterdvala 161
    Ta vara på resurserna 163
Andas bör man 164
En kortkurs i förenkling 167
Shen-terapi 171
    Varför berättar jag om konflikten inom ledningen? 174
    Nyckelsession 176
    SHEN fysio-emotionell förlösningsterapi 177
        Så här gör vi under Shen-behandlingen 178
        Hur stör "spjälningseffekten" våra fysiska kroppar? 180

Liknar SHEN Therapeutic Touch eller Reiki?......................180
Hur frigör jag mina känslor?...................................180
Vad menas med "Biofältet"?....................................180
Känslorna svallar.. 182
Flöden i Shen... 186
Fontäner, chakran & emotion centers...................... 187
Insikt...190
Mer om alkohol.. 193
Meditation i Ton... 196
Grundläggande instruktioner................................. 197
Hmmm.. 199
Självgående grupper 200
Att följa flödet som ledare 200
Tillsammans..202
Vi vill bara måla 203
Känslomässigt stöd 204
Vitsen med terapi...206
Det finns så många metoder 210
Mjukhetens magi 212
Leka med möjligheterna.. 213
Så ett frö 214
Frigörande Dans.. 216
Det mentala fängelset 217
Teman.. 218
Nio vägar till fred 219
Luft..220
Terapeutisk Berättelse 221
Att korva sig igenom 222
Ett varv till på whiplashskador 223
Mera Frigörande Dans 228
Jag finner mig inte i det här 231

Här får inte jag vara 233
Enhet 236
    Behov 237
    Kontraster 238
ÖVNINGAR 241
    Basmeditation 241
    Sharing - att dela med sig 244
    Armar & Händer i Shen 246
    Tvärgående Shenflöden 247
    Shen Omkrets- & Spiralflöden 250
    Shen Fontänmeditation 254
    En egen Shen session 256
    HU-sång 259
    Chakratoner 260
    Börja dansa hemma 262
    Skelettövning vid Frigörande Dans 263
    Terapeutisk berättelse vid irritation 265
Bakgrund, filosofi och länkar 267
Boka kurser 275

Det var N gång...

När jag gick i första klass skulle vi skriva uppsats. Min började *Det var N gång...*

Min kompis påpekade att N skulle stavas en, inte bara bokstaven n.

- Nähä, sa jag. Det fattar väl alla att det är N. Det ska vara så. Obstinat var jag redan då. Hade mina egna idéer om skrivandet. Det har jag fortfarande.

Om du är van att läsa det som är strukturerat och punktat i akademisk ordning kan mitt sätt att skriva kännas nytt till att börja med. Men om du sätter dig bekvämt till rätta och låter orden som du läser föra dig in i samtalet, som om jag sitter bredvid dig i soffan, så vaggas du snart in i bokens resa.

Vad handlar boken om?

I himlen finns inga hemligheter. I himlen finns inget lidande. I himlen existerar inte konkurrens. I himlen vet man inte vad skuld är.

Du behöver inte vänta. Den himmelska energin finns här på jorden redan nu. Den är i dig och mig. Livsenergin som håller oss levande, själen som bor inom oss förstår den naturliga lösningen, där inga hinder finns, där rädslan är ett okänt begrepp.

Ju mer vi släpper taget och reser på livets flod och överlämnar oss till livets dans, ju mer är vi ett med den himmelska energin.

Livet är här och nu, i detta ögonblick. Oavsett var du är, oavsett vad du tänker eller känner, är du en andlig varelse i en jordisk kropp.

Varför är du här? För att lära dig vara människa med alla de fel och brister och klantigheter det innebär. Som själ är du redan perfekt. Som människa lär du dig innebörden av att inte vara det.

Denna boks resa från idé till förverkligande har varit en upplevelse av vad det innebär att vara människa. Till att börja med hade jag ett enormt motstånd till att skriva boken. Hela jag skrek "jag vill inte!" som en trotsig liten barnunge.

Jag skrev ändå. Korvade mig igenom det där motståndet. Skrev, var arg, ledsen, glad, intelligent, korkad, funderade och berättade, huller om buller. Inom motstånd ligger mycket energi som bara väntar på att få flöda.

Så kom sommaren, folk var lediga och nyfikna på mitt nya verk. Äntligen skulle de få läsa på svenska.

Självklart ville jag ha hjälp med korrekturläsning och feedback. Synpunkter är ett bra ord. Kritik känns inte bra. Kritik är lika svårt att ge som att ta emot. Men boken var inte färdig. Ändå kändes det rätt att lämna ut ett grovmanus till en nära krets. Den har väckt många känslor. Uppenbarligen skulle det vara så här, men varför?

På grund av att manuset släppts i grovform var det lättare att ha synpunkter. Det har blivit både beröm och konflikter. Jag känner att vi alla gått en överkurs i personlig utveckling med mitt manus som katalyserande verktyg. I slutändan känner jag att det kommer att bli bra. Men mitt i stormen känns det inte alltid behagligt.

Texten har satt tummen i vissa blåmärken. Frågor som jag inte ens tänkt har dykt upp. Det har inte varit lätt att lyssna till ärliga synpunkter, heller inte lätt att leverera dem. Jag känner att jag växer i detta och likaså mina vänner. I vissa fall har vi kommit varandra närmare.

Min reaktion är annorlunda. Jag tar in vad andra har att säga, begrundar och funderar. Tidigare hade jag upplevt samma budskap som starkt kritiserande. Att de har rätt och jag fel. Men efter allt inre arbete så upplever jag det annorlunda. Mest spännande är att det sätter igång något hos varje läsare. Men inte samma sak. Reaktionerna är helt olika. Vad vill det säga?

Nyligen såg jag filmen *What the Bleep do we know!?* (www.whatthebleep.com) *Vad vet vi - egentligen!?* på svenska. Den handlar om kvantfysik, medvetande, tankar och känslor. Om hur allt hänger ihop. Andligheten och fysiken närmar sig varandra i sina funderingar. För vad vet vi egentligen? Vad är egentligen sant? En röd tråd i filmen handlar om hur vi ser det vi förväntar oss. Vi ser det som speglar vårt inre. Vi tolkar varje händelse utifrån vårt inre bagage.

Filmen *What the Bleep do we know!?* poängterade vidare hur vi blir beroende av tankar eller känslor. Vi blir vana vid att få en kick av en viss sorts känsla eller situation. Omedvetet skapar vi den om och om igen. Det uppstår ett sorts missbruk. Även om vi säger att vi vill ha lugn och ro, så känner vi oss inte tillfreds när det väl inträffar. Då vill vi att något ska hända.

En del blir beroende av häftiga upplevelser. Jakten på spänning söker mer och mer, men blir aldrig tillfredsställd. Andra hamnar i samma sorts konflikter, har alltid något att reda ut. Konsten är att upptäcka dessa monster och förändra dem.

Under min utvecklingsresa har jag förlöst många känslor och händelser. Efter nyckelsessioner (förklaras i kapitlet *Shen-terapi*) har jag känt ett enormt lugn, eller tomrum, samtidigt som jag uppmärksammat att dramatiken försvunnit. När jag blivit medveten om hur osensationellt livet kan vara har det känts ovant. Jag har fått jobba på att vara kvar i det. Inte söka det där upphetsade tillståndet av gammal ohejdad vana.

Att bli medveten är inte lätt. Livet går oftast på autopilot. Det spelar ingen roll hur många kurser du gått, hur många böcker du läst, hur många häftiga behandlingar du varit igenom om de inte lett till insikt eller förändring. Det är först när vi reagerar annorlunda på en liknande situation som vi verkligen har lärt oss läxan.

Några tankar till läsaren. De stycken som väcker en känslomässig reaktion vill säga dig något. Kanhända att det bara handlar om att jag uttryckt mig klumpigt, eller att jag rentav har fel. Men det kan också vara så att här finns något för dig att jobba med. Vad reagerar du på och vad handlar det om på ett djupare plan? Har du en åsikt som starkt skiljer sig ifrån min? Bra.

Jag får en känsla av att boken är en sorts katalysator till förlösning. Här finns möjligheter för oss alla att växa. Alla får ha en åsikt. Vi behöver inte tänka lika. Alla känslor är ok. Vad väcker mina ord i dig?

Jag känner mig lite som Stuart Wilde (www.stuartwilde.com). Han är en av mina favoritförfattare. Skillnaden är att han helt medvetet slänger ut ett påstående som alla har en stark åsikt om. Han står kvar som en åskådare medan tumultet bryter ut. Ljudnivån från diskussionen går i taket. Reaktionerna handlar om vadå? Han hjälper människor att bli medvetna om sina käpphästar, sina blinda sidor, sina ömma punkter.

Jag gör tydligen det med. Men jag gör det inte med flit. Det bara blir så. Jag delar med mig av mina tankar, mina känslor och mina åsikter. Det väcker dig. Kanske jag säger saker som du tänkt men inte vågat yttra? Kanhända påminner mina berättelser om ditt eget liv.

Tankarna vandrar till mitt intuitiva måleri. Varje tavla väcker helt olika reaktioner från varje människa. Tavlan fungerar som en spegel av betraktarens inre. Visar du den för tio personer kan du få upp till tio tolkningar av vad den handlar om.

Denna bok är likadan. Du ser vad som är ditt att se. Vad du sen gör med det är ditt beslut.

Alla har DET inom sig

De säger att alla har en bok inom sig. Det kanske är sant. Alla har vi någonting inom oss som vill ut, som kommer att berika oss om vi vågar släppa fram det. Den här boken visar dig hur du kan få livsenergin att flöda så att du kan skapa något nytt. Det kan vara en bok, en idé för en ny produkt, ett nytt liv, en lösning på ett problem du gått och grunnat på, ett helt nytt samhällssystem eller en liten förändring i ditt liv. Processen är den samma, vad som är viktigt är att få igång det kreativa flödet.

Lösningen finns inom dig. Knepet är att få den logiska hjärnan att släppa fram det ohämmade flödet så att idérikedomen får fart. Det kan ske på många sätt. Vi har väl alla gått och grubblat på något och så helt plötsligt när vi minst anar det trillar polletten ner. Kanske när du är ute och går, eller står och diskar, eller så dyker lösningen upp i drömmarna om natten.

Kreativiteten är en del av livsenergin. I andra kulturer kallas denna energi för prana, chi eller ki. Vi känner den som intuition och inspiration, eller som magkänsla. De som sysslar med healing kallar den för biofältet. I religiösa sammanhang är det anden, eller den gudomliga kraften som representerar livsenergin. Terapeuter talar om emotionell, mental, fysisk och själslig energi. Vetenskapligt talar man om termodynamik och delar upp den i potentiell energi, kinetisk (dvs rörelse) energi och statisk energi.

Allt är energi och del av livet. För att kreativiteten ska blomma behöver vår livsenergi flöda fritt.

Beslutet

Första steget har du tagit. Du har plockat upp den här boken. Du har i alla fall tänkt tanken att du kanske skulle kunna göra något. En bok eller annat projekt eller en liten förändring. Du söker efter ett sätt att komma vidare. Kanske har du gått i väggen eller råkat ut för en livskris. Du kanske upplever att du behöver hitta hem till dig själv, att du gått vilse någonstans på vägen. Möjligtvis känns organisationen du jobbar i för stel och livlös. Eller så är du helt enkelt intresserad av hur du kan bli mera kreativ och få mer livsenergi. Lugn, du har kommit till rätt plats.

Nästa steg är det viktigaste. Beslutet. Bestäm dig för att du ska ta tag i det. Nu! Intentionen är otroligt viktig i allt skapande. Viljan, att gå vidare, att våga förändras, att våga ta steget in i något okänt är oerhört viktig. Det sätter vår kurs, så att säga. Du behöver inte önska dig något stort, det lilla är vad de flesta egentligen drömmer om. Att få en bra vardag, med intressant sysselsättning och trevliga relationer, att ha det bra med andra ord. Som min före detta granne ofta sa "man kan inte mer än äta sig mätt."

Men man måste ta det första steget mentalt. Man måste vilja något. En av mina vänner gick bort nyligen. Under sjukdomens gång sa hon ofta "jag vill bara bli frisk." Min fråga var "vad vill du göra när du är frisk?" Vi behöver ett syfte, en anledning att vara kvar här på jorden. Jag tror min vän var färdig, hon hade inget mer som hon ville göra här. Hemma för själen är ju egentligen i himlen. Jag ser det som att vi är andliga eller själsliga varelser som kommer ner på jorden för att lära oss att leva. Jag tror vi lever många liv och varje inkarnation har sitt speciella tema eller lärotillfällen. Detta är min sanning, kanske inte din. Jag tror inte det finns någon sanning med stort S som gäller för alla. Med andra ord finns det ingen enhetslösning, den är individ- och situationsanpassad.

Du kanske redan vet exakt vad du vill, du har ett klart mål i sikte. Skriv ner det och sätt upp det på ett ställe där du blir påmind om det då och då. Du kan lägga det vid sängen eller sätta upp det på kylskåpet eller insidan av garderobsdörren. Huvudsaken är att du erkänner för dig själv vad du egentligen vill, att du vågar släppa fram dina innersta önskningar.

Om du i nuläge inte har klart för dig vart du är på väg, är det helt i sin ordning. Att ta fram DET som finns inom dig är vad denna bok handlar om. Det kanske inte alls blir vad du tror.

Vad är DET?

DET kan vara

- *en bok*
- *en idé*
- *dig själv*
- *dina känslor*
- *din livskraft*
- *ditt mod*
- *något du alltid velat göra*
- *lösningar på ett problem du grunnat på*
- *nya strukturer i samhället*

Alltså är detta en mångsidig bok, den kan besvara många behov. I allmänhet riktar jag mig till en bred publik. Jag ser inte de helande eller kreativa processerna som till för några få utvalda, utan som redskap vi alla kan använda.

Min vision är att det kommer att vara lika vanligt att ha en behandlingsbänk hemma som en dator eller TV. Det kommer att vara lika självklart att det finns meditationsrum på företag som konferenslokaler.

Vi kommer att kunna gå på IKEA och handla allt vi behöver för att må bra och vara kreativa. Vi kommer att upptäcka att Gosa/Kela kuddarna och täckena där har inspirerat oss att gosa och kela med varandra.

Ända sedan jag gick lärarutbildningen i Shen-terapi har jag tänkt att undervisningen borde ske på annat sätt. De flesta elever kommer aldrig att kunna livnära sig som terapeuter. Dessutom är de flesta där för sin egen utveckling, även om de kanske inte inser det då. Jag har fått ut oerhört mycket genom att byta behandlingar med andra terapeuter. Värdet har legat i att vi har lärt oss samma grunder och kan hjälpa varandra.

Det är dit jag vill komma med mina böcker och kurser. Lära er grunderna i de kreativa och terapeutiska processerna så ni kan fortsätta på egen hand.

Mitt mål är att starta självgående grupper, att lära ut grunderna och lotsa er igenom processen för att sedan släppa er fria att fortsätta på egen hand. Mitt sätt att lära ut skiljer sig från det traditionella. En kursdeltagare sa att jag gör det så enkelt och naturligt, som om "det här kommer ni ihåg från andra klass." Jag delar med mig av det jag kan, agerar som en katalysator för gruppens processer och låter livsenergin flöda. Det betyder att jag också går in i mina processer under resans gång.

Bästa sättet att lära sig något är att vara med i en grupp som träffas regelbundet under en längre tidsperiod, där teori varvas med praktik, där man får tillfälle att lära känna och jobba med varandra och där det ges tillfälle till repetition, fördjupning och en förlösning av sina egna processer. Så småningom sitter kunskapen i ryggmärgen.

Skapa utrymme

För att kunna ta fram det som finns inom dig behöver detta "något" plats eller utrymme. Om ditt liv är fullspäckat och du känner stress och tidsbrist behöver du först rensa lite. Skapa plats för det nya. Ge utrymme för något nytt att komma in. Om du gått i väggen har universum redan ordnat detta utrymme. Det är upp till dig vad du gör med det.

Ett sätt att börja processen är att använda *kilprincipen*. Man börjar med det roliga, i andra ändan. I stället för att städa, så börjar man med att ta in lite av det man vill ha. Då är det lättare att ta tag i rensningen. Som i allt annat handlar det om både och, alltså inte antingen eller. Det ena utesluter inte det andra.

Vad är då *kilprincipen*? Helt enkelt kilar man in det nya, man börjar i det lilla, med små steg, så småningom kan man öka på, göra kilen större. Konkret handlar det om att ändra sina vanor. Säg att du vill skriva en bok, då måste du ju börja någonstans. Med kilprincipens hjälp sätter du nu av tid varje dag för att drömma om ditt projekt.

Drömma? Men jag trodde det handlade om att skriva, skriva, skriva? Att man måste vara disciplinerad och skriva varje dag, hamra sig fram och kämpa? Ja, det finns författare som jobbar så. Jag tror på att leva i livets flöde, att skriva när anden faller på. Jag tror inte man kan forcera kreativitet. Skriver jag när energin finns där, när jag känner för det, så blir det bra. Jag gav ut tre böcker på tre år så metoden fungerar, det vet jag. Utåt sett ser det inte ut som jag anstränger mig. Det gör jag väl inte heller, jag följer med i flödet.

Tro inte att detta betyder att man kan fly från sitt öde eller att det inte är emotionellt svårt ibland, det är det. Knepet är att inte backa för det som kommer i ens väg. Att följa flödet betyder att ibland får man rida på kaosvågen, ibland får man stilla sig i tomrummet, invänta, ha tålamod. Ibland får man sitta där tills man har korvat sig igenom det. Även om man skulle vilja springa till kylskåpet och stoppa i sig något, prata av sig på telefonen eller avleda uppmärksamheten på ett eller annat sätt, så vet man innerst inne att nu finns materialet här, nu är det dags att sätta det på pränt.

Visst, du kommer att ha många invändningar och rädslor. Detta är naturligt. Vad du än gör som är nytt för dig kommer att göra dig nervös. Knepet är inte att göra sig av med fjärilarna i magen, det kan du inte. En av mina tidigaste klienter var professionell föredragshållare, anlitad som huvudattraktion på stora konferenser.

- Knepet är att få fjärilarna i magen att flyga i formation, sa hon.

Nästan alla stora skådespelare berättar om nervositeten de känner innan de går upp på scenen. Oavsett hur länge de hållit på, oavsett hur rutinerade de än är, så känner de av fjärilarna i magen. Vad vi vanliga dödliga behöver förstå är att nervositeten är naturlig, att kittlet i magen är där som en vän, som visar oss att vi är på rätt väg. Vad som händer när vi vågar utforska gränserna, när vi blir vän med fjärilarna, är att vi växer som människor. Och det är ju därför vi är här på jorden, för att utvecklas.

Man kan se det som att man dansar med sina fjärilar. Det var väl en bra bild? Dansande fjärilar. Tänk på det nästa gång du ska göra något läskigt. Att ställa sig upp och prata inför grupp är mer skrämmande än att dö, tycker de flesta människor. Att sätta sina tankar på pränt är kanske inte lika obehagligt, men det är få som bara sätter sig och skriver. Även när de vet att detta vill de.

Universum var tvunget att få mig på fall för att jag skulle fatta. Visst, jag hade gått och tuggat på att skriva, men inte riktigt kommit till skott. Försökte allt annat för att få min verksamhet att få fart. Så en dag halkade jag medan jag klippte gräsmattan och bröt fotleden. Jag fattade direkt. Ok, jag ska skriva. Jag hade ju tänkt tanken länge nog. Då satte jag igång.

Astrid Lindgren skrev ner Pippi Långstrump efter att ha stukat foten och blev sängliggande i sex veckor. En av mina väninnor hade funderat i flera år på att skriva en bok. Jag påpekade, att hon kanske inte behövde vänta tills hon bröt fotleden för att sätta igång. Hon fattade vinken. Hon bröt ett förhållande istället. Nu är första boken färdig och en andra på gång. Du behöver inte vänta på att universum ska ta till släggan för att du ska komma igång. Du kan börja nu.

Du kan börja med att kila in dagdrömmen. Skrivandet för mig är kanske 20% av processen, resten är förarbete. Ungefär som att måla ett hus. Förberedelserna är 80%. Man ska bestämma färg, undersöka vad för sort, hur man gör, gå och köpa grejer, flytta undan saker, skrapa och slipa och tvätta, täcka och tejpa över. Allt detta innan man ens målat ett penseldrag. Skrivandet är en liknande process.

Det börjar med en dröm. Jag är av naturen filosof och drömmare så det här passar mig så bra. Man kan dagdrömma i en hängmatta, man kan sträcka ut sig på soffan med en gosefilt, man kan sätta sig i en tankefåtölj, man kan skapa sig en funderingsplats. Många idéer kommer till mig när jag är ute och går i naturen eller står och diskar eller ligger i badkaret. Meditation är ett annat ypperligt drömredskap.

Jag tror vi har tappat förmågan att drömma. Vi har glömt hur man sitter och tomglor, hur man inte gör något utan bara sitter och stirrar ut i tomma intet. Att ligga på sofflocket och dega är bästa grogrunden för kreativa projekt. Det är inte alls lathet, det är kreativitet. De bästa idéerna, de nya visionerna kommer inte från människor som ständigt är sysselsatta och upptagna. De har inte tid att drömma. Men där det finns gluggar av "bara vara" har anden en chans att komma in. Häri ligger också nyckeln. Det ska inte vara så perfekt eller inrutat. Då finns ingen plats för det oväntade. Det är i det oplanerade som magin kan komma fram. Vi vet inte vad som ska hända exakt. Visst, det är fjärilarna på gång igen, men de hjälper oss skapa magi.

Fjärilen börjar som en larv, går igenom puppstadiet för att sedan transformeras till en vacker fjäril. Vi och våra kreativa och läkande processer går igenom liknande stadier. I början är man en larv, man kanske till och med känner sig larvig? Så går man in i en kokong, insluten i sin egen dröm, lite som att gå i ide eller vinterdvala, för att så småningom födas som den vackra fjärilen. En härlig liknelse.

Som ett garnnystan

När jag börjar på ett bokprojekt vet jag inte riktigt vad det vill bli. Det klarnar under resans gång. Ibland är det tydligt från början, ibland behöver jag rota i flera lådor innan jag hittar livsnerven. Den här boken kom till på så sätt, inte alls vad jag trott jag skulle göra, men nu känns det helt rätt.

Alla kreativa och läkande projekt går igenom denna till synes dimmiga fas, man fattar ingenting. Lugn, allt är i sin ordning.

- Utan kaos föds inga stjärnor, säger en kollega.

Hösten 2005 var jag ute och höll föredrag runtom Europa, hann med tio länder och 1.400 mil på lite över två månader. Syftet var att marknadsföra mina böcker hos svenska och amerikanska föreningar. Originalplanen var att jag skulle komma hem och mellanlanda några månader, för att sedan fortsätta turnera i USA och de Brittiska öarna under 2006. Här sitter jag i mars 2006, hemma, och skriver en bok.

Man vet aldrig vart vägen leder. När jag kom hem i november kände jag först att jag behövde landa, bara vara, ta hand om post och tvätt, träffa vänner, njuta av att få vara hemma och sova i egen säng. Efterhand upptäckte jag att jag pratade om att jag var i ett mellanrum. Jag inväntade nästa fas och befann mig i mellanrummet. Ett projekt avslutat, men nästa har inte tagit form ännu. Gradvis blev känslan starkare att jag inte skulle turnera. Det var något annat i görningen.

En bokidé började ta form. Vid jul hade det klarnat. Jag skulle skriva om mellanrummet. Vi är så duktiga på mål, att ta oss från a till ö, men vad vet vi om mellanrummet, det där diffusa emellan? Det där ogripbara tillståndet mellan ö och a. Nästa fråga var om detta skulle skrivas på engelska eller svenska. Eftersom jag levt i USA från 14 års ålder hade det fram till nu fallit sig mer naturligt för mig att skriva på engelska. Men intresset hade varit stort från utlandssvenskarna för mina böcker. Det finns närmare en halv miljon svenskar som bor utomlands, alltså de som är födda i Sverige men hamnat i utlandet av en eller annan anledning. Sen finns det ännu fler svenskättlingar runt om i världen.

Men min inre vägledning visade mig att mellanrumsboken skulle skrivas på engelska, jag fick titeln klart och tydligt *From Z to A - navigating the space in-between*. Omslaget skulle vara i midnattsblått med silverstjärnor slumpvis utspridda i bakgrunden. Jag började skriva och kom en bra bit på väg. Kände att jag kunde belysa detta ämne från många håll. Det kändes spännande eftersom man inte kunde ta sig an denna bok som ett a-till-ö projekt, utan jag fick utforska i nuet hur jag kunde beskriva tillstånden i mellanrummet. Efter ungefär 20.000 ord blev det trögt. Böcker kan variera enormt i längd. De jag givit ut hittills har varit 25.000, 55.000 och 60.000 ord. Intuitionen sa mig att mellanrumsboken skulle hamna på ungefär 80.000 ord. Så jag hade kanske skrivit en fjärdedel, men kom ihåg att detta var utkastmaterial, ej bearbetat.

Det var trögt. Jag funderade och mediterade, levde mitt liv. Kände att något behövde förändras. Min dator var vid det här laget 4,5 år gammal. Även om den inte var redo för graven kändes det som det var dags för en ny. Vad jag än skulle skriva, handlade det om en annan medvetandenivå. Jag kunde inte komma vidare på min gamla dator. Dessutom ville jag börja göra ljudböcker, på CD och i MP3/iPod-format. För det behövde jag ny teknik. Jag använder Mac, det är så enkelt och fungerar så bra. En ny dator blev det.

Men nu var tråden en annan. Mellanrumsboken fick vila. Jag började nysta på en bok på svenska, som skulle föra in mina tankar och erfarenheter hur man hittar tillbaka till livet efter utbrändhet, whiplash och livskriser i allmänhet. Jag hittade igen en fil jag påbörjat innan jag åkt iväg på hösten. Det var en fullmåne i augusti med speciellt starka energier och jag kom ihåg att jag skrivit ner en massa tankar. När jag öppnade filen upptäckte jag att jag skrivit flera kapitel och att där fanns huvuddragen till en hel bok. Den hade arbetstiteln *Upptäck ett annat sätt att leva...*

Här skulle jag också väva in mina idéer för helande nätverk, hur man startar kurser för att sätta igång självläkande grupper. Jag är visserligen utbildad terapilärare men har känt att det är för begränsande att utbilda terapeuter. Det är nästan omöjligt att försörja sig som alternativterapeut i Sverige, och största nyttan de flesta har av sina utbildningar är att de kan byta med andra terapeuter. Min vision är att det kommer att vara naturligt att det finns meditationsrum på företag och behandlingsbänkar i de flesta hem. Jag ville så fröet att vi lär oss hjälpa varandra.

Gott och väl, boken hade väl sådär 15.000 ord när jag började nysta på hur jag också skulle kunna hålla kurser. Så som det ofta går, idéerna dyker upp när man minst anar det. Jag pratade med en väninna och nämnde i förbigående att jag grunnade på upplägg av kurser.

- Du menar kurser om hur man skriver en bok? sa väninnan.

Det var så självklart för henne att det var det jag skulle göra. Hmm, tänkte jag och sov på saken. Nästa morgon började jag på denna bok. Innan dess hade jag plockat fram ett utkast till en bok på engelska om allt det praktiska runt bokskrivandet, hur man producerar, distribuerar och marknadsför, och så lite om min process. Det hade varit stort intresse på turnén speciellt från de amerikanska kvinnorna i Danmark och Tyskland.

Hur som helst insåg jag att terapitråden inte fick mitt intresse att brinna. Visst, vi behöver lösa upp våra knutar, men i vilket syfte? Jag har länge förstått att min uppgift är att hjälpa andra hitta sin väg eller livsuppgift. Att hjälpa dem plocka fram det som är deras att göra. Att vara en katalysator för deras uppvaknande.

I denna bok kan jag lyfta den terapeutiska tråden till en annan nivå. Jag kan visa er hur ni kan använda dessa redskap till att skapa nya möjligheter. Som ni ser har det inte varit raka vägen in i bokskrivandet. Det är en livs levande process och det är inte förrän man börjar nysta som garnet visar vilken tråd som är mest livgivande, nu. Men man kommer inte fram om man inte börjar nysta.

- Vägen är målet, som en annan av mina väninnor brukar säga.

För att få igång den här boken var jag tvungen att dra i flera trådar, följa dem en bra bit på väg, för att sedan dra i en annan tråd, och så småningom blir det en hel tröja, eller som i detta fall, en hel bok. De påbörjade projekten får ligga där, de kanske behöver mogna till innan det är dags för dem att födas. Min tredje bok som kom ut 2005 var egentligen den första boken jag hade tänkt skriva. Men de andra två måste ut först för att jag skulle kunna skriva den. En av böckerna jag läser nu är av Ken Kesey. Det är en samling av hans skrivbordsprojekt, påbörjade historier som behövt ligga till sig för att till slut samlas i en utgivning.

De flesta författare går igenom detta. De har en idé men tidpunkten för när de ska skriva om det kan komma långt senare. Idéen behöver ligga och ruva, växa till sig och mogna innan vi kan plocka den. Det har säkert något med utvecklingen i allmänhet att göra, världen måste ju också vara redo för våra ord.

Det spelar ju ingen roll om det handlar om en bok, uppfinning, läkande process, nya organisationsformer eller samhällsstrukturer. De börjar alla som ett garnnystan...

Dansen i mitt liv

Ibland tar det många rundor innan man får rätsida på skeppet. Ibland undrar jag om jag någonsin kommer att få rätsida på mitt, men i nuläge känns det rätt så ok när vågorna går. Det kanske inte är hela världen om man kapsejsar?

Dans har kommit och gått i mitt liv. Varför kom jag underfund om nu. Som allt annat är frågan var man börjar när man berättar en historia. Hur nystar man upp det hela, så att det blir begripligt? Det är ungefär som en detektivhistoria, man får ledtrådar och så till slut löser man gåtan. Berättar jag den från början till slut, eller börjar jag från gårdagens ledtråd?

Vi börjar med slutet. Igår var jag och hälsade på en väninna. Hon hade nyligen kommit hem från Indien och fördjupningskurs i personlig utveckling. Med sig i bagaget hade hon en DVD av sin guru. Jag läste på baksidan "om du har problem med din ekonomi behöver du räta ut relationen med..." sen stod det inte mer. Det var förstås meningen att man skulle titta på DVD:n. Min väninna har ingen sådan apparat. Men jag frågade "vet du svaret?"

- Jo, det handlar om att ekonomi hänger ihop med relationen till fadern, säger hon.

- Aha, säger jag. Då fattar jag varför jag inte får fart på spritköket, varför det fortfarande är trögt på den fronten.

Relationen med min far har varit jobbig på sistone. En stor del av min läkning har tidigare handlat om mamma. Hon var så "in your face," dvs så uppenbart jobbig att hon kom först att sortera. Men det är överstökat och helat. Nu har vi det bra och hon är om möjligt min största supporter. Superstolt över sin dotter.

Däremot trodde jag, att allt var ok med pappa. Jag upptäckte så småningom att där fanns det att jobba med, i kvadrat. Han var liksom aldrig där. Han jobbade, ägnade sig åt sina hobbies, byggde båt och stereo i källare och garage, seglade, byggde och flög modellflygplan. Inget ovanlig i vår generation, en mamma hemma och en pappa som inte var det.

Jag fick healing av min väninna specifikt för att lösa upp det sista karmiska med min pappa. Någon månad eller två innan hade jag målat relationen med pappa. Det kändes verkligen som jag transformerade energin. Det tar ofta många varv innan man helt och fullt löser upp såna här knutar. De tuffaste är föräldrarna. Det är liksom överkurs i den jordiska skolan.

En kväll låg jag och funderade på vad det var som var olöst. Jag kände en sådan ilska mot pappa. Jag kände den mest tydligt omkring vänster äggstock. Den vänstra sidan representerar det kvinnliga, äggstocken är en väsentlig del av kreativiteten. Jag fördjupade mig i känslan, andades in i den och bad att förstå så jag kan lösa upp detta. Var kommer detta agg ifrån?

Grundorsaken var något jag tidigare inte alls varit i närheten av, eller ens kunde ha föreställt mig. När jag var tonåring och vi bodde första året i USA hade jag varit på dans med en klasskamrat på Lake Hills Roller Rink. Där spelades live rockmusik för just tonåringar. Det var nyktert och städat. Det var helt enkelt roligt att bara åka dit och få dansa, bara dansa. Visst, det fanns pojkar där, men det var ju inte det som var huvudsaken. Vi ville bara dansa och rocka loss.

Men så hade pappa pratat med någon på jobbet. De hade blivit alldeles förskräckta över att han släppt iväg sin dotter på dans. Det skulle de aldrig låta sin dotter gå på. Summan av kardemumman blev att jag inte fick åka och dansa med mina kompisar. Det var ju så viktigt för mina föräldrar att vi passade in och de vågade inte låta oss vara annorlunda. Så åtminstone jag fick mycket snävare svängrum än jag hade haft i Linköping. Inte för att jag varit ute på något vilt då heller. Jag var hästtokig och tillbringade all min fritid i Ridhuset, till och med pryade där. Överlycklig att gå upp fem på morgonen för att mocka i stallet.

Om dans inte hade varit så viktig för mig, en så väsentlig del av vem jag är, hade det kanske inte varit så farligt att bli begränsad som tonåring. Men nu är jag en dansens kvinna.

När jag var sådär fem år (detta fick jag berättat av min pappas kusin för några år sedan) var vi i domkyrkan i Linköping. Innan gudstjänstens början upptäckte min Farmor att jag saknades. Hon hittade mig framför altaret, dansande. Min farmor, som var strikt religiös, utbrast förskräckt "flicka lilla vad gör du?!"

- Jag firar Jesu uppståndelse, svarade jag helt ogenerat och naturligt.

Jag dansade jämt när jag var liten. Gick på balett, men mest älskade jag att dansa fritt hemma och borta. Nyligen fick jag kontakt med en lekkamrat från första klass. Hennes pappa kom ihåg mig som "den där lilla som alltid dansade."

När jag bodde i Seattle som vuxen, efter att jag skilt mig, fanns det ett rockband som var superpopulärt hos oss som älskade att rocka loss. Det var inte ovanligt att se samma publik oavsett var i trakten de än spelade. Normalt var det först ett uppvärmningsband, men när The Heats kom på scen strömmade alla upp på dansgolvet. Vi dansade så svetten lackade de cirka två timmar de höll igång. Deras musik var inte olik The Beatles. Man kunde bara inte sitta still.

Vid denna tidsperiod hade jag en killkompis. Vi var verkligen vänner och det fanns ingen romantik. Jo ett tag försökte vi låtsas och hela vänskapen höll på att gå åt pipan. Hur som helst gillade vi att dansa. Vi åkte runt hela Puget Sound och dansade till The Heats. Det var en härlig tid.

Inte långt efter att jag flyttat hem till Sverige upptäckte jag Frigörande Dans. Jag var jättenervös första gången jag skulle åka till Vetlanda och dansa med Karin Swanström. En väninna var förvånad att jag varit nervös.

- Här har du åkt runt halva världen och så är du nervös för att åka till Vetlanda, säger hon.

- Visst, svarar jag, men jag hade aldrig varit i Vetlanda och Frigörande Dans var nytt för mig.

Frigörande Dans är underbart. Man får dansa precis som man vill, lugnt och mjukt eller fort och flängigt, allt beroende på hur man känner just då. Vill du veta mera om denna underbara process hänvisar jag dig till Karin Swanströms (www.karinswanstrom.com) bok *FRI GÖR ANDE DANS - att följa livets flöde.*

Jag dansade i Karins grupp en gång i veckan, så träffade hon en karl och flyttade till Falun. Vi som var i gruppen fortsatte på egen hand. Vi blev en självgående grupp, skramlade till lokalhyran. I början bestämde vi teman till nästa gång och alla hade ansvar att ta med musik eller idéer. Efterhand blev vi så uppkopplade till varandra, att vi körde helt intuitivt. Var och en tog med sig musik och så hade vi lite sharing och komponerade programmet. Vi var inte så många så det gick smidigt. Vi hade så roligt. Vi experimenterade och utforskade så det skvätte om det. En fantastisk tid. Så skulle lokalen rivas och då upplöstes gruppen.

Sharing är ett begrepp jag kommer att nämna ofta i denna bok. Vi svenskar älskar att föra in låneord, detta kommer från engelskan och betyder helt enkelt att dela med sig. Instruktioner för hur man gör *Sharing* hittar du längst bak i kapitlet *ÖVNINGAR*.

Det var paus i dansandet. Så kom Karin tillbaka till Höglandet, jobbade en tid på Paradis Pensionat, min närmaste granne. Där startade hon en dansgrupp och jag var med förstås. Så kom en ny man in i bilden och Karin flyttade till Stockholm. Hon frågade om någon av oss ville ta över gruppen. Då svarade jag nej. I nuläge undrar jag om hela den här historien med pappa och att jag inte fick dansa som ung hade lagt locket på. Vad som hände är nog att jag inom mig hade förbudet och inte kunde tacka ja.

Märkliga turer allt tar. Nu vill jag dansa. Nu vill jag släppa allt gammalt skräp med min pappa. Det är hög tid.

När jag skrev detta kapitel tänkte jag inte på om det skulle vara med i boken. Det kan jag besluta senare. Vad som är viktigt är att denna episod är betydelsefull i min process. Det är något jag behövde reda ut. När du har något att sortera eller bearbeta, skriv om det eller måla det. Efteråt kan du sålla, redigera och ta bort. Jag har lärt mig att vänta tills det mesta är skrivet. Jag fokuserar på att skriva, sen går jag in och stavkollar och skriver ut. När jag läser igenom helheten får jag grepp om vad som kanske ska tas bort eller ändras. Å andra sidan kanske jag läser igenom ett kapitel när jag skrivit det och gör de små ändringarna.

Med datorns hjälp kan man skriva olika delar vid olika tider. Ofta har det varit så att skrivandet inte kommer i sekvens, utan olika kapitel och stycken inflikas där det känns rätt. Det går alltid att flytta dem sedan. Fokusera på att skriva, släpp taget om sedan. Att skriva är bra träning i att vara här och nu.

En bok jag läste skriven av ett medium kom till på ett intressant sätt. De hade spelat in mediets sessioner och sedan skrivit ner dem. Assistenten skulle sedan sortera i vilken ordning materialet skulle presenteras. Hon lade ut alla kapitlen på golvet, bad om vägledning och väntade. Hon blev inte ett uns klokare. Till slut blev hon frustrerad, tänkte det här kommer aldrig att gå och började rafsa ihop papperen. Medan hon ilsket plockade upp dem slog det henne plötsligt att det verkade vara en ordning på sättet hon fick upp papperen, hon plockade än här än där. När hon tittade efter insåg hon att kapitlen hamnat i exakt den ordning de skulle passa i boken. När hon släppte taget kom lösningen.

Barnsligt och omoget

Det är nog inte så konstigt att minnen och känslor som blockerat framfarten kommer upp när man skriver. Minnet som kom idag har varit uppe och gått ett antal gånger tidigare, men nu var det dags att ta ett varv till.

Jag la mig att vila efter att ha städat lägenheten, sträckte ut mig på soffan. Funderingarna går hit och dit och så får man fatt i en tråd som leder till något helt annat än man trott.

Ett minne från femte klass, vi hade en vikarie, en riktigt djävlig gubbstrutt. Hela mellanstadiet hade vi vikarier på vårterminen. Våra fröknar blev gravida under hösten och så fick vi en vikarie till våren. De flesta var bra förutom gubben vi fick i femte klass på våren. Han var vidrig.

Vi hade skrivit uppsats. Hans favoritmetod var att läsa högt vad någon skrivit och sen trycka ned vederbörande i skoskaften så långt det gick. Den här gången var det min tur. Jag kommer ihåg att jag hade livlig fantasi redan på den tiden. Skrev om mina drömmar, om att vi var ute och flög i rymden, besökte planeten mars och marsipanerna. Jag skrev om mina dockor och mitt marsvin. Helt naturliga ämnen för en flicka i femte klass.

Hur som helst fick läraren för sig att trycka till mig. Läste upp min uppsats (som förmodligen var bra och fantasifull) och hånade vad jag skrivit. Han tyckte jag var barnslig, att jag var omogen. Det var verkligen på tiden att jag slutade leka med dockor. Han hade inget till övers för min fantasi.

När jag nyss återupplevde minnet kände jag en otrolig ilska, men mest av allt en stor sorg, det gjorde verkligen ont. Epicentret låg i livmodern. Den mest skapande delen av oss. Inte så konstigt, här hånade han min kreativitet, min lekfullhet, min fantasi. Nu kan jag se att det var hans problem, han ratade det han själv inte kunde, han hade ingen fantasi.

Men varför måste folk vara så elaka? Det gör så förbannat ont. Dessutom lägger det locket på. Vi vågar inte ta fram den där talangen för då minns vi hur ont det gjorde. De flesta av oss har minst en om inte flera tillintetgörande episoder från vår uppväxt och senare. Där vi blivit tillplattade för något vi gör som egentligen är vårt sanna jag, men som inte funnits acceptabelt av omgivningen.

Kan vi hitta dessa episoder och läka dem blir det lättare att släppa fram vårt sanna jag. Att skriva eller måla ger fantastiska möjligheter till läkning. Allt kommer förstås inte på en gång, och tur är det. Vi skulle inte klara av energierna. Om allt kom strömmande på en gång skulle våra ledningar inte kunna hantera det. Tänk dig en lampa eller sladd som är van vid 110 volt och helt plötsligt kommer det flera hundra - det säger pang direkt.

Kvinnan från 1600-talet

Jag flyttade till Paradis utanför Eksjö sommaren 1998. Min första tanke när jag kom dit var att här känner jag mig hemma. Det var som om allting var bekant. Min granne förundrades över hur fort jag lärde mig hitta i skogarna. Under vintern gick jag med i en meditationsgrupp, inte för att jag behövde lära mig meditera, det hade jag gjort dagligen sedan 1991, men för att lära känna likasinnade i trakten och bygga upp ett socialt umgänge.

Gruppen leddes av Agneta Bilker, som kanske är mera känd som Eksjös medium. En kväll tonade hon in sig på sina guider för att ge oss lite budskap. Jag fick frågan hur det kändes i Paradis. Jag sa det är lite konstigt för jag har ju inte varit här förut, men så fort jag kom till platsen kändes den hemma, som jag redan hade varit här.

- Men du har varit i Paradis förut, berättade Agnetas guider. Du levde där på 1600-talet. Du var en läkekvinna som vandrade mellan gårdarna för att hjälpa folk. Men vid den tidsperioden kunde människorna inte ta till sig vad du hade att förmedla. Du lovade dig själv att komma tillbaka när tiden var mogen. Det är därför du kommit hit nu. Nu är de öppna för dina budskap.

Intressant, eller hur? Jag kände en sån förtröstan att jag kommit rätt. Vi alla tolkade det som att jag skulle lyckas med att jobba med människorna runt omkring. Mina kurser och behandlingar var helt rätt i tiden. Visst det gick bra ett tag men sen svalnade intresset. Det kändes otroligt motigt och jag hade svårt att få rätsida på det. Jag vidareutbildade mig till lärare i Shen-terapi och lagom till examen sprack hela organisationen, jag bröt fotleden och började skriva böcker - på engelska.

Många har undrat varför jag skrev på engelska. Delvis kändes det inte som om människorna i Sverige var mogna för mina tankar och insikter. Dessutom behövde jag hjälp att faktagranska mina skriverier och den kunskapen satt i Storbritannien och USA. Min inre vägledning visade starkt att det var engelska som var mitt skrivspråk, titlarna kom på engelska osv.

Det blev tre böcker på raken. Sen åkte jag på marknadsföringsturné i Europa hösten 2005. Jag hade kontaktat både svenska och amerikanska föreningar runt om Europa. Av någon anledning fick jag mest napp av Sweorna, de svenska kvinnornas internationella nätverk, Swedish Womens Educational Association (www.swea.org). Ungefär samtidigt började jag lägga grunden till denna bok. Inte förrän jag kommit en bra bit in på denna bok påmindes jag om 1600-talskvinnan.

Jag hade förmodat, liksom många i min omgivning, att på grund av att jag haft så svårt att komma in i systemet med till exempel Försäkringskassan, var det inte meningen att jag skulle verka i Sverige. Människorna var inte var mogna för mig än. Men nu ser jag att alla erfarenheter jag haft bildar en helhet. Mina upplevelser bildar ett unikt perspektiv som bara jag kan förmedla och så frön till förändring och transformation. Mitt budskap handlar just om vägen från det gamla till det nya.

Jag har känt mig så osynlig här. Jag har upplevt att människor sökt svar, ställt frågorna och jag har stått mitt framför näsan på dem och sagt så här är det. Här finns svaren. Och de har stirrat rakt igenom mig som om jag vore osynlig.

När jag under konversationens gång får höra att vi vet inte hur vi ska hantera det ena eller andra problemet och jag svarar att det har jag skrivit om i mina böcker så går det ändå inte in. De ser det inte. Så kände jag ju mig under 1600-talet. Jag ifrågasatte mig själv, för jag kunde inte få fram budskapet. Jag kände mig osynlig och förvirrad. Jag visste inte vad jag skulle säga för de förstod inte hur jag än vinklade det. Inte underligt att jag känt motstånd att skriva på svenska. Alla de gamla känslorna satt kvar.

Jag tror del av processen här handlar om att skriva om hur det kändes. Som jag ofta säger, det spelar ingen roll om händelsen är från 4000 år sedan, eller 400 år sedan, eller 40 år sedan, eller 4 minuter sedan - känslan är densamma, känslan upplevs som nu tills vi förlöst den och då är den transformerad, borta. När vi väl förlöst känslan har vi heller inget behov av att prata om den.

Ett säkert sätt att veta att man inte är färdig med en händelse är att man har behov av att berätta om den. Att älta leder ingen vart, man måste ner i alla känslor för att känna dem färdiga, först då släpper de. Det kan ta hur många varv som helst, det spelar ingen roll hur många terapitimmar som går åt. Huvudsaken är att vi följer flödet och släpper taget. Alla känslor måste få komma ut. Alla känslor är tillåtna. Att lägga locket på känslor gör oss bara trötta och gamla i förtid.

När jag skriver detta känns det osammanhängande. Jag känner att jag har svårt att uttrycka mig, att få hjärnan att koppla ihop det sammanhängande. Fingrarna känner sig vilsna på tangentbordet, de har inte koordinationen. Så kände jag mig när jag såg i människornas ansikten, att de inte kunde förstå mina budskap.

Vad var det jag försökte säga då? Gissningsvis liknande som idag. Du har alltid ett val. Du kan hjälpa dig själv. Du har förmågor och talanger inom dig - använd dem. Halsen känns konstig, som det stockar sig. Jag har så otroligt mycket att dela med mig av, så mycket värdefullt att säga, så mycket hopp om framtiden att förmedla. Det gör mig ledsen, att folk inte kan förstå. De är så rädda och kuvade, att de inte vågar ta in nya tankar.

Det har ju blivit så populärt med allt som är medialt eller kanaliserat. Det är tryggt att säga det var ett medium som sa si eller så. Men om grannen skulle säga samma sak, skulle ni lyssna då? Jag känner hur energierna runt halsen, kommunikationscentret, rör på sig, jag känner hur det lossnar i halsen. Detta är gott. Om ni bara kunde förstå hur illa människor far av att hålla inne sina känslor, hur tillknycklad man blir av att stänga av flödet.

Vi har behov av kreativt uttryck, vi har behov av samtal och diskussioner. När vår kreativa energi inte får flöda fritt blir den destruktiv. Se er om i samhället, varför tror ni ungdomar har en sån förstörelsemani? Den kreativa kraften är enorm, men om man inte kanaliserar den till att skapa något gott så blir den destruktiv. I vissa fall självdestruktiv i andra fall destruktiv för andra och samhället.

Det är ju också så att byggnader har en viss livslängd. Man kan reparera och bygga om, men till slut får man riva och bygga nytt. Vad det än är kan man lappa och laga länge, men till slut får man slänga och köpa nytt. Det gäller våra kläder, våra bilar, våra möbler, våra tankar och våra kroppar. Det gäller även våra organisationer och samhällsstrukturer. Det som fungerade i bondesamhället passade kanske inte så bra in i industriåldern. Vi är nu inne i en helt annan värld, en internationellt sammankopplad värld med ett helt nytt medvetande. Förändring krävs på alla plan.

Nu ser jag att min 1600-tals kvinna kom tillbaka hit för att göra böcker i tal och skrift, att jag skulle förmedla kunskapen på detta vis.

Jag behövde ju också bo i Sverige ett antal år för att förstå hur det är nu. Det är så otroligt ofta vi misstolkar budskapen från andevärlden. Vi tar för givet att lösningen ska se ut på ett visst sätt. Om vi jobbar med det så kommer vi så småningom fram till hur de tänkt sig... och så ska vi inte glömma att vi alltid har fritt val. Det är vi som väljer vägen. Oavsett hur vi väljer tar vi lärdom av det. Den väg vi inte vandrar nu får vi ta i ett annat liv.

Det okända

Vägen tillbaka till livet efter utbrändhet handlar om att våga ta steget in i det okända.

Det okända

När du har kommit till gränsen för allt ljus Du känner till och Du står inför att stiga ut i det okändas mörker: Då är förtröstan att veta att en av två saker kommer att hända. Det kommer att finnas något stadigt att stå på eller Du kommer att lära Dig att flyga.

- Okänd

Själv blev jag utbränd 1990 efter en internationell karriär i ett mansdominerat yrke. Jag började studera terapi och personlig utveckling för min egen skull och har lärt mig hitta tillbaka till livet. Det är inte en överdrift att säga att jag har en unik förståelse för hela problematiken runt utbrändhet, hur den kan uppstå och hur man tar sig ur den.

Sverige är unikt. Jag känner inte till något annat land där så många människor går sjukskrivna. Men som jag säger

Empowerment – begreppet som inte existerar i det svenska språket, är nyckeln vid utbrändhet

Jag hade egentligen inte alls tänkt skriva denna bok. Efter att ha skrivit tre böcker på engelska, förmodade jag att det var meningen att jag skulle fortsätta på den vägen. Men så var jag ute och gick stavgång för första gången, och det satte igång ett starkt energiflöde i min kropp. Armarna är ju förknippade med skrivandet, även målandet, för att få igång energierna behöver man måla upp sig, eller skriva igång sig, eller helt enkelt röra på sig.

Känslor är rätt och slätt energi i rörelse. Det är därför vi kan känna ett sånt motstånd att sätta igång med motion. Innerst inne vet vi att det kommer att sätta igång processer och att känslor vi så effektivt lagt locket på kommer att ploppa upp för att bli fria. Vi förstår inte att det är just de förträngda känslorna som vill ut. Vi upplever det bara som jobbigt. Vi känner motstånd.

I mina armars befrielse genom stavgången kom en hel radda känslor igång. Det var som en virvel av energi, något ville ut, jag kände enorm ilska och förbannelse, jag blev rastlös, tankarna virvlade. Visst skulle jag ha mycket att säga om vägen tillbaka till livet efter utbrändhet. Jag har många beska kommentarer om samhället och byråkratiska system som kväver folk. Även många idéer för ett bättre sätt att göra saker på, kreativa lösningar och möjligheter som bara väntar på att bli förverkligade.

Dessutom har jag ett annat perspektiv och kan se andra lösningar eftersom jag bott i flera länder och vet att det finns många sätt att göra samma sak. Det är nog i grund och botten ett av Sveriges största problem, att man ska hitta en lösning för alla, att mångfald inte är riktigt politiskt korrekt. Och så denna kärlek för auktoritet. Jag upplever det som att medborgarna ska vara lydiga barn och Mamma Stat och Pappa Kommun vet bäst, oavsett vad de små barnen egentligen vill.

Själv har jag närapå stångat mig blodig i mina försök att komma in i systemet, har sökt jobb, avtal med Försäkringskassan och inte lyckats. Före min tid som det heter. Invandrare i mitt eget land. För annorlunda. Fattar nu att det är ett jätteminus, man måste ju passa in.

Ok... När jag tagit tag i mitt motstånd, bejakat det, gått in i det, dansat igenom det och kapitulerat, då först kom insikten. Jag har haft alla dessa upplevelser för att jag ska skriva om dem. Förklara och illustrera så gott jag kan, dela med mig, inspirera till förändring. Jag sår frön till en inre revolution, jag är ofta en katalysator. Vagnen i Tarot, sjuan, det är mitt nummer. Genom numerologi är mitt födelsetal 1+9+5+2+1+2+5=25 som blir 2+5=7. Jag är född 5 december 1952. Jag är alltså en igångsättare, får hjulen att snurra.

Jag älskar personlighetssystem som astrologi, Myers-Briggs och Michaelläran för att de hjälper oss att förstå oss själva, nå insikter om möjligheter och tendenser, inte för att vi ska fastna i "så här är det."

Vad är Michaelläran, undrar ni säkert. Michael är en gruppsjäl som kanaliseras av flera medier runtom i världen. Rätt så många böcker finns på engelska, tyvärr ännu inte översatta till svenska. Deras lära tilltalar mig, som att vi alltid har ett val. De har mycket matnyttigt att säga om varför vi är här, hur vi lär oss och jobbar här på jorden (www.michaelteachings.com).

Det ligger i människans natur att så länge det rullar på måste man ju inte ta sig an de där utmaningarna, de där idéerna som pockar på. Man går på i ullstrumporna. Och så kommer den dag, då det är dags att göra något, det går inte att fösa undan det längre. Jag tror, nej jag vet, att om vi plockar fram det som finns inom oss så växer vi och blir berikade, vi gör det som själen kommit hit för att uppleva. Men om vi inte tar vara på det som finns inom oss, så kommer det att förgöra oss. Om vi gång på gång vägrar lyssna till själens rop, så finns det till sist ingen anledning för oss att vara kvar här på jorden. Vi har lyckats stänga av livsenergin till den grad att vi tynar bort.

Vila vid denna källa

Vila är det första man behöver när man gått i väggen. Men det fixar ingenting i längden. Ett bra första steg, ja. Man behöver stanna upp och vila i sin källa, låta själen komma ikapp. Lyssna, tänka efter, känna efter, söka lösningar och sanningar inom sig själv.

Utbrändhet kan bero på många faktorer och det finns ingen enhetslösning. Det är viktigt att fastställa om det ligger fysiska hinder eller sjukdom i grunden. Begreppet utbränd har blivit ett generellt begrepp och kan betyda allt från trötthet till total utmattning.

Efter den initiala vilan krävs förändring, det är garanterat. Att tro att bara man vilar tillräckligt länge så går det över är befängt och inte särskilt genomtänkt. Brist på förståelse av problemet i sin helhet.

Vad innebär då vila? Finns det mer eller mindre effektiva sätt att vila? Är detta olika för varje människa? Ja, här finns inga paketlösningar. Det gäller att komma till kärnan och ta tag i problemet, ej symtomen. För utbrändhet är ett symtom, det är icke problemet. Hittar man grundproblemet och löser det i sin källa så sker förändring. Därav uttrycket vila vid denna källa.

Hur kommer man då i kontakt med sin källa? Meditation, terapi, samtal, måleri, dans, skriva, vistelse i naturen är alla vägar till inre insikt och förändring. Du måste hitta din egen väg. Bli din egen inre vägledare. Lära dig lyssna till din själ. Vad vill den? Här handlar det inte om vad ditt ego vill, det vill säga din dagspersonlighet, utan den inre du, den som dansar universums dans. Släpp taget och låt denna kraft komma till tals.

Meditation

Måste man sitta med benen i kors och se ut som en guru? Absolut inte! Man kan sitta på en helt vanlig stol. Meditation är ett helt naturligt medvetandetillstånd vi passerar igenom när vi vaknar och somnar. Meditation kan hjälpa dig att slappna av, bli mer medveten, få bättre kontakt med dina känslor, vara mer närvarande i nuet, bli mer fokuserad och mindre stressad. Det finns många olika sätta att meditera, och jag uppmuntrar dig att prova på olika metoder så att du kan hitta "din" metod. Man kan meditera med och utan musik, genom att fokusera på andningen, via guidade meditationer, vippassana, andnings- och rörelseövningar, kroppslig avslappning, begrepp- och sinnesmeditation.

- Kan man meditera om flygplan? undrade min pappa, aerodyamnikern.

Jo men visst kan man göra det! Han dagdrömde gärna om olika lösningar och konstruktioner. I mina ögon är detta en sorts meditation. Man kan också meditera på flygplan, eller på flygplatser. Man kan meditera var som helst och under alla omständigheter. Man behöver inte dra sig tillbaka som en eremit.

Hur det yttre hjälper en att fokusera blev uppenbart för en av mina Yogalärare när hon höll två kurser under tvärt skilda omständigheter. Den ena kursen hölls på eftermiddagen, i ett lugnt och varmt rum, där inget kunde störa. Den andra, som jag gick i, var tidig morgon på ett gym. Runt oss surrade löpbanden och motionscyklarna, det var inte precis stilla och tyst. Vilken grupp tror ni var mer fokuserad? Faktum är, att vi i morgongruppen var betydligt mer närvarande. Den andra gruppen tappade koncentrationen, hörde inte på, de var mentalt frånvarande. Yoga handlar inte bara om att göra övningar, det är lika viktigt, minst, att vara närvarande i kropp och själ medan man gör de olika poserna.

- Vad är syftet med meditation? undrade min morbror.

Det handlar ju inte om omedelbara resultat, det är säkert. Efter jag mediterat dagligen i över tre år hittade jag flera referenser till att det tar cirka tusen dagar, alltså tre år, av daglig praktik för att genomgå transformationen. Den verkliga belöningen eller frukten är förändringen i ditt medvetande. Självklart får du goda effekter redan från början, men omkopplingarna i hjärnan tar tusen dagar att kicka in.

När jag läste om detta sa jag aha, för jag hade redan upplevt att det skett något. Vad jag läste bekräftade vad jag upplevt men inte förmått sätta ord på. Du behöver inte sitta i timmar. Tjugo minuter om dagen räcker. Om du tvivlar på att det är värt det kan jag säga att jag skulle aldrig ha klarat mig ur utbrändheten om jag inte börjat meditera.

Jag var så överkänslig för alla andras energier att jag inte klarade av att vistas bland folk om jag inte stärkt mitt inre först. Vid livskriser är det som hela energisystemet fått sig en hjärnskakning. Det är alltså inte bara huvudet utan hela din livsenergi som hamnat i gungning. Syftet tror jag är att byggstenarna inte satt på rätt plats, universum har skakat om så du kan bygga om systemet. Eftersom det handlar om ditt energisystem så är det helt naturligt att börja med meditation som en ny grundsten.

Meditation stärker din kontakt med dig själv och ditt inre. Det är ofta det som vi tappat kontakten med när vi känner oss vilsna.

Man kan också beskriva en utbränd, eller över huvud taget en människa som hamnat i livskris, som porös. Hela systemet är omskakat och öppet, sårbart, ömtåligt, man läcker som ett såll. Öppningen är till för att förändringens vindar ska kunna blåsa bort det gamla för att bereda plats för det nya.

Fem minuter är en bra början

Jag pratar ofta om kilprincipen. Man börjar i det lilla och kilar in det nya, det som man vill ha mera av. Det tar tid att vända ett stort skepp. Jag var så stressad att jag kunde inte förmå mig att sitta still i mer än fem minuter. Jag började där jag var, då. Om du träffar mig idag skulle du inte tro att jag varit sån. Vitsen med det inre arbetet är just att vi kan förändras, mycket, till det bättre och bli mer levande.

Du behöver inga speciella redskap. Jag satte mig helt enkelt i en fåtölj, fötterna på golvet, vilade händerna på låren med handflatorna uppåt och satte äggklockan på fem minuter. Så satt jag där, skruvade på mig, tankarna surrade och irrade, det där med att fokusera på andningen gjorde mig ännu mer förvirrad.

Bara så du vet, det kan vara lite jobbigt i början. Det är det alltid med nytt beteende. När vi koncentrerar oss på något nytt faller det sig lätt att vi håller andan, vi glömmer helt enkelt bort att andas, lugnt och naturligt. Och så stiger stressen ännu mer.

När du nött in vanan att sitta fem minuter om dagen kan du öka på det till tio, sen femton och snart är du uppe i tjugo minuter. Det finns inte en ursäkt i världen för att inte kunna hitta fem minuter för sig själv varje dag. Är inte du värd att ta hand om dig själv?

Instruktioner för en *basmeditation* samt alla andra övningar ligger samlade efter själva boktexten under rubriken ÖVNINGAR.

Att gå i väggen

Det har blivit det moderna uttrycket. Man går i väggen, man blir utbränd. Jag ska berätta lite om min historia och vad jag lärt mig. Och det är åtskilligt. Kännetecknande för alla mina böcker är att de är praktiska handböcker som jag illustrerar med livs levande exempel, mestadels berättelser ur mitt liv. Det har hänt en hel del så det kan bli mycket spännande läsning.

Man kan göra en liknelse med datorns hårddisk, den är full och behöver rensas, basprogrammen behöver uppgraderas, det går inte att köra på med gamla program i moderna tider. Vi människor är likadana. Det som fungerade på 60-talet fungerar knappast idag. Strategier och normer som var normalt när vi var 20 kanske inte är lämpliga när vi är 46. Livet är förändring. Känslor är energi i rörelse. Livsvägen är en väg, inte ett statiskt mål.

Man kan också tänka på att våra bilar, dem servar vi och tvättar och tankar och donar. Men oss själva då? Vi behöver omvårdnad och ompyssling. Man ska inte behöva vara sjuk eller må dåligt för att ta hand om sig själv.

Förr var jag ofta förkyld. Så slog det mig en dag, att de enda gånger jag tillät mig att ligga på soffan eller i sängen och bara lata mig och äta glass eller vad jag nu kände för, var när jag var förkyld. Du kanske också blev uppfostrad så? Att gå och dega i pyjamasen, det gör man bara när man är sjuk. Så jag tänkte "undrar vad som skulle hända om jag tillät mig att bara dega på soffan, ligga och slötitta på TV, läsa tre romaner i sträck, äta bara det jag känner för och glömma alla "måsten" om att äta ordentligt?" Att testa gränser ligger i min natur, så jag ändrade mina vanor hemma. Sedan dess är jag sällan förkyld. Jag tror att det är för att jag tillfredställer mina behov när jag är helt frisk.

För att ta en liknelse till. När vi går i väggen är det som vår trädgård är övervuxen och den behöver rensas. Det kan inte växa något nytt innan vi beskär och rensar, då kommer det in luft och ljus och nya plantor spirar. Vi är likadana. Tänk vilken revolution vi skulle åstadkomma, om vi vore lika måna att hand om oss själva som vi är om vår fysiska omgivning i hus och hem och trädgård.

Att gå i väggen handlar ofta om att vi är färdiga med det vi hållit på med men vi har inte insett det än. När jag läste detta ur en bok om utbrändhet skriven av en brittisk terapeut trillade polletten ner. Aha, det stämmer precis. När jag gått i väggen har det ju visat sig att jag inte skulle tillbaka, men inte fattade jag det då.

Men nu vet du det också. Har du gått i väggen så är det liv du levt slut, det är över, det kommer inte att bli som förr, det kan aldrig bli som förr, du kan inte gå tillbaka. Du kan inte fixa problemet genom att gå hemma i några månader, eller år, och tro att nu har det gått över, nu kan jag börja igen där jag slutade. Så fungerar det inte. Många har försökt och upptäckt efter en kort tid tillbaka att alla de gamla problemen fortfarande finns där.

Det är som att skiljas från en relation och inte göra det inre arbetet och bli förvånad när nästa relation har samma problematik. Varför tror vi att vi inte behöver repareras, eller utvecklas när allting annat i världen förändras?

Du kanske tänker, det var inga goda nyheter, jag vill inte att det ska vara så här. Men i alla förluster finns en gåva. Din uppgift är nu att hitta gåvan. Men först måste du ta dig an sorgearbetet. Det är livsviktigt.

Det liv som du levt är över, slut – det känns som hela livet är slut och det är viktigt att ta sig an sorgearbetet för att det är ett trauma och en förlust av djupaste mått, en själskris – men det finns ett liv efter detta, men det kan ta tid att hitta igen sig själv, att finna den nya drömmen för ingenting är sig likt och kommer aldrig att bli det. I och med att du tar dig an utrensningen av din trädgård kommer du så småningom att finna gåvan i din förlust Det blir förmodligen inte alls vad du trott eller kunnat tänka dig, men ha förtröstan, din själ vill ditt bästa och att du ska utvecklas.

Gåvan, eller gåvorna kan komma i många former. När jag bröt fotleden kunde man ha trott att det skulle vara en katastrof. Jag bodde ensam på landet och hade otursamt nog en spiralfraktur vilket betydde att jag absolut inte fick stödja på gipset. Enbent på kryckor. Men så mycket hjälp jag fick. Hemtjänsten, lanthandeln, vänner, lantbrevbäraren kom alla till undsättning. Jag blev ompysslad på ett sätt jag aldrig fått uppleva som barn, bara det läkte många sår. Men det viktigaste var nog att jag äntligen fattade att jag skulle skriva.

Så varje förlust för med sig en öppning. Det kan hända att en sjukdom öppnar upp dig för att ta emot ömhet och kärlek, eller så trillar du på en uppfinning som lösning på ditt problem. Man vet aldrig vad själen har i sinnet, men något är det. Allt blir lättare om du ser det som en skattjakt.

Jag kan inte betona nog att man inte kan hoppa över delar av processen. Känslorna måste få vara med, likaså kroppen, själen och tankarna. Det är helheten som är viktig, hela du är på färd genom en omvandlingsprocess och visst den kan kännas omtumlande, som man är mitt i ett gungfly. Ju mer vi lär oss att vara närvarande och inte backar för det som kommer, vågar släppa på locket och kontrollen, så finns det mer och mer utrymme för gåvan att manifesteras.

Osäkerhet

Jag kommer ihåg första gången det var nedskärningar på jobbet. Det började på det årliga personalmötet, där det normalt bjöds på middag och föredrag om året som gått och planer för framtiden. I vanliga fall en trevlig fest. Men denna gång blev det annorlunda. Maj 1981. Jag kommer ihåg det som det vore igår. Vi gör ju det med starka händelser.

Vår nya VD för västkusten höll ett tal. Först tror jag inte vi riktigt förstod hans budskap. Han pratade om vår fabriks lönsamhet, närmare 10%, det är ju vinst, vi blir alla mätta och glada. Nej han pratade visst om att vi behövde bli mer lönsamma. Vi behövde komma upp i 15% ROI, "Return on Investment" som det så fint heter på engelska.

Han visade kurvor på att vi hade alldeles för många anställda jämfört med den ledande tillverkaren, alltså den ekonomiska ledaren i att ge avkastning till aktieägarna. För det var ju det som det handlade om. Att göra aktierna ännu mer lönsamma. Sättet att åstadkomma detta?

- Se till höger, se till vänster, om ett år kommer bara två av er att vara kvar, sa han. Just det, kära läsare, du har gissat rätt. Det handlade om att avskeda en tredjedel av personalen, det vill säga vi som jobbade med teknik eller administration, vi som hade årslön. Fabriksarbetarna med timlön vågade de inte ge sig på – än.

Det blev många diskussioner på jobbet den närmaste tiden. Det visade sig att som en del av detta omstruktureringsarbete skulle det omorganiseras, rejält. Det tog närmare ett år innan de var klara. Ingen visste när det skulle ske, eller hur organisationen skulle se ut. Det var många möten bakom lyckta dörrar. Frustrationsnivån var hög inom ledningen. Konsulterna de anlitat använde en process varvid cheferna själva skulle komma fram till lösningen, men problemet var att konsulterna redan bestämt vilken lösning och innan cheferna gissat sig fram till denna var det mycket tandagnissel.

Vi som var ett led under visste ingenting. Jag var chef för en grupp ingenjörer men var inte med i diskussionerna. Det var heller inte sagt när uppsägningarna skulle ske. Arbete avstannade, beslut sköts på framtiden, oron var stor. Det fanns ju ingen anledning att fatta beslut, vi visste ju inte vilka de nya cheferna skulle bli, vem som skulle ha makt och inte. Vi visste inte ens vilka som skulle bli kvar. Några av mina vänner började planera en jorden-runt-resa eftersom de tänkte att de skulle bli uppsagda. Jag hade några nära vänner som startat eget och det var lösningen – för dem. Av någon anledning fick jag otroliga påtryckningar, speciellt från en vän, att jag skulle satsa på att starta något eget. Och visst, man hade ju ingen aning hur det skulle bli, skulle man få behålla jobbet eller inte?

Tala om osäkerhet. Det varade nästan ett år. April 1982, "Black Tuesday" (svarta tisdagen) som det kom att heta i företagets historia, hände det. Först fattade vi inte. Men sen försvann den ena efter den andra av våra medarbetare. De fick ett telefonsamtal, gick, och kom aldrig tillbaka. Så småningom fick vi alla besked. Mitt jobb försvann, men jag skulle bli kvar, med bibehållen lön som projektledare.

En tredjedel av våra medarbetare var försvunna. Det var en chock. De fick hjälp till "outplacement" som det så fint heter. En del klarade sig rätt så bra, en del inte. Visserligen var man van att Boeing, den största arbetsgivaren i trakten, hade stora upp och nedgångar. Men det här var pappersindustrin, stabilt som bara den, förbrukningen är relativt jämn. Vi torkar oss i ändan varje dag. Vi var världens största tillverkare av toapapper.

Jag tror det här var vändningen. Innan hade företag skurit ner för att orderingången sviktat men behållit sina anställda så länge det gick runt. Då var det var inte fråga om girighet. Nu måste det bli mer avkastning vilket är lika befängt som idén att det alltid måste vara tillväxt. Se på naturen, där handlar det om kretslopp. Vi kan inte mer än äta oss mätta. Så detta med högre och högre avkastningskrav kan bara resultera i att vi alla i slutändan blir arbetslösa och var står vi då?

Investerar du i aktier? Funderar du på varför du tjänar på det? För det mesta handlar det om att grannen förlorar sitt jobb, då stiger aktien. Så småningom blir det din tur. Jag funderar som så att jag vill inte bidra till den sortens värld. Alla våra handlingar påverkar helheten. Jag sätter hellre mina pengar i en lokal bank som lånar ut pengar till grannar som vill köpa hus eller låna till en ny bil, eller till företag som investerar lokalt, där pengarna stannar lokalt och används till att bygga ett bättre samhälle.

Men tillbaka till osäkerhet, titeln på detta kapitel. Vad jag ville beröra är den känslomässiga osäkerhet jag upplevde och fortfarande kan uppleva idag. Man vet inte hur spelreglerna kommer att ändras. Se bara på våra skatter, de ändrar reglerna kontinuerligt, så det går inte att planera. Det finns ingen stabilitet. Likaså företag, det som gäller ena dagen gäller inte den andra. Man kan lova att så här blir det och i morgon har jobbet flyttat till Kina, men inte du.

Så världen förändras, snabbare och snabbare. Jakten på vinst, mera vinst, mantrat "vi är inte lönsamma nog," hörs mer och mer. Men vad strävar de efter? Man kan inte mer än äta sig mätt. Varför räcker det inte med att vara lönsam? Att det går runt borde vara nog. Men girigheten kan aldrig tillfredsställas.

Tyvärr blir människorna lidande. Vi blir osäkra och vet inte hur vi skall hantera förändringarna. Jag var jätteosäker och visste egentligen inte vad jag skulle göra. Inte ville jag starta eget. Men jag började forska i saken. Och fundera och så blev jag kvar i jobbet. Men den där osäkerheten låg kvar. Man vet aldrig om morgondagen.

I nutid kan jag förstå att vi håller på att lära oss att leva i nuet, men det gör det inte lättare att fatta beslut. Vi fråntas mer och mer den analytiska och logiska vägen till beslut, vi blir tvungna att förlita oss på intuitionen mer och mer. Men det är inte lätt. Längs vägen ligger mycket motstånd. Jag ville inte vara min egen. Jag ville ha lön. Jag tyckte om mitt jobb och trivdes med mina arbetskamrater. Men för att utvecklas hade min själ en annan plan. Inte fattade jag det.

Jag var osäker. Det är del av förändringsprocessen. Osäkerhet. Men jag förstod inte vad det var. Jag kände bara panik när någon frågade vad jag sysslade med. Jag visste ju inte själv vart jag var på väg.

Omorganisationen 1982 följdes av flera år av lugn, sen kom en ny omstrukturering, ungefär när vi hämtat oss från första chocken och funnit oss tillrätta i den nya organisationen. När vi äntligen kommit på fötter och blivit effektiva igen. Då rycktes mattan undan än en gång.

Det var en bit in på nästa organisation som jag sökte mig från teknikavdelningen till inköp och logistik. Där fick jag ta över tre jobb som kombinerats ihop till ett och hade ansvar för allt som hade med förpackningar att göra – inköp, materialflödesplanering, tekniska och grafiska specifikationer, nya konstruktioner med mera. Det var ett spännande jobb och många nya möten och åtskilliga förändringar.

Det som var bra med de nya organisationerna var att de blev plattare, hierarkin försvann, beslut skulle fattas på lägsta nivå. Nu hade vi visserligen en tradition av självständighet. Vi var enda fabriken väst om Mississippi och så långt från huvudkontoret i Philadelphia att det var opraktiskt för dem att lägga sig i. Bra för alla eftersom vi nådde bra resultat.

I efterhand har jag insett att erfarenheten av att ha jobbat på denna fabrik var unik. I och med att vi var så självständiga fick man ansvar för hela stora projekt som man normalt sett måste sitta på ett koncernkontor för att få. Närheten till golvet gjorde att vi hade en verklighetsförankring som få på huvudkontoret fattade.

Efter att antal år i logistikens och förpackningarnas tjänst blev jag förflyttad till Frankrike som inköpschef när en ny fabrik skulle byggas utanför Orléans. Det var efter detta jobb och femton år i företaget som det blev min tur att bli friställd. Mina före detta kollegor var chockade, för de insåg att om det drabbar Eva så går ingen säker. Alltså vid det här laget handlade det om att göra sig av med toppkompetensen, precis så som det sker i TV-programmet Robinson.

Där röstar man ut de duktiga för de anses som konkurrenter. Knepet är att inte verka vara ett hot och hålla sig kvar. Så har det också blivit i många företag. Man behåller ja-sägare, de som inte är ett hot så att man själv kan hålla sig kvar. Det handlar inte längre om att behålla de bästa medarbetarna, för om vi gör det, då kanske jag måste gå. Så för att få sitta kvar, petar medelmåttorna ut de producerande kollegorna. De intrigerar och det är maktkomplotter och jag vet inte vad. Vad är det för värld vi har skapat? Och vill vi ha det så här?

Nej, jag vill ha en bättre värld. Jag vill ha en tryggare värld. Jag vill ha en värld byggd på vettiga grunder. Och det är väl problemet, att vår värld är byggd på ett gungfly, den är inte byggd på något som kan hålla i längden. Det är inte en fråga om, utan när, den upptrissade aktiemarknaden kraschar, jobben har flyttat och vi står här i Sverige med skyhöga skatter och bidragstagare som hämtar limpan på torget. Inte heller det ett hållbart system.

Livrädd

Projektet närmade sig sitt slut. Jag hade varit i Frankrike två år för att bygga en ny fabrik utanför Orléans. Sammanlagt hade jag jobbat femton år i företaget, nu äntligen var jag inne i den internationella avdelningen. Vi skulle ha fortsatt med en fabrik till, men den spanska maskinen som var ämnad för Miranda del Ebro magasinerades, på grund av att den förutspådda marknadsökningen lyste med sin frånvaro. Det var ett projekt på gång i Chile där de skulle ha behövt någon som mig, men med all politik och tjafs så skulle de förstås inte skicka mig. Min nya chef på huvudkontoret i Philadelphia (den tredje på två år) ville ha mig stationerad där, men troligtvis skulle jag bli ivägskickad på projekt inom USA.

Jag kände mig vilsen. Hade inte alls någon lust att flytta till Philly för att sen inte bo där, kändes konstigt att ha en bas utan förankring. Jag visste egentligen inte vad som var på gång, min nya chef var tydligt inte intresserad av mina talanger. Han hade dessutom skrivbordlagt en rekommendation för befordran som det europeiska projektteamet skickat in. Vad vi hade åstadkommit var inget värt.

Jag letade efter bättre möjligheter, sökte mig tillbaka till västkusten där jag jobbat i tretton år. Nej det gick inte. Det kändes skitjobbigt att behöva lämna Frankrike, nu när jag talade språket praktiskt taget flytande. Jag hade känt stress en längre tid, inte så konstigt med de intensiva jobb jag hade haft. Dessutom så var jag första kvinnan i de här rollerna och det hade tagit mycket energi att bryta nya banor, vara isbrytare så att säga. Jag mådde inte bra.

Sista månaden fick jag ont i ryggen, blev helt förstoppad, kände mig låst. Jag förstod inte då vad som var på gång. Gick till läkare och flög hem till Seattle för att undersökas. Med facit i hand så var det mina rädslor som yttrade sig i kroppen. Jag var helt enkelt livrädd. Någonstans inom mig visste jag att det var dags att gå vidare, att lämna detta företag som inte längre närde min själ. Men man har ju tusen ursäkter, man försöker in i det sista att få det att gå ihop så man slipper ta steget ut i det okända.

Jag begärde tjänstledigt i tre månader. Nu var det här ett amerikanskt företag, så idén om anställningstrygghet existerar knappt. Det gör ju också den amerikanska marknaden mer flexibel och jobben rörligare, man sitter inte kvar på en plats som man egentligen är färdig med för länge sen. Jag kände väl innerst inne att det var dags att gå vidare, men jag var för feg att ta steget fullt ut. I mitt inre hade jag en bild av ett hus på landet, omgivet av ängar och blandskog. Det var årstider, snö på vintern. Jag såg mig själv skriva böcker. Hur detta skulle ske hade jag ingen aning om och var det lilla huset låg var ett mysterium.

Tjänstledigheten beviljades, de betonade att det inte var garanterat att jag skulle ha ett jobb när tiden var slut. Jag hade också försökt en halvmesyr, där jag skulle jobba deltid från västkusten med att slutföra projektet. Allt utom att jag satte mig fulltid på huvudkontoret sopades undan som icke acceptabla alternativ. Som sagt var, jag var livrädd, men förstod inte då att min kropp reagerat på en rädsla starkare än jag någonsin upplevt, och ju mer jag stretade emot min intuition som klart och tydligt sa SLÄPP TAGET och gå vidare, desto mer ont fick jag i kroppen. Den låste sig helt enkelt, för att mitt sinne låste sig.

Här kommer det intressanta. Så fort jag släppte greppet och vågade ta nästa steg, så slappnade min kropp av. Ryggontet försvann och magen fungerade som vanligt igen. Så nära förknippade är kropp och känslor med varandra. Rädslan och besvären är som starkast innan man tar steget, innan man vågar gå vidare. Motståndet till livets flöde, till de naturliga energierna gör att man får djävulusiskt ont. För innerst inne vet man att det är dags, men man vågar inte.

Livet består av utveckling och utmaning. Tar vi fram det som finns inom oss berikar vi själen, men om vi inte tar fram det så förgås vi. Man kan se det så här. Livsenergin strömmar igenom oss för att flöda. När våra sinnen sätter stopp, säger NEJ NEJ NEJ om och om igen, då har energin ingenstans att ta vägen. Den bromsas i vår kropp, vi lägger locket på och vi får ONT. Smärta är ofta stagnerad livsenergi. Kroppen känner ingen skillnad på fysisk och känslomässig smärta, den upplever bara att det gör ont.

Känslor är energi i rörelse. För att må bra behöver vi röra på oss, andas och uppleva våra känslor. När vi blir stressade är det svårt att andas ordentligt. När vi inte rör oss stagnerar livsenergin (chi). När vi förtränger våra känslor stannar de kvar i våra kroppar. När vi inte kan fullborda upplevelsen av våra känslor lagrar vi dem i våra kroppar och vi upplever dem som spänningar, muskelvärk, uppkörda magar, migrän, mardrömmar, trötthet, depression med mera. Kroppens naturliga reaktion vid trauman är att stänga av känslorna för vi förmår inte hantera dem alla just då - men de stannar kvar i kroppen tills chocken upphävs.

Återkomsten

Jag kom tillbaka till Seattle och flyttade in i min lägenhet som varit uthyrd under min tid i Frankrike. Gud vad jag var trött. Jag sov och sov och sov. Inte så konstigt, äntligen fick jag vila. Jag ville inte gå ut. Kom underfund hur jag kunde ordna det mesta hemskickat eller genom drive-in, allt för att minimera kontakten med omvärlden. Efter så många år av intensivt liv var det inte så konstigt. Min energi räckte till att bestämma vilken doft jag skulle ha i bubbelbadet, sen välja färg på mysdressen jag skulle dega i resten av dagen. Jag gjorde ingenting.

Samtidigt var jag otroligt förvirrad. Jag hade trott att jag skulle kasta mig in i nästa projekt, börja skriva. Som om skriva vore lätt som en plätt. Newsflash som vi säger på engelska. Att skriva är en helhetsprocess, det innefattar och omfattar hela ens utveckling, men det fattade jag långt senare.

Jag har alltid varit intresserad av astrologi, energier, själavandring med mera. Läste om Edgar Cayce i High School. Han var en vanlig snickare som genom djup hypnos fick kontakt med Alltet, universums energi där alla svar finns. Han hjälpte framförallt människor med deras hälsa.

Energi har varit en ledtråd i mitt liv. Som ingenjör studerade jag termodynamik och värmeöverföring, alltså den tekniska biten av universums energi. På jobbet såg jag organisationen, även informations- och materialflödet som ett energiflöde. Nu var mitt intresse tänt på att förstå kroppens och andens energi. Jag hade hittat några böcker om chakrasystemet, det vill säga de energivirvlar som existerar i kroppen. Men jag kände på mig att det fanns så mycket mer, att det inte bara var några virvlar i kroppen, det måste ju hänga ihop mer än så.

Jag satt på balkongen och grunnade på detta. Telefonen ringde.

- Jag har just varit på den mest intressanta behandling, säger väninnan. Det var som champagnebubblor i kroppen. Det här måste du bara pröva (det sa hon om allt). De jobbar med livsenergin, lägger händerna på som i Reiki, men det känns annorlunda. Metoden kallas Shen.

Jag kände direkt att det här var något för mig att kolla upp. Normalt när väninnan ringde om den senaste häftiga upplevelsen lyssnade jag bara och lät det vara. Det var inte något häftigt jag sökte. Hade haft nog av det, mer om detta om en liten stund.

Jag ringde upp terapeuten och bokade tid för Shen. Jag hade skickat ut frågan till universum och svaret kom, via telefonen. Så enkelt kan det vara.

Shen hade utvecklats av en amerikansk vetenskapsman, han hade kartlagt energiflödet enligt fysikens lagar. På vetenskapsspråk säger man biofältet om detta energifält eller flöde. Syftet med Shen var att förlösa fysiska och känslomässiga spänningar, på ett jordat och integrerat vis. Richard Pavek, grundaren av Shen, hade hämtat inspiration från Gestalt och Rolfing. Den ena metoden handlade om känslor den andra om den fysiska kroppen. Som en klient beskrev det långt senare "Shen är som en kombination av Rosen, Gestalt och healing." Rosen är en kroppsterapimetod som förlöser känslor och fysiska spänningar. Gestalt är en annan terapimetod som jobbar med känslor och mycket mer. Det finns många tekniker och metoder, som har liknande syfte och som kommer åt grundorsakerna på lite olika sätt. Men jag går händelserna i förväg.

Jag kände direkt att Shen var något för mig. Jag förstod nog inte riktigt det där med att släppa loss känslorna. Jag hade stoppat dem långt ner i skoskaften. Flera år tidigare hade ett medium som även var Gestaltterapeut, sagt till mig att jag behövde känslomässigt stöd. Jag visste inte vad hon pratade om, då. Hon försökte förklara att jag behövde vänner som bejakade mitt inre, så att säga. Mer om detta längre fram...

Mitt häftiga liv

Innan vi går vidare med läkemetoder och allt detta tror jag vi ska ta en tur i hur jag blev som jag blev, med andra ord ta en titt på vad jag hade i bagaget, allt det där som låg djupt inne i själen. I mina tidigare böcker har jag skrivit utförligt om processerna, så jag hänvisar dit om du vill fördjupa dig. I denna bok är syftet ett annat så det får bli som en summering men ändå förhoppningsvis tillräckligt detaljerat för att ge en bakgrundsbild.

Var börjar man nysta? Jag tror på före detta liv och att vi bär med oss sår från tidigare inkarnationer. Men ofta räcker det att vi tar här och nu. Kroppen vet inte skillnad på känslan från idag eller igår eller från hundra år sedan. Det enda den vet är att känslan finns där. Vad som är värt att veta är att känslomässigt liknande händelser lagras tillsammans, så får man fatt i en känsloknut så kan man lösa upp en hel sträng av upplevelser på en gång. Fiffigt och effektivt av universum att ordna det så, eller hur?

Jag är född och uppvuxen i Sverige. När jag var några veckor gammal kollapsade min farmor på vardagsrumsgolvet och blev sängliggande hos oss i flera månader. Hon hade kommit för att hjälpa mamma, som egentligen helst hade varit utan svärmors "hjälp." Hur det kom sig att farmor stannade kvar, och farfar också kom att bo hos oss är mig fortfarande ett mysterium, men så var det.

Mamma blev jättestressad, hon är inte av naturen en omhändertagande person, men har gjort så gott hon kunnat. Mammas tid gick åt att ta hand om farmor och farfar, inte mig. Följden blev att jag inte fick den närkontakt jag hade behövt när jag var liten. Det grundsåret har tagit många varv att komma till botten med.

När ett spädbarn inte får den naturliga beröringen av mamman, allt det där gosandet och kelandet, så vet barnet innerst inne att något saknas. När barnet blir vuxet söker den närhet först och främst genom sexualiteten, för den vet inte hur den ska få det känslomässiga. En del av byggsatsen gick förlorad.

Vi flyttade till Linköping när jag var två. Farmor och farfar flyttade med oss. Det tog ett tag och sen orkade inte mamma mer, hon fick ett nervöst sammanbrott och vi åkte hem till hennes fosterföräldrar i Östersund. Min två år äldre bror fick vara kvar hemma hos pappa, farmor och farfar.

Jag har aldrig fått rätsida på hur länge vi var borta, när jag frågat i syfte att läka mina sår har föräldrarna svarat att det där får du reda i själv. Det är för smärtsamt för dem att över huvud taget prata om det. Mamma ställde ultimatum, så farmor och farfar flyttade till eget boende och vi kom hem. Mitt inre barn tog med sig alla de förvirrade känslorna in i vuxen ålder.

I dessa fall är metoder som går förbi dagsmedvetandet oumbärliga, annars kan man inte komma till botten av sina smärtor. Och varför, undrar du kanske, ska man gå till botten? Jo, för att då slipper man snubbla på samma skit om och om igen. Man löser upp knutarna från det förflutna så att man kan få en bättre framtid. Man slipper vältra sig i eländet.

Det hände både det ena och det andra under uppväxten. Några pojkar tog med mig till en bajamaja och smetade ner mig med avföring. Jag var väl en tre, fyra år. När jag kom hem storgråtande blev mamma helt ifrån sig, jag trodde det var mitt fel...

Vi flyttade in till stan när jag gick i tredje klass, detta att flytta har repeterats om och om igen i mitt liv. Det längsta jag bott i ett hus eller en lägenhet är sex år, men varje ort har jag bott längre tider på.

Den stora flytten till USA kom 1967 då jag var fjorton år. Pappa hade sökt jobb ett helt år i förväg, det var mycket hemlighetsmakeri, ingen man kunde prata med eftersom hela projektet var hemligt. Jag ville inte flytta, inte så konstigt, som fjortonåring är man på tvären och livet är komplicerat nog ändå utan att man ska behöva byta land och språk och kultur och allt.

Min familjs sätt att hantera mina känslor var att lägga locket på. Om vi låtsas att allt är ok och att vi alla egentligen är överens om att detta vill vi så går det nog över. De lyckades. Jag hade ju ingenstans att ventilera vad jag egentligen kände. Med mina känslor försvann också minnena. Det är vad som sker. Anledningen att vi inte minns är att vi lagt locket på känslorna, när känslorna får komma i dager och vädras så kommer minnena tillbaka, som på beställning.

Först tjugo år senare, när mamma började prata om hur det var när vi flyttade, tog hon upp tråden. När hon sa "Eva du ville inte flytta," tittade jag på henne förundrat. Jag hade ju varit den första som bestämt mig för att stanna, att bli amerikansk medborgare. Vad sjutton snackade hon om? Lustigt nog hade jag året innan varit på semester nere i Europa och sagt till min väninna "undrar hur det skulle vara att flytta tillbaka till Europa?" Slumpen är ingen tillfällighet och några år senare fick jag jobb i Frankrike.

Men tillbaka till ett något så när rakt händelseförlopp i Evas häftiga liv. Flytten till USA var jobbig. Jag hade så gott som levt i ridhuset i Linköping, till och med pryade där. Det var mitt liv utanför skolan. Förorten Bellevue var en helt annan värld. Seattle var då lika stort som Stockholm. Språket var svårt. Visst jag hade läst engelska i fem år men det var brittisk engelska med betoning på grammatik och uttal. De första två veckorna begrep jag inte mer än *Hello* och *Goodbye*. De första två åren hade jag problem med magen - inte så konstigt med alla känslor jag stoppat ner. Hästar och ridtokiga tjejer kunde man bara glömma. Det var små damer som flörtade med killar, en helt annan värld än naturliga Sverige.

På grund av språket blev matematiken min bundsförvant, jag tog extra klasser och fick högsta betyg i High School. I Sverige hade jag haft bra betyg i det mesta, skolan och att lära var lätt för mig. När det var dags att välja linje på universitet var det inte så konstigt att de tekniska ämnena låg i topp, de var oberoende av språket. Jag hade nog helst vela bli dataknutte, men jag var förstås den enda tjejen i klassen, vår High School var före sin tid och hade programmeringskurser. En dag hade vi besök av en riktig programmerare, han berättade om hur det var att jobba med det. Jag sträckte upp handen och frågade om karriär? Jo männen kunde ju bli programmerare, men kvinnornas lott var att bli hålkortsoperatriser, hur kul var det. En hålkortsoperatris var datavärldens sekreterare innan PC och Mac gjorde entré. En av våra grannar var en kvinnlig ingenjör som också lämnat SAAB för det stora landet i väst. Hon blev som en storasyster för mig och uppmuntrade tanken att läsa till ingenjör.

Och så blev det. Vi hade landat i ett USA i enorm förändring. Vietnamkriget, flower power, morden på bröderna Kennedy och Martin Luther King, massdemonstrationer, women's lib och så vidare. USA höll på att förändras från ett mycket konventionellt och traditionellt samhälle till ett helt nytt sätt att vara.

Jag var sjutton år då jag började läsa på University of Washington. Hälften av mina klasskamrater var krigsveteraner från Vietnam. De fick sin utbildning bekostad av staten efter avslutad militärtjänstgöring. Tala om målmedvetna klasskamrater. Det var bara att ta i och plugga. Den där lössläppta collegetiden vet jag inget om. Jag har aldrig upplevt det där festande "fullt-ös-medvetslös"-stadiet. Vet inte om jag skulle ha varit så värst intresserad ändå. Men jag blev tidigt vuxen. Ja för att gå tillbaka så har min bror och jag varit mer vuxna än våra föräldrar. Adult children som det heter. På grund av att föräldrarna själva aldrig fått den känslomässiga näring de behövt så kunde de inte ge oss det. Då blir det så att det är barnet som stöder föräldern, i stället för tvärtom. Som barn vänder man sig till Gud, för det finns inget att hämta i mammas knä, hon kan inte vara där för en, hon vet inte hur man gör.

Mamma kom till fosterföräldrar när hon var fyra år och blev kvar till trettonårsåldern. Hennes mamma, alltså min mormor, fick TBC och kunde inte ta hand om alla barnen. Mamma och hennes yngsta syster blev utplacerade och man ser tydligt att de har inte samma grundtrygghet som de andra i syskonskaran.

Kvinnorna som pluggade till ingenjör var inte så många till att börja med, ungefär två procent. Detta ökade avsevärt under sjuttiotalet, men i min årskurs på maskinteknik var jag den enda kvinnan. Jag gick ut med toppbetyg, blev invald i Tau Beta Pi, ingenjörernas Phi Beta Kappa och det kändes bra. Honor societies kallas de i USA, hedersorden eller vad finns det för likartat i Sverige?

När jag var färdig med mitt examensarbete fick jag jobb på Scott Paper Company i Everett, en pappersfabrik med 1.800 anställda. Jag skulle jobba med projekt. Var deras första kvinnliga ingenjör.

Om USA inte hade ändrat lagen och infört kvotering hade jag aldrig fått jobbet. Bara några år tidigare hade en kvinnlig ingenjör sökt och fått svaret "Vi anställer inte kvinnliga ingenjörer, punkt slut." Så länge lagen tillåter att man diskriminerar och det inte finns några konsekvenser, varför ändra på sig. Jämställdhet existerar inte i Sverige, men man skulle kunna lösa problemet om man ville. Det finns ingen anledning att neka kvalificerade kvinnor jobb eller den lön de förtjänar men om lagen tillåter så är det ju bara att gå på i ullstrumporna. Det håller folk sysselsatta att älta ojämställdheten i samhället. Mer effektivt som maktredskap än att ta itu med problemet. Är det inte dags att fokusera på lösningar?

Jag hade nyligen fyllt 21 och påbörjat min Master's i Graduate School. En kväll kände jag mig trött på att plugga och ringde några väninnor, de också ingenjörer. Vi gav oss ut för att dansa. Där raggade jag upp en man som snart flyttade in hos mig. Han var otroligt charmig, kunde ringa upp och läsa poesi, han bjöd ut mig på middag, var otroligt uppvaktande. Till att börja med. För att dra den korta historien så blev han mer och mer våldsam, den verbala misshandeln blev outhärdlig, han drack, samlade vapen, var otroligt svartsjuk, kunde anklaga mig för att ha en affär på jobbet när jag jobbade övertid. Han gjorde sig ovän med de flesta av mina vänner, ett effektivt sätt att se till att man inte har någonstans att ta vägen (den känslan kan jag utantill). Tack vare honom har jag varit med i tre bilolyckor, en av dem där han skulle döda oss båda. Jo tack whiplash vet jag vad det är men också hur man läker det. Det tog mig sex år att ta mig ur detta förhållande. Innan dess hade han våldtagit mig och försökt strypa mig till döds.

Jag kan skatta mig lycklig att jag har livet i behåll. Instinktivt visste jag att det skulle vara farligt att lämna honom, att jag måste gömma mig på något sätt. Jag visste inte vart jag skulle ta vägen, hur jag skulle få det till med bohag och hundar och katter. I slutändan lämnade jag allt med bara kläderna på kroppen julafton 1974.

Så när jag blev utbränd och började min läkeprocess, hade jag mycket i bagaget. Barndomstrauman, flera upprotande flyttar, misshandel i äktenskapet, whiplash och trauma från jobbet med alla omstruktureringar. Hade jag kunnat ha känslorna med mig vid varje steg och fått uppleva dem fullt ut hade livet blivit mycket annorlunda. Men med mina oförlösta känslor drog jag till mig den ena katastrofen efter den andra. Men sen började jag vända på skeppet och läkeprocessen kom verkligen igång med Shen-terapin 1991.

Jag tror att min själ hade lagt upp det precis på detta viset. Jag skulle uppleva ett antal trauman och sen läka dem, så jag kunde förstå hela processen in i benmärgen. För att sedan skriva om det. För att läka djupa trauman behövs en djupgående process. Men man kan inte förstå det bara från en mental, intellektuell eller akademisk nivå. Det krävs upplevelse, inlevelse, att ha gått till grunden, gå in i orsakerna, och komma till pudelns kärna.

Har män beröringsskräck?

Under årens lopp har jag haft många förhållanden. En del korta, en del längre, flertalet under min tid utanför Sverige. När jag gick in för att hela mig själv i början av 90-talet bestämde jag att göra en paus från relationer, för att ge mig utrymme att lära känna mig själv, bara fokusera på mig. Att komma igång igen har visat sig ta tid, de män som dyker upp närmar sig sakteliga eller inte alls, och har visat sig vara där för att hjälpa mig läka ännu mer. Berättelserna finner du i mina tre första böcker så jag repeterar dem inte här.

En man som dök upp under min återkomst var så att säga som en mussla. Antingen vidöppen och passionerad och närvarande, dessemellan helt borta i sin grotta. Hans beteende var mycket förbryllande för mig. Vi kunde ha älskat passionerat och efteråt när jag närmade mig honom, jag ville bara vara i hans fysiska närhet, så drog han sig undan. Om jag satte mig bredvid honom på soffan flyttade han sig till en fåtölj. Om jag försökte ge honom en kram drog han sig undan, eller började prata om något annat.

Jag har upplevt detta i flera fall, så han är inte unik. Annars när vi satt och tittade på TV kunde han bläddra fram något porrprogram. Och man sitter där och undrar vad han håller på med.

- Hur tänker de? brukade min väninna säga.

Vi funderade mycket på folks beteende i allmänhet och speciellt då hur tankeverksamheten fungerade bakom allt detta. När man vecklar ut sig själv är förståelse en viktig del av processen. Att gå till grunden med sig själv, att inse vad är mitt och vad är ditt.

Så med mannen ovan, trodde han att jag skulle bli upphetsad eller tänd av ett porrprogram? Det är ju snarare tvärtom, det är egentligen ointressant, och absolut inte eggande för njutningsnerverna. Jag vill komma nära, på alla sätt. Hur har förändrats sedan min läkeprocess drog igång.

Före terapi var jag sexuellt aktiv så det skvätte om det. Gifte mig med den kåtaste man jag kunde finna. Vi hade som sagt andra problem, men det förtar inte att vi emellan hade det bra. Dessutom var han en otrolig kock, att få njuta en god måltid förhöjer hormonerna.

I många avseenden var jag mer lik män. Stark maskulin energi, var utåtriktad karriärkvinna, bra på sex och dålig på känslor. I terapins värld fick jag lära mig om känslor och hur starkt förknippade de är med beröring. När vi helas eller masseras så kommer kroppen ihåg. Minnen och känslor dyker upp. Sex öppnar upp oss men få har med sig alla sinnen in i extasen. Man kan vara fysiskt närvarande utan att vara i kontakt med sina känslor, eller vice versa. Men för att allt ska fungera behöver man alla delarna.

Jag har insett detta en längre tid, skrivit om det och pratat om det. Och funderat på hur man kopplar ihop sex med beröring och känslor, i ett paket. Jag vet att jag vill men finns det bra sätt att göra det här, finns det någon annan som belyst detta problem? Som vanligt besvarar universum våra frågor, men igen på ett oväntat sätt. Att det var en bok är kanske inte så konstigt...

Boken var en julklapp från en njutningssyster. Skriven redan 1980 men i ett helt annat syfte. Varken min väninna eller jag hade läst boken då den kom ut, den vände sig ju till kvinnor som hade svårt att få orgasm. Det hade inte vi problem med. Som sagt, min stora utmaning har varit att komma i kontakt med mina känslor och bejaka dem. Att vara närvarande känslomässigt i min kropp, att lyssna på mitt inre och lita på min andliga vägledning.

Nyckeln i boken jag fick är en njutningsprocess, som passar alla, oavsett vad man har för bakgrund eller begränsning eller fokus. Processen får med allt - närhet, beröring, tankar, känslor, njutning och orgasmer. Helt enkelt en process för fantastisk sex och mycket mera. En biverkan för dem som utövade processen var att otrohet försvann, det fanns noll anledning att söka sig utanför partnerskapet, med denna process blev både mannen och kvinnan tillfredställda med råge.

Nu undrar du förstås vad boken heter? *Fina flickor gör det* av Dr. Irene Kassorla är tyvärr inte i tryck längre men går att få tag på i andra hand. En sajt som är lätt att söka på är www.antikvariat.net, där man kan hitta begagnade böcker från Skandinavien och Storbritannien. I viss mån finner man många likheter med Barry Longs bok *Konsten att älska*. Den handlar också om att vara närvarande i nuet. Jag gillar de här båda för att de fokuserar på process och icke teknik. De flesta sexböcker jag sett tilltalar mig inte, det blir mer som "måla med siffror," som ett-två-tre, en teknisk manual utan känsla. Samma sak gäller healing och terapiböcker, tekniken hjälper dig bara in i processen, i slutändan måste du lära dig att följa livsprocessen, att vara här och nu, släppa taget om målet och följa med i nuet.

Jag har haft kvinnor på min behandlingsbänk som gråtit för att de måste betala för att få beröring. Att de inte kan få detta av sina män, hemma, det vore ju det mest naturliga. Man tror att bara för att folk är gifta eller sambo har de det bra. Så är förstås inte fallet, men jag tycker det är sorgligt att se gifta kvinnor som inte får sina grundläggande behov tillfredsställda hemma.

Men så har tankarna virvlat runt männens beteende och vad de söker. Som så ofta dyker idéerna upp när jag är ute och går och så trillar polletten ner hur jag kan knyta ihop det.

Filmen *Lilja 4-Ever* av Lukas Moodysson berörde mig djupt. Vad jag inte kunde få grepp om var hur män kunde ha sex med henne när de visste att hon inte ställde upp frivilligt. Det är illa nog när man måste prostituera sig för att klara livhanken och fattar beslutet själv. I detta fall blev Lilja lurad av sin ryske pojkvän och såld in i ett bedrövligt sexslaveri - i Sverige. Säger mycket om hur vi egentligen har det i välfärdssamhället, det är rena katastrofen ur en medmänsklig synpunkt.

Hur tänker männen när de köper sex? Är det så att de inte får det behovet tillfredsställt hemma? Är männens jakt på sex och kvinnornas på beröring två sidor av samma mynt? Ligger grundproblemet på ett annat plan? I de flesta fall tror jag det. En del män tror att de kan bara rassla med gylfen så är det pang på. Och många kvinnor tror att sex äsch det är väl inte så viktigt, kanske ställer de upp motvilligt i stället för att uttrycka sina önskemål. Hur som helst har kommunikationen fallerat och i grund och botten har ingen av oss fått lära oss hur det skulle kunna vara.

Som sexuellt lättänd kvinna har jag ofta stött på män som varit mer som kvinnor, de flyr undan och sysselsätter sig med jobb eller somnar eller vad som för att slippa sex. Det är ju också ett problem, när drifterna inte ligger på samma nivå. Lösningen är ju det viktiga, och här handlar det om helhet. För att lösa sex och beröringsekvationen måste båda få vara med. Däri ligger skatten.

Den absolut mest tillfredsställande beröring jag någonsin upplevt var på en kurs i England när jag gick lärarutbildningen i Shenterapi. Som del av processen deltar även kursledarna i behandlingsövningarna. Det är omöjligt att leda djupa förändringsprocesser om du inte själv deltar. Du kan inte stänga av dina känslor och leda som auktoritet, för då förlorar du kontakten med flödet.

Hur som helst var det min tur på bänken. Kursen hölls på en internationell skola för katolska präster och nunnor. Min behandlare var alltså katolsk präst som levde i celibat. När han lade sina händer på min kropp kändes det mjukt och omhuldande. Han kom in i min aura så varsamt, jag upplevde som hela jag omhuldades av kärleksfull mjukhet och ömhet. Man kanske kan säga att jag blev gudomligt berörd.

Temat sex och beröring är så tacksamt, det finns så oändligt mycket att säga. En väninna kunde aldrig förstå oss andra, att vi kunde vara så upptagna av sex. För henne var det viktigaste omfamningen, att kramas, resten kunde lika gärna kvitta. Sen träffade hon en man, som fattade hur han skulle göra. Han väckte henne och hon upptäckte vad all uppståndelsen handlade om. Som hon sa "now I understand what all the fuss was about."

Lägg till detta att det är mycket som ska till att man passar ihop. Tänk bara på vänner, man har ju flera stycken, och de tillfredsställer olika aspekter av ens liv. Så att förvänta att man-kvinna ska kunna fungera på alla plan är kanske inte realistiskt. Som jag säger, utforska var man möts, ta vara på det och släpp resten.

Jag läste i en av Gabrielle Roths böcker om hur hon plötsligt insåg att hon lånat ut sin kropp till män som hon inte skulle låna ut sin bil till. Jag har också varit där tänkte jag. Mycket bra måttstocksfråga "skulle jag låta honom låna min bil?" Om svaret är nej, är det inte läge att släppa in honom i min kropp.

Gabrielle Roth är mest känd för sina *Fem Rytmer*. Hon är en av pionjärerna inom Frigörande Dans och har skrivit ett flertal böcker samt gett ut flera DVD och CD för att hjälpa världen dansa loss. Hennes böcker finns på svenska.

Emma Swanström, punkare i Umeå med rötter på Höglandet var i Rotterdam för en spelning. En kväll gick hon ensam hem, genom utekvarteren. Den ena mannen efter den andra försökte ragga upp henne. De ville ha sex med henne, de åtrådde henne, samtidigt som de föraktade henne. Hon blev skitförbannad och gick hem och skrev en låt. Den heter *Rotterdam*, och refrängen går så här:

> "You despise me, you hate me, and oh you wanna fuck me, and I know 'cause I've been there before"

- Jag valde att skriva "AND" istället för "BUT you wanna fuck me," berättar Emma, eftersom jag uppfattar det som att män som köper sex, eller beter sig mot kvinnor som de gjorde, använder sex som ett sätt att trycka ner och sätta sig över dem. Att förakta en kvinna verkar ofta vara liktydligligt med att vilja ha sex med henne och vice versa. Jag kan ju bara spekulera i vad de egentligen tycker om sig själva när de inte värderar andra högre...

Låten kan du lyssna på i datorn på www.disconvenience.com.

I situationer som dessa hämtar vi författare också stoff.

Jag ringer

Hur många kvinnor har inte upplevt detta?

- Jag ringer, säger mannen som avslut på en trevlig kväll eller pratstund på telefon.

Kvinnan väntar. Tystnaden ekar. Han hör inte av sig. Enligt John Gray som blivit stormrik på att skriva om skillnaderna mellan mars och venus menar verkligen mannen det, just då, i det ögonblicket. Han vill verkligen träffa henne igen.

Är det verkligen så? Eller är det bara en fras de fått lära sig?

Varför kläcka ur sig något som de historiskt sett aldrig lyckats uppfylla? Mitt huvud kan förstå att så här är männen. Mitt hjärta gör det inte. Det gör ont.

Så tiden går och han hör inte av sig. John Gray hävdar att mannen är som en blåslampa, lätt att tända, men elden slocknar också fort. Hans förklaring är att mannen glömmer löftet att ringa så fort kontakten brutits. Så varför fortsätter män att säga något vi alla vet inte kommer att hända? Varför blir det vårat problem?

Fick höra denna fras än en gång. Vågade inte ta ut glädjen att han vill träffas igen. För jag blir så besviken när jag upptäcker att jag blivit lurad än en gång. När jag stängde av mina känslor gjorde det ännu mera ont, hjärtat värkte så jag knappt kunde andas. Det är ju inte första gången. I flera tidigare liv har jag blivit övergiven, mannen åkte iväg eller bara försvann, jag har fått bearbeta denna rädsla och sorg och övergivenhet på många plan.

Man kan säga att det inte är hela världen att någon inte ringer… Men det är ju också ett löfte. Ibland hör de av sig så småningom. Det längsta jag varit med om är tre år. Då förväntade han sig att vi skulle fortsätta där vi slutat. Sakta i backarna sa jag. Hallå! Man kan bara inte klampa in och ur i människors känslor.

Jag har också varit med om att jag lyft telefonen och de blir jätteglada att man ringer. De hade gått och tänkt på en. Ja det är väl en liten tröst.

Hur löser jag detta? Uppenbarligen fungerar det inte att lägga locket på känslorna och ta det med en klackspark, det gjorde ännu ondare. Det är väl som allting annat. Gå in i livet och känslorna med hull och hår. Det kan ju bli annorlunda denna gång.

Väck inte hoppet om du inte verkligen menar det

Det är egentligen grymt att väcka ett hopp om man innerst inne vet att så blir det inte. Det väcker så mycket känslor. Man hoppas. Man längtar. Bara för att upptäcka att löftet var tomt, innehållslöst. Man känner sig dum. Som inte fattar att man väntar på något som aldrig blir mer än en gnutta. Det väcker känslor, minnen av förvirring. Det är som mitt huvud försöker förstå men får inte till det. Mitt hjärta svämmar över i tårar. Befriande, men jobbigt.

Varför gör det ont när knoppar brister? Varför är det så svårt att vara människa? Varför har vi så svårt att kommunicera, rakt och tydligt? Varför blir det så fel? Varför bryr jag mig? Varför trillar det in män på min väg som är så här? Jo, jag vet, det är ju för att läka såren. Men det gör ont.

Tänker på en dikt som ofta förekommer i 12-stegs kretsar, det vill säga anonyma alkoholister och deras anhöringstödgrupper:

En självbiografi i fem korta avsnitt.

(av: Portia Nelson)

1:

Jag går nerför gatan.

Det finns ett stort & djupt hål i trottoaren.

Jag ramlar ner.

Jag är förlorad, borta & hjälplös.
Det är inte mitt fel att jag ligger här!
Det tar en evighet att ta sig upp.

2:
Jag går på samma gata.
Det finns ett stort & djupt hål i trottoaren.
Jag låtsas att jag inte ser det.
Jag ramlar i igen!
Jag kan inte förstå att jag åter är här.
Men det är i alla fall inte mitt fel.
Det tar en lång stund att ta sig upp igen.

3:
Jag går på samma gata.
Det finns ett stort & djupt hål i trottoaren.
Jag ser det!
Jag ramlar i... av gammal vana.
Mina ögon är öppna & jag vet var jag är.
Det är mitt eget fel.
Jag tar mig upp omedelbart.

4:
Jag går på samma gata.
Det finns ett stort & djupt hål i trottoaren.
Jag går runt det!

5:
Jag går en annan gata.

Jag tror det är dags att gå en annan gata.

Ibland saknar jag ord

Det kan låta konstigt att en författare saknar ord. Men det händer, oftare än man skulle kunna tro. Jag lever mitt liv väldigt intuitivt, i flödet, så det är svårt att förklara logiskt varför jag känner på ett visst sätt eller varför jag envisas med att peta i något.

Mannen som skulle ringa och jag tänkte cyniskt "kanske om några månader" ringde efter bara några dagar. Flera gånger. Precis då man släppt allt det känslomässiga och kommit fram till att det blir ingenting, det här är ingen relation att satsa på. Bara för att han ringde ändrar ju egentligen inte på det. Men när han ringde var jag upptagen, när han äntligen fick tag i mig hade jag just kommit innanför dörren, var trött och varm och svettig, helt tom i huvudet. Det var inte läge att vända och ge sig ut igen. Så han fick ett rätt grymtigt svar om nej inte nu.

Under dessa dagar släppte jag ut en massa gamla känslor. Befriande. Det är makalöst hur klara tankarna blir efter stormen.

Mina vänner undrar varför jag tänker tanken att överhuvud taget ringa honom. Varför undrar de. Vad skulle det ge dig? Jag saknar ord att svara dem med. Samtidigt vill han inte bara försvinna ur mina tankar. Nu när han äntligen gjort något rätt ska han då få smaka samma medicin? Är det rätt?

Så ikväll for jag iväg på en konsert i kyrkan. Det ingår ju alltid en liten andlig del i det hela, även om konserten är huvudsaken. Dagens ord handlade om att inte döma eller fördöma. Kloka ord. Som en självklarhet följde den gyllene regeln, att behandla andra som man själv vill bli behandlad. Gå i den andres skor, se det från deras synvinkel. Ingen är perfekt. Om man inte ger feedback och berättar vad man tänker eller känner, hur ska vi då relatera till varandra?

Intuitivt kände jag att det rätta vore att i alla fall ringa, inte bara låta allt hänga i luften, sopa det under mattan...

Det blev bra, kändes befriande att få berätta nu när jag inte var känslomässigt mitt i det. Jag tror det är rätta läget att prata - efter man själv läkt sitt blåmärke från det förflutna, då kan man beskriva sin upplevelse utan att döma eller fördöma. Jag pratade lite om mina tankar och gamla sår som kommit upp för att läkas, även hur man själv säger vi hörs och så kommer man sig inte för... hur mitt huvud förstod men inte mitt hjärta. Det tog inte många minuter men det kändes bra. Så övergick samtalet till det sedvanliga djupet i politik, litteratur och film. Skönt att lufta sina tankar med en intelligent man.

Syftet med möten

Vi vet aldrig varför en annan människa har kommit in i våra liv. Det kanske inte alls handlar om vad vi tror. Bara för att det är en man och jag är kvinna behöver det inte betyda att vi ska bilda familj. Vi har kanske strålat samman för att vi har något att lära av varandra, eller för att tydliggöra och läka gamla mönster, eller för att vara kompisar eller kollegor i idériket. Vi kan inte veta i förväg.

Han kanske hjälper mig att släppa taget om förlegade förväntningar? Om jag nu ska leva här och nu så måste det ju också komma in andra sätt att vara. Jag tror att när det gäller relationer, vänner, jobb och dylikt att vi helt enkelt inte kan släppa taget förrän vi lärt oss vad vi kommit samman för att lära eller göra. Vi är inte färdiga förrän det är klart.

Vi kan inte bestämma med huvudet att nu avslutar jag det här. För någonstans inombords vet vi att så är inte fallet. Om inte annat så sätter intuitionen igång och skickar signaler. Man börjar helt plötsligt tänka på det där som man "släppt." Då har man förstås inte släppt det.

Men nu kretsar tankarna kring det här med att bli färdig. Jag får ofta kommentarer i stil med "du som jobbat med dig själv så länge, är du inte färdig?" när jag fått ett känsloutbrott eller svall. Svaret är att vi blir aldrig färdiga. Jag ser den personliga utvecklingen som en spiral, vi går uppåt men när vi gjort ett varv kommer vi tillbaka till liknande upplevelser för att ta det på en annan nivå. Varje gång vi är och rotar i det kommer vi vidare, om vi inte bara skjuter det åt sidan. Meningen är att vi ska gå in i det och läka eller komma till insikt på ett djupare plan, ta det en nyans till.

Så det här med att avsluta och göra färdigt kanske inte är relevant i nutid?

Tankar om relationer

När man som jag flyttat och behövt starta om på flera platser i världen har jag lärt mig en del om att lära känna nya vänner. Det tar tid. I början går det ofta långsamt och trevande. Man undersöker vad man har gemensamt, hur man tänker och känner, utforskar vem är du och vem är jag. Man är på upptäcktsfärd och kommer så småningom underfund om var och hur man möts bäst. Så släpper man resten. Man förväntar sig inte att en vän eller kompis ska uppfylla alla ens behov, det är inte mänskligt möjligt.

Jag tänker i liknande banor om kärleksrelationer. I stället för att hitta någon som man kan banka in i ett förutbestämt mönster, så utforskar man vem är du, vem är jag, kommer underfund om var man möts, vad man har gemensamt och börjar bygga därifrån. Detta kräver förstås att dialogen är rak och tydlig. Säg vad du menar och mena vad du säger.

Kanske ett bättre sätt att säga det är att man är naturlig. Man spelar inte ett spel, man går inte in i roller, man gör sitt bästa för att vara sig själv, som man är hemma till vardags.

Motsatser

Jag skulle kunna skriva en hel bok om relationer. Har visserligen redan skrivit en på engelska om organisationer och relationer, men det finns så mycket mer. Relationer är klistret i samhället, utan dem fungerar ingenting. När jag pratar relationer menar jag på jobbet, med sig själv, i sina hobbies, den man har med sina vänner, med ting och djur och så förstås kärleksrelationer i alla dess former. För det är ju så att relationer är många ting.

Vi attraheras av det som är likt oss och så av det som är vår motsats. Kvinnor och män kan vara motsatser, motpoler. Har haft lite samtal på sistone med mina vänner, de har kretsat mycket kring just kärleksförhållanden, det är som temat är i luften nu när midsommar nalkas. En väninna beklagade sig att män inte vill prata. De tycker det tjatas för mycket. I vissa fall är det faktiskt så att kvinnan vill styra och ställa och prata, men hur är det med att förstå den andra?

Jag önskar vi fick lära oss i småskolan hur man kommunicerar med varandra. Lära sig lyssna. Lära sig säga rakt vad man tycker och känner, utan att vara elak för att såra någon. Man kan säga de svåraste saker utan att kasta skit, utan att projicera.

Jag tror på att utforska vänskap från att lära känna varandra, upptäcka var vi möts, och släppa resten. Det är hög tid att släppa kraven på att så här måste det se ut. Många av våra inre bilder härstammar från en förgången tid, det är dags att skicka dem till universums förbränningsugn.

I dagarna började VM i fotboll. Jag är inte speciellt intresserad, har ingen TV, och tycker att sport är ointressant att titta på allena. Det behövs minst en person till så man har någon att kommentera med och skrika med. Men är man några stycken kan det vara kul att spana in.

En av mina vänner sa usch det där med fotboll, jag begriper det inte och skulle aldrig se på det. I samma andetag beklagade hon att män inte vill prata. Nu kan man ju inte dra alla över en kam, men jag tror nog att det ofta uppstår problem just för att vi inte är intresserade av den andra. Klipper man av och säger "det där är ingenting, jag vill inget veta," så säger man väl också att "jag är inte intresserad av dig." Det kan öppna nya dörrar att utforska den andras intresse och lära känna varandras världar. Det behöver inte betyda att man helt plötsligt blir fotbollsfantast eller superb kommunikatör.

Vi trillar alla dit, det är del av att vara människa. Men kommer man på sig själv att vara fördömande eller inskränkt kan man i alla fall nosa på den andra sidan. Det är tillåtet att vara nyfiken på en främmande värld.

Tankarna för mig till några bra exempel. För några år sedan startade jag en grupp *Leka med Möjligheterna* i Jönköping. Grundidén gick ut på att vi turades om att leda varsin gång, gruppen bestod av erfarna terapeuter och kursledare som ville vara med i en självgående grupp på annorlunda vis.

Under min helg att leda kom vi in på att utforska motsatsen, att göra det vi annars inte skulle göra. I stället för att dansa vilt, om det var ens naturliga gensvar på frihet, skulle man i stillhet utforska motsatsen. En kvinna satte sig stilla att rita. Normalt älskade hon cirklar och mjuka former. Ok, tänkte hon, jag ska utforska raka linjer. Hon ritade kuber, rektanglar och trianglar. Hon gick in i övningen helt och fullt.

När vi efteråt hade en sharing så kom det fram att hon upptäckt att även raka linjer kunde vara vackra. När hon visade sin teckning var vi andra helt förundrade, den var urläcker.

I vår målargrupp finns det en kvinna som är min motsats när det gäller måleriet. Jag målar stort med massa färg, det är intensivt. Hon målar smått, tyst, få färger och med avhållsam energi. Det intressanta är att vi började måla samtidigt, gick samma grundkurs. En dag fick vi för oss att utforska motsatserna. Hon fick klämma ut färg till mig och jag fick välja färg till henne.

Hon fick en rejäl blaffa med stunsiga färger att ta sig an. Vilken utmaning hon kände. Jag fick en liten plutt grått, blått och svart. Vad ska jag göra med det här tänkte jag? Det är så med det ovana, man känner sig förvirrad och vilsen.

Jag tog lite färg, började utforska minimalismen. Upptäckte att det hade sin tjusning det med. Det gick faktiskt att få fram något, även för mig, med snäv färgskala och utan en massa dunder och brak. Vi växte båda två i denna övning. Bara det att våga är hälften vunnet, som ordspråket säger.

För att utforska motsatser kan man använda sharing som redskap. Här handlar det om att kommunicera på annat vis, från sin inre visa kvinna eller man. Detaljerade instruktioner för *sharing* finner du vid bokens slut under ÖVNINGAR.

Vi är alla sargade

Varenda människa du möter har blivit sårad. Vi bär alla på minnen där vi blivit trampade på tårna, eller blivit förbisedda eller utskällda utan anledning. Det ingår i att vara människa. Det hjälper varken att älta eller lägga locket på. Båda sätten är lika ineffektiva för att läka och gå vidare.

En av mina bekanta hade äntligen träffat en man som verkade vara den rätte. De bodde på olika orter och hade känt varandra ett år, kommit närmare och närmare varandra. De hade det så otroligt bra och hade pratat om en framtid tillsammans. De hade tät kontakt, kunde inte vänta till nästa gång de sågs. Så min vän nämner att hon funderat på att söka jobb på hans ort, det kändes som ett naturligt nästa steg.

Då tvärvänder den uppvaktande kavaljeren och gör slut via sms. Helt plötsligt ska han vara ensam, han vet inte vad han vill och det är bäst för alla att de slutar här. Min vän fattar ingenting. Mattan har ryckts undan, rejält. Vilken chock.

Vad är det som har hänt här? Självklart blev han rädd. Antingen var han inte den han utgett sig för att vara eller så blev han påmind om något oläkt gammalt sår och la benen på ryggen. Tänker om jag bara drar mig undan och lugnar ner mig så går det över. Ledsen att spräcka bubblan men det går inte över. Mönstret kommer att upprepas om och om igen så vida han inte löser upp det. Men hur gör man?

Dra ur korken

Båda två behöver ju lösa upp sina gamla mönster och sår. Terapi är utmärkt i detta läge. Det huvudsakliga är att inte älta utan gå in i känslorna med hull och hår. Släpp huvudet och följ hjärtat. Våga brassa på och släpp ut det som virvlat upp inom dig. Det är inte ens nödvändigt att du reder ut det med den andra. Det är dig själv du behöver sortera det med i första hand.

Du kan skriva, du kan dansa, du kan måla. Uttryck vad du känner. Men kasta det inte på den andra. Samtidigt kan man försöka få igång en dialog. Träna på att sortera konflikter. Ingen av oss växte väl upp med föräldrar som visste hur man gör? Idag håller vi på att lära oss nya sätt att relatera, nya sätt att vara, nya sätt att ha relationer. För att hitta nya vägar behöver vi testa oss fram.

Vi måste våga experimentera. Vad händer om jag säger det så här? Hur fungerar det om jag skriver brev som jag inte skickar där jag öser ur mig allt jag skulle vilja säga? Chansen är förstås att dialogen blir vettigare nästa gång man ses.

Kanske det känns rätt att ta en egen retreat, gå inåt för att lösa upp allt som virvlat upp inom dig. Jag tror inte det finns några rätt eller fel svar. Huvudsaken är att man låter energin flöda och inte bara lägger locket på. Vågar testa nya kommunikationsmönster. Det vi lärt oss hittills fungerar ju inte så värst bra, eller hur?

Var uppmärksam på dina tankegångar. Lägg märke till hur du tolkar och besvarar. Vi har alla olika sätt att ta vara på oss själva när det uppstår konflikter. Känn efter vem det handlar om egentligen. Många gräl uppstår för att en tycker att den andra ska spela efter den andras spelregler. Man har i huvudet bestämt att så här måste det se ut. Vad är egentligen viktigt? En väninna sa att hon för länge sen släppt taget om hur bestickslådan skulle organiseras. Det är inte viktigt.

Om du har ett behov kan du inte kräva att en annan tillfredsställer det. Du kan önska, du kan säga det skulle göra mig glad om... men att kräva är att kväva. Om du har ett behov av att det måste diskas på ett visst sätt, då är det bäst du gör det själv. Ingen annan skulle kunna möta dina krav.

Vi har krav på oss själva och krav på andra. Lätta på trycket. Du dör inte om det är lite oordning. Livet är inte en syntetisk planerad gång. Den är livs levande. Jag minns en konsult vi anlitade till ett nätverk, han var så glad att få komma en fredag. Då slapp han städa toan. Det var nämligen hans tilldelade jobb, att städa toaletten varje fredag. Jag kan inte tänka mig något mer kärleksdödande än krav på att du måste göra det här eller det där. Skaffa städhjälp. Gör det själv. Hoppa över det då och då. Gör det mindre ofta. Släpp in lusten.

Var lite kreativ i hanteringen av det som måste göras. Sällan är man överens inom en familj om vad som är måste. Den som har högre krav kan inte begära att den andra ska upp till den nivån lika lite som den andra kan kräva att det är på hennes premisser. Hitta ett mellanläge. Fundera på vad som är viktigt. Kanske det är någon annanstans skon klämmer. Är man för olika ska man nog inte bo ihop. Vi känner väl alla par som flyttat isär bara för att upptäcka kärleken igen.

Det finns i nuläget inga handböcker, så vitt jag vet, där vi kan läsa om hur vi kan skapa relationer som fungerar i modern tid. Visst finns det böcker som John Grays mars och venus böcker, men de behandlar traditionellt fungerande människor. Han har inga svar till starka kvinnor och mjuka män. Hans slutsats är att vi behöver ändra oss, att för att få ha relationer måste männen vara som män och kvinnorna inte för kapabla. I mina ögon är det helt befängt. Alla människor måste ju få vara som de är. Om man måste stylas om för att duga kan det inte vara rätt.

Jag minns en av mina före detta. När jag träffade honom hade han utvecklat sina husliga sidor. Han lagade mat, god mat, var ompysslande och skötte om sitt hus på ett sätt som man normalt associerar med kvinnor. Jag däremot var händig, byggde staket och satte ihop IKEA möbler som den redigaste karl. Vi fann varandra. Blev kära.

Problemen uppstod då han skulle byta roller. I hans huvud var det han som skulle fixa möbler och dylikt och jag som skulle laga mat. Gud vad vi grälade om detta. För det första var han helt kass med hammare och spik. Hans insisterande på att vara händig resulterade i en byrå med felinstallerade lådor, så varje gång man drog ut lådan var det risk att man fick den på tårna. Jag var visserligen intresserad av mat, men i syfte att äta den. På den tiden lagade jag i stort sett aldrig mat. Jag åt ute. Det var lika billigt och absolut mindre besvär.

Men som sagt, han tjatade. I hans huvud var det ett bevis på kärlek om jag lagade mat. Det var min roll om vi skulle vara tillsammans. Han var så indoktrinerad i hur man skulle vara, det gick inte att komma förbi detta. Till saken hörde att han jobbade på fabrik, hade följt i sina föräldrars fotspår. Han hade klarat sig bra, stigit i graderna och fått bra lön. Problemet var bara att hans dröm var att bli polis. Men då skulle han få sämre lön.

Vad spelar det för roll undrade jag, eftersom min lön räckte mer än väl. Nej, då var det inte ok att jag tjänade mer än han gjorde. Så många hinder vi människor lägger i vägen för lycka. Om han hade lyckats släppa huvudet, alltså intellektet, att så här måste det se ut, hade vi haft en chans. Jag tror också att hade han vågat leva det liv han egentligen ville, tagit steget in i polisyrket, hade han blivit mycket lyckligare.

När vi klämmer in oss i roller vi inte passar för, mår vi inte bra. Då är det stor risk att vi ser till att omgivningen inte gör det heller.

Tydliga besked

Jag kommer att tänka på en man jag träffade genom vänner. Han hade nyligen avslutat ett förhållande och trodde han var redo att träffa en ny lekkamrat. Det visade sig ganska snart att han fortfarande försökte förstå vad som hänt. De hade också varit ihop ett år, åkt på semester tillsammans och hade pratat om att flytta samman så småningom.

Så drar hon sig undan. Svarar inte, släpper inte in honom. Han undrar vad som står på. Hon är bara trött. Han åker dit och hon är avig, det fortsätter så här ett litet tag. Så åker han dit igen och hon släpper knappt in honom. Han undrar om det är lika bra att han hämtar sina grejer. Ja, det kan du väl göra får han till svar.

Det han inte kan reda ut är vad som hänt. Hon har sagt nada. Efter ett år skulle man tro att man är så nära att man kan säga hur det egentligen ligger till. Under den korta tid jag umgicks med honom var han i frågetecknens värld. Han visste inte vad som gått snett. Sen fick han reda på i tredje hand att hon träffat en annan man och skulle flytta till honom. Då undrar man varför hon inte kunde ha kläckt ur sig det? Gett tydliga besked.

Han var ju jätteförvirrad. Han ville förstå. Han behövde veta. Till slut fick han ju veta. Men vilket taskigt sätt att göra slut. Bara glida undan. Påminner mig om mina tonår.

Jag hade en boyfriend i High School. Vi gick i olika skolor men på samma ort. Vi var så kära så och träffades ofta. Vi var nog tillsammans närmare ett år och så börjar han glida undan. Ringer inte, svarar inte, bara glider bort. Han hade gett mig en ring så vi gick steady som det heter på amerikanska. Alltså officiellt ihop.

Det gjorde mig förvirrad att han bara gled undan, utan förklaring. Sen fick jag veta av en klasskamrat att hon träffat honom ute. Hon ville jag skulle veta, att han inte var mig trogen. Ett snopet sätt att få reda på att det är över. Det skulle ha varit så mycket bättre om han klart och tydligt sagt att nu gör jag slut. Han bara försvann och sa ingenting. Det är taskigt men mer förståeligt från en tonåring än en medelålders vuxen. Vid det laget har man väl lärt sig ta ansvar?

Jag saknar tydliga besked. Man kan till och med säga att man känner sig förvirrad och inte vet vad man vill. Det behöver inte betyda att man tar en paus, men att man kanske lägger framtida planer på hyllan ett tag, låter dem mogna fram. Man kan inte forcera beslut. Man kan också ompröva tidigare beslut. Som min boyfriend. Det var han som bett mig gå stadigt. Han kunde ha sagt nu vill jag inte det längre.

Vi ändrar oss hela tiden. Vad är ett löfte egentligen? Kan man garantera att man känner samma sak i morgon? Känner man att man lovat något som inte längre stämmer, är det bättre att harkla ur sig sanningen. Det är mindre sårbart i längden.

Det enda sättet du kan såra mig är att inte vara sann med dig

Jag har läst flera böcker av Han Suyin. I en av dem beskriver hon sitt kärleksförhållande till en man som är gift. Av olika anledningar bor han inte på samma plats som familjen. Denne man och Han Suyin är som själsfränder, förhållandet är djupt och långvarigt. Så en dag händer något och han behöver åka hem till den familj han fortfarande lagligt är bunden till. Han vet inte om han kommer att stanna där eller komma tillbaka till Han Suyin.

Mannen är i valet och kvalet. Han vill inte såra sin älskarinna, men inom sig känner han att han kanske får ge äktenskapet en chans till. Innan han åker iväg pratar de om det.

- Det enda sättet du kan såra mig är att inte vara sann med dig, säger älskarinnan.

Hon menar att vad han än beslutar, som är rätt för honom, kommer att vara det rätta för alla, och därför kommer det inte att såra henne. Visst kommer hon att känna sig ledsen om han inte kommer tillbaka, men det är inte samma sak som att bli sårad för att en människa inte är sann med sig själv.

Vilken insikt. När vi är sanna med oss själva och därmed sanna med andra så är beteendet inte sårande. Vi kan bli besvikna på att det inte blev som vi hoppats, men i längden upptäcker vi att det var det rätta i den naturliga ordningen.

Vad är lösningen?

I ett antal liv har jag haft föräldrar som förhindrat mig att leva mitt eget liv. De har satt krokben för mig och mina kära, så att de lyckats hålla mig kvar i sin närhet. De har inte velat släppa mig. I detta livet upplevde jag länge att min familj hade svårt att släppa mig, skulle alltid boka upp mig, stödde mig inte när jag ville flyga iväg och pröva mina vingar.

Sen jag flyttat till Sverige 1998 har det varit lugnt, mer eller mindre. Jag har byggt mitt eget liv, med egna vänner och intressen. Men när pappa fick sin stroke fick mamma för sig att jag behövde "komma hem" för att ta hand om dem. Aldrig i livet. Ska jag ge upp mitt liv, nu när jag äntligen kommit loss? Det tog ett tag och en del inre arbete från min sida så var det överstökat.

Sen flyttade mina föräldrar tillbaka till Sverige, till Linköping. Det var i höstas, precis som jag skulle ut på en 2-1/2 månaders turné. Det blev stressigt värre att åka upp och träffa dem mitt i alltihop. Man testas verkligen att sätta gränser. Samtidigt vill man ju träffa dem, i lagom dos.

Medan jag var ute och kuskade runt ringde pappa flera gånger. Det var som han inte förstod, att jag var fullt upptagen. Mina vänner förstod att sms lite då och då var vad som gällde. Hela tiden vi bodde i Seattle var det alltid mamma som tjatade om att man skulle träffas. Helt plötsligt var det pappa.

När jag kom hem från turnén behövde jag verkligen landa. Då började en del släkt och vänner ringa och berätta om allt föräldrarna behövde hjälp med, som om jag vore den enda instansen som kunde uträtta detta, vilket absolut inte var sant. Var skon egentligen klämde var andras förväntningar att jag skulle släppa mitt liv för att ta hand om de gamle. Men som jag säger, det spelar ingen roll hur mycket man gör, för det är aldrig nog.

Jag har fått känna efter hur mycket jag vill engagera mig. Svar - minimalt. Jag har hjälpt dem med ekonomiska detaljer som det är svårt att överlåta på någon annan. Första gången jag var där blev det en massa spring för att ordna lampor och andra praktiska detaljer. Som jag tydligt påpekade, var det saker som deras vänner lättare kunde uträtta eftersom de känner till affärerna, och som jag förstår de också erbjudit sig att göra. Det är inte mitt problem att de inte vill ta emot den hjälp som erbjuds.

Nyligen flyttade de till en annan lägenhet. Nu är det förstås grejer att ordna där med. Men de är vuxna, de har ansvar för sina beslut och val. De kunde ha valt ett serviceboende. Resten av världen är inte skyldig att ställa upp och rätta till vad de sätter igång. Det märkliga är att de klarar av att köpa och sälja, ordna flyttgubbar och såvidare, sen faller resten. Som att beställa adressändring och flytta telefonen. Till saken hör att mamma flyter längre och längre in i demens. Så även när folk vill hjälpa till säger hon att det fixar hon själv, som att packa upp. Eller att det inte är nödvändigt.

Hemtjänsten är där ofta, de kommer med mat, de hjälper pappa duscha, de städar, tvättar och går och handlar. Så de har bra koll på hur det egentligen fungerar hos mamma och pappa. Om man utgår från hur man själv vill ha det kan man tycka det är synd att de lever i ett kaotiskt hem. Speciellt med svenska mått mätt, man måste ju ha ordning på gardiner och blommor. Men om de klarar sig och inte klagar har vi ingen rätt att tränga oss på för att fixa till det.

Jag får en känsla av att det håller dem sysselsatta att plocka med sina grejer. Mamma packar inte upp för hon tror de ska flytta igen. Hon gömmer saker. Eller som pappa förklarar, hon ställer dem på en säker plats. Det är en del av sjukdomen. En dement är aldrig hemma, oavsett var de än är.

Jag tycker det är jobbigt att lyssna på släkt och vänner som i all välmening ringer och puttar på mig för att fixa gardiner, ordna balkongmöbler, packa upp, ordna så att allt blir "normalt." De vill ju att föräldrarna ska ha det bra. Men i sina tankar förstår de inte att de gamla lär oss att släppa taget. De gamla måste få leva sitt liv. Det går inte att köra över dem. De behöver tid för att bo in sig, känna efter själva hur de vill ha det.

Man kanske ska fundera på varför man vill fixa så mycket? Varför det är så störande att se dem släppa greppet? Det kunde jag känna i början när pappa blev sjuk. Jag åkte till Seattle och slet som ett djur för att ordna hjälp till dem. Så fort man åkte därifrån avbeställde de tjänsterna. Så jag har tränat längre kanske? Inser att det löser sig. Har släppt behovet av att styra i deras liv.

Nu kan jag känna det jobbigt för oavsett hur länge sedan jag varit där är pappas fråga alltid "när kommer du och hälsar på oss?" Det säger han till och med när man är där. Det är det svåra med gamlingar, de frågar om och om igen samma sak. De berättar samma historia tusen gånger. De håller på att släppa taget om jordelivet, så de har inte full koll på tillvaron. Inte går de under för det.

Av och till har det varit på tal att de inte kommer ut. Alltså inte från föräldrarna, utan från släkt och vänner. Pappa borde ha en elektrisk rullstol. Vad de inte inser är att pappa inte skulle klara av det. Han är inte så klar som han var. Det hela är utrett av arbetsterapeut och läkare och om de gör bedömningen att det inte är läge, då är det så. Om behovet att komma ut vore starkt nog skulle de väl flytta till ett serviceboende. Då ser personalen till att lufta dem då och då. Men de har valt att bo i egen lägenhet. Om de själva inte tycker det är ett problem, varför tycker andra det?

Vad är lösningen? Självklart handlar det inte om att jag ska uppfylla alla andras idéer om vad en god dotter gör. Som jag säger om och om igen. Att kräva är att kväva. Vad vi än gör, måste komma från hjärtat. Vi har olika behov. En del vill verkligen vara vid de gamlas sida. Andra väljer en annan väg.

En av mina vänner här i Eksjö var djupt engagerad i sin mamma de sista åren hon levde. De bodde närmaste grannar och det tog en massa tid och engagemang. Men det var hennes val. Hon ville ställa upp på sin mamma. Jag väljer en annan väg.

Men visst blir jag irriterad på alla förslag om vad föräldrarna borde ha och inte ha. Till och med hemtjänsten säger att man inte kan omyndigförklara de gamla. De har rätt att bestämma över sina egna liv. Och tur är väl det.

Min utmaning ligger väl i att inte ta åt mig och känna att jag behöver värja mig eller försvara mig. Det är ju inte så att jag inte bryr mig, men jag har för länge sen insett att det är ett oändligt behov som inte går att fylla. Skulle man försöka skulle man förlora sig själv i processen. Ibland är det djävligt jobbigt att vara människa.

Varför är det sån hysteri när någon kanske ska dö? Som nu måste vi vara tillsammans så mycket som möjligt för det kanske är sista gången vi ses. Och så lever de i tjugo år till. När vi flyttade från Sverige 1967 stod farmor på perrongen och grät.

- Det är nog sista gången vi ses, snyftade hon.

Det sa hon varenda gång vi träffades därefter. Det blev många "kanske sista" avsked. Hon somnade in 1989 vid 95 års ålder. Skulle pappa ha stannat kvar i Sverige med familjen för hennes skull? Knappast!

Igen handlar det om att våga leva. Livet leder så småningom till döden. Den kommer vi inte undan.

Vänta inte tills du får en hjärtinfarkt

Patienter i USA som får hjärtinfarkt får några goda råd att ändra sina livsvanor.

En är att vila middag varje dag, att sträcka ut sig en stund efter lunchen och vila, bara vara.

En annan är att gå en promenad på minst tjugo minuter varje dag, helst i friska luften under dagtid.

Men jag tänker som så, varför vänta tills du får en hjärtinfarkt? Varför inte börja nu? Om dessa råd är bra efter så måste de ju vara ändå bättre före.

Varför har vi sjukgymnaster men inte friskgymnaster? Varför ska man vänta tills man blir sjuk eller mår dåligt? Det vore väl mycket bättre att börja från grunden, att få lära sig att leva i skolan? Förebygga i stället för att bota.

Jag sökte ett jobb nyligen. Processen verkar ha runnit ut i sanden men hur som helst funderade jag ju på hur mitt liv skulle förändras. Vad jag skulle vilja förhandla om. För det första var det ett jobb som krävde vissa kvällar, så flextid borde inte vara svårt att förhandla sig till. Men det som är viktigt för mig är torsdag förmiddag. Då vandrar jag med Friluftsfrämjandet. Det vill jag inte missa. Det är en sån viktig del i min vecka, dels motionen, den friska luften, den sociala kontakten och inte minst fikapausen.

Vad är heligt med 40 timmar?

Jag har många gånger funderat på varför vi har en 40 timmars arbetsvecka som norm. De som jobbar sliter häcken av sig och de som går arbetslösa mår dåligt. Inte speciellt smart rent samhällsekonomiskt. Jag tror vi behöver tänka om från grunden, befria oss från alla dessa regelverk som oftare sätter käppar i hjulet än hjälper oss att få det bra.

Vi kan ju se tillbaka och förstå att många lagar kom till för att skydda oss från ohederliga ledare. Men om vi nu är på väg in i upplysningens tidsålder är det väl dags att släppa taget. I mina ögon innebär ett upplyst samhälle att vi är vuxna, vi tar ansvar, vi är måna om varandra och lever i samklang med naturen på ett helt annat sätt.

Tro inte för ett ögonblick att jag förespråkar att vi ska tillbaka till grottstadiet. Absolut inte. Men vi kan utveckla tekniken i samklang med människa och natur så vi får det bättre. Exempelvis alternativa energier och ekologisk odling. Det skulle kunna bli en hel bok bara det så vi tar det i stora drag.

Många experter hävdar att vi har tillräckligt med resurser på jorden för att alla skulle kunna ha det bra. De säger också att det skulle räcka om vi jobbade i genomsnitt 20 timmar per vecka. Resten av tiden kan man då ägna åt kreativitet och samvaro. Man har tid att umgås och ha roligt. Det mår man bara bra av.

Så många av våra sjukdomar är välfärdssjukdomar. Om vi skötte om oss skulle vi ha färre såna problem. Men det är ju ingen annan än en själv som kan sätta igång. Så vi kanske ska prata lite om olika sorts motion.

Vi behöver frisk luft, vi behöver vistas i naturen. Att promenera är ett utmärkt sätt att komma ikapp sig själv, det tillfredställer många behov. Mellan mitt skrivande går jag långa och korta promenader. Det rensar huvudet och kroppen får sitt, nya idéer kommer intrillande. Det är som naturen hjälper mig att skriva. Vi i Sverige är ju så lyckligt lottade att de flesta av oss har naturen inpå husknuten. Vi får uppleva den fantastiska tystnaden som tyskar vallfärdar hit för att uppleva. Vi har den gratis.

Har man gått i väggen är det extra viktigt att vistas i naturen. Den hjälper oss att återskapa balansen. Vi behöver hjälp att hitta igen vår naturliga rytm.

För att återvända till frågan om 40 timmar. För vissa jobb är det inte fysiskt eller psykiskt hållbart att jobba 40 timmar per vecka. Du kanske klarar det en kortare tid men i längden pajar systemet. Vi behöver variation och så är vi ju individuellt olika. En del är morgonpigga, andra kvällsmänniskor. Det finns ingen anledning att tvinga in folk i mönster de inte passar för. Då blir de sjuka.

Jag har en ojämn rytm. Ibland skapar jag intensivt, däremellan kan jag dagdrömma i soffa och hängmatta, hjärnan måste vila. Vi behöver både aktivitet och vila. Ibland är jag uppe tidigt, ibland sent. Jag följer rytmen och flödet. Jag bejakar mina känslor.

Sen finns det andra som har en väldigt jämn rytm, som har behov av att gå upp samma tid varje dag, som mår bra av att ha fasta rutiner. De skulle få spatt om de försökte klämma in sig i mitt livsmönster.

Jag är både ensamvarg och social tiger. Jag behöver både och. Varje människa har en unik ekvation för hur det fungerar optimalt för just dem. Vi skulle tjäna så oerhört rent samhällsekonomiskt om motion och meditation var del av arbetsdagen. Vissa företag har förstått vikten och ger sina medarbetare gymkort, en del kan till och med gå på arbetstid.

Under andra världskriget skar man ner på arbetsdagen från 8 till 6 timmar per dag, för att spara på strömmen. De upptäckte att produktionen var densamma eller högre vid sex timmars arbetsdag som vid åtta. Så varför ska vi häcka på jobbet så länge?

Jag är inte produktiv hela dagen. Det är sant för de flesta. Du kan inte vara på toppnivå jämt. Vi måste tänka om. Människor är inte fabriker. Kossor ska inte behandlas som en industri. Naturen är ingen löpande-band-industri. Vi behöver komma tillbaka till ett naturligare förhållningssätt.

Mammutjägaren kunde inte stämpla ut på avtalad tid.

Lösningar finns hos alla

Politiker vill gärna få oss att tro att det är det ena eller andra partiet som har det rätta tänket. Om bara vi röstar på dem så blir allt bra. Tyvärr blir det alldeles för mycket käbbel om vem som har rätt eller fel. Om de i stället skulle lägga krutet på att samarbeta, tänk vad mycket de skulle kunna få gjort. Det är synd, att de förspiller så mycket energi och resurser på sandlådebråk.

Alla har lösningar. Alla har bra idéer. Som det är nu kan bara vissa bli verklighet för att de tillhör rätt parti. Synd för oss.

Läste i morse en insändare från ung vänster. De förordar sex timmars arbetsdag. Hänvisar till exempel där produktiviteten faktiskt stigit med 10%. På andra platser har sjukfrånvaron sjunkit. I många vårdyrken är sex timmar redan de facto fulltid men det räknas som 75%. Flera skulle kunna jobba med förkortad arbetstid, alltså skulle arbetslösheten sjunka.

Åt andra hållet vill moderaterna göra det enklare att driva företag. Reducera skatterna och minska bidragsberoendet. Utan företag stannar Sverige, ja hela världen är beroende av företag. Utan företag inga skatter, inga jobb, ingen limpa att hämta på torget. Det är företagen som finansierar välfärden.

Människor blir inte starka av att leva på bidrag, tvärtom. Har man idéer och vågar satsa ska man inte behöva känna sig motarbetad av byråkrater. Vem sjutton tror de betalar deras löner? Utan företag skulle de inte ha ett jobb över huvud taget.

Olika sorters motion

Hoppsan nu har jag gjort det igen. Irrat iväg på ett sidospår. Men ett viktigt sådant. Som ni märker skriver jag som man konverserar, tråden löper hit och dit och runt omkring, men under vägens gång växer det fram något. Upplever du det som mer avslappande än den traditionella ett-två-tre logiska framfarten? Har du svårt att få grepp om "så här är det?" Bra, det är nämligen så för att få hjärnan i nya banor måste man få den att släppa kontrollen. Jag vill att hela du ska ta in informationen, inte bara ditt intellekt. Jag vill prata med den del av dig som förstår helhet och naturligt flöde.

Så kommer vi då till olika sorts motion, som kan delas in i tre huvudgrupper:

- *styrketräning*
- *aerobisk*
- *flexibiliet*

Vi behöver alla tre.

Styrketräning

Varför börjar jag med den tråkigaste av alla? Ja det kan man gott fråga sig. Kanske för att den är så viktig. Du kan gå på gymmet eller träna hemma. Jag kom igång med en video som heter *Strong Women Stay Young*, det finns även en bok med samma namn. Vitsen med att börja med styrka är att det hjälper dig med allt det andra.

Har du inte ork? Har du försökt gympa och inte klarat av att hänga med? Börja med styrketräning och upptäck hur du får mera kraft. Våra kroppar är till för att användas. De är inte designade för den moderna livsstilen. När vi styrketränar ökar blodtillförseln, skelettet blir starkare, musklerna trimmas och vår hållning förbättras.

Vill du inte gå ensam så skaffa en träningskompis. Min moster var över 70 när hon och hennes väninna gick på gymmet. De fnittrade och hade så roligt och mådde så bra. Kan de så kan du!!

Jag är väldigt förtjust i video/dvd. För det första är jag introvert och trivs inte i bullriga miljöer, speciellt på morgonen då jag just vaknat. Då vill jag ha mina tankar ifred. Det passar mig bäst att göra övningar när jag kliver upp på morgonen. Jag gör en kanna te, sätter på video (idag har jag ingen TV och kan programmen utantill) och kör morgonpasset. Sen mediterar jag 20 minuter och därefter blir det frukost.

Vad som är bra med video är att man lär sig ordentligt och man får bra instruktioner. När man kört ett videoband i flera år kan man det nästan utantill. Jag varierar morgonprogrammet, jag har hållit på i många år nu, i början räcker det med att man tränar några gånger i veckan. Lär dig en sak i taget. Att göra något är bättre än ingenting. Du behöver inte göra hela programmet.

De flesta program behöver man titta på några gånger innan man sätter igång. Så måste man ut och köpa prylar. Det tar tid och kostar pengar. Så man får ta det lite gradvis.

Styrketräning är jätteviktig för att förebygga benskörhet. Bara det borde vara anledning nog att få fart på alla. Styrketräning är dessutom ett av de bästa sätten att integrera terapi. Vad jag menar är att i terapi kommer det då och då känslomässiga upplösningar, som kan vara jobbiga. När man styrketränar hjälper man kroppen att assimilera förändringen och känslorna blir inte lika jobbiga.

Känslor är energi i rörelse. Kom ihåg det. Har du inte tränat på ett tag så kom igång sakta, du kommer förmodligen att ha ett enormt motstånd att över huvud taget röra på dig. Det är för att du instinktivt känner på dig att när du börjar röra på röran så kommer det att ploppa upp känslor som du så länge lyckats lägga locket på. Vad jag kan tala om för dig är att du kommer att må mycket bättre när du dragit ur korken. Tyvärr mår man sämre innan man mår bättre.

Att må dåligt är en bra början av Bengt Stern är en bra bok om förvandlingar som skett när folk lättat på trycket och börjat leva. På www.mullingstorp.com kan du läsa mera om Möt-dig-självprocessen.

Aerobisk

Här gäller det att få hjärtat att pumpa så det håller sig starkt och flexibelt. Hjärtat är en mycket viktig muskel. Med aerobisk träning kommer andningen igång rejält, blodet forsar genom ådrorna, syretillförseln ökar och må-bra hormonerna får sig en skjuts.

Aerobiska aktiviteter hittar du på Friskis och Svettis. Jag gillar deras attityd, att det ska vara lustfyllt att träna. Du kan också få igång hjärtmusklerna genom att cykla, simma, gå stavgång och promenader. Löpband, spinning och roddmaskiner på gymmet ger också aerobisk affekt. Dans likaså. Det finns många sätt att hjälpa kroppen på traven. Sex är en ytterligare aktivitet på aerobiska listan. Det finns flera. Du kan säkert hitta något som passar dig.

All sorts motion hjälper kroppen att rensa ut slaggprodukter, man får bättre hy, bättre kroppshållning, bättre matsmältning, man sover bättre och hanterar stress lättare. Vad väntar du på? Dags att använda kilprincipen? Gör något nu! Börja i det lilla, första steget är det viktigaste...

Flexibilitet

Vi behöver också träna vår flexibilitet. Man kan förstås stretcha efter ett gympapass, i Friskis och Svettis träningspass ingår ofta alla tre motionssorterna. Testa och prova dig fram tills du hittar det som passar dig.

Yoga är nog en av de bästa metoderna att öka sin flexibilitet. Dessutom lär man sig vara närvarande på ett helt annat sätt än vi är vana vid. Det finns enklare Yogaformer för oss vanliga dödliga. Man behöver inte vara asket.

Vad jag älskar med Yogan är växlingen mellan poser och stillhet. Vilan ingår i träningspasset. Jag önskar vi alla kunde ta med oss denna växling mellan stillhet och aktivitet in i vardagslivet.

Frigörande Dans gynnar också flexibiliteten, likaså Callanetics eller CATS som den svenska versionen heter. Tai Chi och Chi Gong är andra bra träningsmetoder som inte sliter på kroppen. Det finns en uppsjö träningsformer från öst såsom Aikido, leta och prova tills du finner det som passar dig.

Underskatta inte värdet av den sociala delen av att gå med i ett träningsprogram. Du får nya kamrater och en positiv inverkan på ditt liv. Vad väntar du på?

Döden

Förra veckan gick ytterligare en vän bort. Hon var bara 58. Hon är inte den första nära vän som passerat över till andra sidan i relativt tidig ålder. Funderar över varför jag skulle ha denna upplevelse så många gånger i mitt liv. Dessutom har jag själv varit nära döden flera gånger, dels när min man försökte ta livet av mig, dels när jag legat på sjukhus i djup infektion - jag minns när jag vände, bestämde mig för att leva vidare. Jag gick inte ur kroppen, men jag var djupt nere i något mörker. Minns speciellt en tavla i sjukhusrummet jag låg i, den var på något vis del av min process.

Sorgen har drabbat mig olika vid varje väns övergång. Jag undrar om deras döende har hjälpt mig släppa taget, hjälpt mig komma in i djupet av mina känslor. Hur kan man verkligen leva om man är rädd för döden? Nu när ännu en vän gått över funderar jag på om det inte vore rätt så skönt att få flyga iväg hem, till själens hem. Det är inte lika fascinerande att kämpa på här nere. Min attityd känns mycket annorlunda, tidigare hade jag en stark tro på livsuppgift och att göra färdigt. Nu känns det mer som att ok, det jag inte får till i detta livet tar vi nästa gång. Att bli gammal är ju inte något att sträva efter egentligen.

Varför sätter vi värde på att bli gamla? Det viktiga är väl att vi lever när vi är här, sen hur kort eller lång tid det blev kanske inte var så viktigt. Ett par jag träffade under min Europaturné i höstas hade förlorat en son i cancer, han dog vid åtta års ålder. Han lärde dem att ta vara på livet här och nu. Underbart att träffa människor med sån livsglädje, sån närvaro och samtidigt nyfikna och orädda.

De som varit mest intresserade av mina öden, de som verkligen velat veta vad jag gått igenom, är människor som själva mött en svårighet, men som vågat gå in i den och tillåtit sig att transformeras av den.

Mellanrum

Ibland blir hela ens schema omstrukturerat. Denna veckan har den ena efter den andra ringt och ändrat på bokade möten. Det har kommit nya saker i deras väg, som de inte heller planerat för. Inte ovanligt före fullmånen, som inträffar i morgon. Denna gång i skorpionens tecken. Vatten, känslor, djup och transformerande. Vännen jag skulle ut och äta middag med i kväll bokade av, mådde inte bra. Så vad är syftet med luckor i vår tid? Dessa oplanerade mellanrum när vi inte riktigt vet vad vi ska ta oss till. När vi står redo för en sak och så blir det ett tomrum.

Dessa mellanrum eller tomrum kan vara otroligt kreativa. Det betyder inte att man nödvändigtvis är aktiv. En stor del av den skapande processen sker i drömmen, vare sig man är vaken eller inte. Vi behöver dessa icke aktiva, icke planlagda stunder för att hämta andan och låta det nya komma in.

Hur ska det kunna ske någon förändring om ditt schema alltid är fullproppat? Hur ska du finna nya lösningar eller skapa något nytt om du inte har lite tomrum, lite tid att bara vara och tomglo.

Det är faktiskt tillåtet att bara vara och sitta eller ligga och stirra ut i tomma intet. Bara låta tankarna flyta. Inget göra, bara dagdrömma och låta inkubationen ha sin gilla gång. Jag tror en av anledningarna att vi svenskar är så uppfinningsrika är våra långa mörka vintrar. Det faller sig så naturligt att gå inåt, gå i ide, låta vinterdvalan omhulda oss medan vi drömmer en ny framtid.

Sen när våren kommer spritter det till och det bara flödar på. Naturen drar ur korken och ut kommer våra flödande, glödande känslor och idéer. Det sprudlar och bubblar, idékitteln kokar och vi är så fulla av livets möjligheter.

Jag tror att hängmatta är en nödvändighet. Däremot kan vi kasta ut TV:n. Den främjar inte kreativiteten.

Mörker

Vissa tider känns mörka. Det händer ingenting. Tiden står stilla. Man har tråkigt. Tillåt dessa perioder. Låt dem vara vad de är. Att ha tråkigt kan leda till genombrott. Går du in i stilleståndet, bejakar det och blir ett med det, så kommer så småningom ljuset igen. Vilopauserna, tillstånden av ingenting, är lika viktiga som de aktiva, skapande eller görande perioderna. Konstnärer är väl bekanta med skiftningarna, med tiden lär man sig att bli vän med både mörker och ljus.

Vad är TID?

Det sägs att om man vill lära sig om tid, ska man åka till Afrika. Där kan man vänta i fem dagar på att bussen ska komma. Den kommer när den kommer, eller så kommer den inte. Jag har aldrig varit i Afrika, men jag tror vi skulle kunna lära oss något av deras attityd.

Varför har vi så bråttom? Vart är vi på väg? Dör vi om vi inte hunnit putsa fönstren eller byta gardiner? Vad är det egentligen som är viktigt? Svaren kan vara många, men nog skulle de flesta av oss må bra av att stanna upp och reflektera. Bara vara.

Vi är så genomsyrade av vad vi gör eller ska göra. Men att ta paus är lika viktigt. Det är en konst att lära sig leva i livets flöde. Energierna varierar. Vissa dagar är det lätt att skriva, andra inte. Vissa dagar lämpar sig bättre för städning, eller påta i trädgården. Andra dagar är man socialt inriktad. Livet är ständig variation. Ju mer vi kan ta vara på energierna och göra det som är gynnsamt då, desto enklare är det.

Vi kan börja med att lära oss känna in skiftningarna. Ibland kan man ha föresatt sig något, nu ska jag bara ringa de där samtalen. Om det då är upptaget, eller de inte svarar, så är det inte läge just då. Gör något annat. När det känns trögt och du måste stånga dig fram är det fel tid. Inte nödvändigtvis fel sak.

När vi kan lära oss att ta vara på de energier som ligger i luften blir det bra. Det finns så-och-skörde kalendrar som även visar gynnsamma dagar för bakning. De som följer dem har upptäckt att det faktiskt fungerar. Förr hade vi mycket mera av denna jordnära kunskap. Bodde man på landet lärde man sig att känna igen doften av snö eller känslan av åska i luften.

Det är bara sen industri och storstadsåldern som vi tappat kontakten med jorden. Och se vad vi ställt till med. Allting har blivit så klinisk och laboratoriefixerat. Snart får väl kossorna inte skita i lagårn längre för det är osanitärt!

Motstånd

Ibland är det inte tiden som stretar emot. Det är vi. Man vet att man vill, eller känner att det är dags men man kommer inte till skott. Man känner motstånd, vill bara gräva ner hälarna i sanden och skrika "jag vill inte!" Eller så sätter man sig för att göra DET som man förutsatt sig, och det blir totalstopp. Man känner att man kommer ingen vart. Det står helt still i huvudet, eller så virvlar tankarna runt.

Den inre kritikern brukar vara bra på att dyka upp vid dessa tillfällen. Som om vi inte var missnöjda nog med vår oförmåga att få tummen ur. Så hur kommer man loss? Det beror ju på vad det är. Som så ofta händer i mitt skrivande, så dyker det upp personer och diskussioner som lyfter fram problematiken och ger mig konkreta exempel på hur det kan vara.

Jag har en enastående förmåga att dra till mig andra människor som vill skriva eller redan gör det. Inte så konstigt egentligen, vi är på samma våglängd. Kaka söker maka.

En sådan bekantskap är sjukskriven och vill berätta om sin process, hur hon har upplevt det och vad hon hittar för vägar samt dela med sig av sina funderingar. Det skulle hjälpa andra som hamnar i liknande omständigheter och viktigast i stunden är att hon blir hjälpt av att skriva om det. Hon får utlopp för alla känslor och tankar, man mår inte bra av att hålla dem kvar inom sig i ett evigt kretslopp. De ska ut.

Hon har skaffat dator och program, skapat tid och rum för att kunna skriva. Så sätter hon sig, skriver någon mening, suddar, börjar om. Hon känner att hon kommer ingenstans. Lugn, detta är del av hela processen. Hon känner motstånd. Vad som cirkulerar i hennes huvud är utelämnandet av sig själv. Hon bor på liten ort, har varit i ett yrke som satt henne i kontakt med många ortsbor. Många känner henne eller vet vem hon är.

Vad som stoppar henne är tanken att dessa människor ska läsa hennes innersta tankar och känslor. Hon vill skriva om bemötanden och det känns pinsamt att folk ska känna igen vem hon pratar om. Hon kommer inte förbi motståndet.

Vad som är väsentligt här är att hon får skriva om det som finns inom henne. Hur hon gör det är mindre viktigt. Här kan man ta fram det inre barnet och leka med möjligheterna. Hon kan skriva under pseudonym. Hon kan göra en roman av det med fiktiva personer, om man vill kan man ge tillkänna att berättelsen är inspirerad av ens liv (en hemlis, alla författare skriver om sitt eget, det går inte att undvika).

Man behöver inte publicera allt. Det viktigaste i en sån här situation är att hon får skriva i terapeutisk syfte. När jag skrev *The Naked Truth* satte jag hela frågan om publicering åt sidan. Jag sa till mig själv att när berättelsen väl är skriven, då först ska jag titta på om jag vill ge ut den eller inte. Det viktiga var att jag skrev den. För mig, för min egen skull. Det hjälpte mig oerhört. Jag behövde inte tänka på vad någon annan skulle tycka, eller hur någon skulle reagera. Jag hade valfriheten att slänga hela skiten i soptunnan när jag var färdig.

När jag skrev använde jag personernas rätta namn. Det hjälpte också att få den rätta känslan. Jag var ju ute efter att krama ur det känslomässiga, bli färdig med det. Jag ville inte bära med mig dyngan längre. Om man sedan publicerar så kan man ändra namn och platser då. Det är viktigt att fokusera på det som är på topp just nu. Komma igång. Man behöver inte ha lösningar på allt för att börja.

Det finns många sätt att stimulera flödet. Konstnärer pratar ofta om att man målar upp sig, får igång flödet i armen och handen. Det är likadant med skrivandet. Man kan sätta klockan tjugo minuter tidigare på morgonen och bara skriva det första man gör. Innan man vaknat på riktigt. Vi har mycket mindre motstånd då, den logiska, kritiska hjärnan är inte vaken än. Skriv, bara skriv. Strunta i vad det står, bara skriv.

När jag skulle spela in ljudboken *Livs Levande Eva* så visste jag inte hur jag skulle komma igång. Jag kände mig urfånig där jag satt framför mikrofonen. Jag hade testat att läsa in en av mina redan skrivna böcker och kände att det fungerade inte alls. Jag behövde ett nuflöde, prata fritt från hjärtat, som jag gör på föredrag och kurser.

Stillestånd där jag satt framför mikrofonen.

Ok Eva, nu sitter du här tills du har korvat dig igenom det här. Avled inte uppmärksamheten genom att ringa någon eller kolla kylen eller godisförrådet. Sitt kvar. Hitta på något. Jag började med att öppna munnen, gav ifrån mig ljud, blah, blah, blah... jag fortsatte att blarra oväsentligheter tills jag kom igång. Sen gick det som på räls. När jag väl fick ur korken blev det sju CD på en vecka. Jag var verkligen i flödet. Förberedelserna hade pågått länge, när det väl var dags att plocka fram boken var den bara där. Vad hade hänt om jag bara sagt jag kan inte och gått därifrån?

Ingenting. Stopp i flödet. Ont i kroppen. Inte minst själen hade farit illa.

Jag fick en sån enorm skjuts av att ha spelat in boken. Tillfredsställelse, jag har gjort det. Jag fick till det. Det spelar egentligen ingen roll om det är bra eller dåligt. Vi har rätt att göra en dålig bok likaväl som en bra. Lika gärna som vi kan vara vackra behöver vi tillåta oss att vara fula. Gråa och glåmiga lika bra som solbrända och färgglada. Det är kontrasterna som skapar livet.

Gud vad klok jag är. Alla dessa tankar är förstås inte bara mina. Jag har snappat upp en del av andra. Som det här med att vara ful. Det var en kursdeltagare som sa det. Vi pratade om att bejaka oss själva och se hur vackra vi är. Då tog hon upp tanken att få vara ful, ha på sig hängiga och säckiga kläder, är kanske lika viktigt. Att våga bejaka alla aspekter i livet.

En annan väninna som redan börjat skriva men låtit det vila har under en period fått signaler att nu är det dags igen. Ta fram författaren inom dig. Sist vi träffades berättade hon att hon kände sånt motstånd. Hela hon kändes tung och motvillig. Som ett trotsigt litet barn.

- Jag vet att detta är mitt att göra men det känns så stort och tungt, sa hon.

Hon bara sitter där. Samtidigt håller hennes man på att bygga om och varje gång hon äntligen tar sig an bokprojekten kommer han och stör. Känslan hon får är att när ombygget är färdigt kommer flödet. Jag ser det som alla gånger vi bara sätter oss och tittar på papperen, varje gång vi närmar oss, är lika mycket del av processen. Skrivandet är inte bara nedpräntandet, det är allting runt omkring. En process är en process, vägen är målet.

När jag skrev *The Pathfinder Process* tog jag med alla rundor runt omkring själva bokskrivandet. Den skapande processen gäller allt här i livet, det är ett flöde som innehåller allt, hela livet. Det blir så tydligt när man hållit på ett tag. Att städa ur skafferiet och slänga bort allt det gamla kan öppna det kreativa flödet. Den skapande processen är så lik den terapeutiska, allt handlar om att få fart på livsandarna. Våga leva. Du dör säkerligen inte av att sätta ner dina känslor på pränt, snarare tvärtom, du kommer att bli mera levande. Sätt inte stopp för livet.

Varningssignaler

Innan jag blev förflyttad till Frankrike och det stora projektet 1988 blev jag undersökt från topp till tå. Det var standard praxis innan de skickade anställda utomlands att göra en grundlig läkarundersökning. Det togs alla möjliga tester och prover. Alla värden skulle fastställas, EKG och test av lungkapacitet ingick på köpet så att säga. På den tiden rökte jag och sköterskan var beredd med sin standardföreläsning om vikten av att sluta röka för det påverkade lungorna. Sen blev hon helt tyst. Jag hade bättre lungkapacitet än hon hade och hon var betydligt yngre. Vet inte om det berodde på att jag simmat mycket, dansat mycket eller haft mycket sex. Man andas bra när orgasmen brakar loss...

Jag hade bra vilopuls, blodtrycket var lågt, alla värden var helt ok. Jag förklarades kärnfrisk.

- Men, sa jag. Det är något jag inte förstår. Jag känner mig stressad. Det är en slags oro i magen nästan jämt. Tankarna virvlar runt och jag känner att jag inte hinner med, som om allt går för fort. Jag kan känna mig skakis utan anledning, även fast jag slutat dricka kaffe.

- Alla dina värden är helt normala, svarar läkaren. Du är hur frisk som helst.

Två år senare orkade jag inte mer. Jag gick i väggen.

Visst fanns signalerna där. Varningsklockorna ringde. Problemet var att symtomen inte gick att mäta med sjukvårdens standardmått. Idag är kunskapen större. Men vi tar inte alltid signalerna på allvar. Det finns fortfarande många som ångar på även fast kroppen signalerar STOPP!

Om du gjort dig illa eller råkat ut för en olycka, kan det vara dags att stanna upp och kolla läget. Fråga dig själv om du är på rätt väg, eller om det är dags för förändring. Det kan vara små saker som behöver rättas till, i många fall räcker det med en liten kursändring.

Om du går i försvar så fort någon nämner ett annat sätt att tänka kan det faktiskt vara värt att reflektera över vad som sagts. Det kan ligga något i det de säger. Jag ville först inte lyssna när folk frågade om en bok på svenska. Det väckte så många känslor om att mina idéer inte fallit i god jord, att man helt enkelt inte var redo för mitt sätt att tänka. Det kan hända att det faktiskt är så och då har hela detta bokprojekt handlat om att jag skulle reda ut mina känslor. Ibland är det svårt att hitta motiveringen att fortsätta skriva men när jag kommit så här långt vill jag inte lägga av nu. Tänk om det är denna bok som är min bestseller? Tidvis har jag känt som jag velat slänga hela projektet i papperskorgen. Som tur är har jag behärskning, det viktiga är att känna känslan, inte agera eller prata över den, det löser ingenting.

Insikten trillar in när bokprojektet är närapå avslutat. Det har varit en jobbig process, för hela boken handlar om att ta fram och läka 1600-talskvinnan. Känslan efter att ha bearbetat materialet och tuggat mig igenom motståndet är en enorm befrielse. Jag upplever att jag går in i en helt ny fas, som jag inte skulle ha haft tillgång till om jag inte fullföljt detta projekt. Som sagt, det ligger enorm potential inom motstånd. Våga möt det! Det gäller för alla terapeutiska och kreativa processer, det behöver inte handla om en bok.

Varningsklockorna kan komma i många olika tappningar. Man kan ha tappat lusten eller livsglädjen. Man stånkar på men har förlorat det roliga med det hela. Man känner som man sitter i en rävsax. Man insisterar att så här måste det vara. Man lägger mer och mer energi på att stånga vidare, men det blir jobbigare och jobbigare ju mer man trälar. Det blir som en ond cirkel. När någon försöker avleda en har man inte tid, måste jobba, men man blir mindre och mindre effektiv och mer och mer tid uppslukas av rundgående konversation. Du kommer ingen vart.

Man kanske har fått för sig att man måste följa ett visst mönster. Men universum kanske har en annan lösning. Det finns alltid små ting man kan göra för att få det bättre. Unna sig lite i små doser. Träna i det lilla.

Det är också nyttigt att reflektera över om man verkligen vill ha det så här. Om man vill förändra sitt liv. Tror du det är möjligt att det skulle kunna vara annorlunda?

Om du känner dig yr eller svimfärdig, har svårt att koncentrera dig, får hjärtklappning eller upplever att du inte kan varva ner, är det dags att ta signalerna på allvar. Dags att hitta tillbaka till livsglädje och den väsentliga livstråden. Jag tror det kommer att bli viktigare och viktigare att vi lär oss leva i takt med den naturliga livsenergin. Vi kommer att behöva mer intuition och inspiration i samklang med klartänkthet.

En sak som jag finner svårt ibland är att jag tänker självständigt, jag ser vad som verkar vara mest vettigt från mitt perspektiv. Och så klassas man in i att det är miljöpartiets politik eller moderaternas eller vad de nu heter. Jag tänker inte i de banorna. Likaså när jag pratar om utbrändhet och lösningar. Jag tänker förbi de existerande systemen och går rakt på den naturliga energivägen. Sen spelar det ingen roll vilket parti som har rätt eller fel eller vilken myndighet som bär skulden. Det är att spilla livsenergi att träta om det. Livsviktigt är att fokusera på lösningar.

Vill Sverige vara bäst på sjukskrivningar? Statistiskt sett är vi sjukare än något annat land i världen.

Problemet är ju förstås att det är skrämmande att ta ett kliv ut i det okända. Det känns tryggare att med näbbar och klor förklara varför man inte kan göra en förändring.

- Om jag slutar nu kommer jag aldrig igång igen, kan det heta.

Ok, du lär inte komma tillbaka, för signalerna försöker få dig att förstå att en förändring behöver ske. Och om man förlitar sig på statistiken kan man lätt argumentera att folk inte kommer tillbaka. Men hur klarar de sig i andra länder? Där finns andra lösningar, framförallt måste individen själv ta ansvar för sitt liv. Där finns inte möjlighet att mala omkring i de byråkratiska systemen i åratal. Nog om detta.

När man kliver ut i det okända är det helt naturligt att man känner sig vilsen. Det kan hända att ekorrhjulet stannat eller man kastats av. Först fattar man inte vad som hänt. En tid kanske man fortsätter att snurra av ohejdad vana. Jag kan märka det när jag varit väldigt aktiv en period och så kommer det ett tomrum. Första känslan är vilsenhet. Vad gör jag nu? Knepet är förstås att stanna upp, gå in i ingenting. Krypa in i tomrummet eller mellanrummet där man ingenting vet och ingenting förstår. Det går heller inte att förklara för omgivningen vad man håller på med.

Det är naturligt att man försöker återskapa det man förlorat. Det är det enda man känner till. Man tror att det är höjden av lycka, att det är det enda som kan tillfredsställa, att det är det man verkligen är bra på. Jag trivdes med mitt jobb i karriären. Det tog lång tid innan jag förstod att jag varit färdig med det. Jag trodde länge att jag skulle tillbaka till den världen. Det var många känslor att bearbeta, inte minst vem jag var som identitet.

När jag var som mest vilsen kunde jag hata att träffa nya människor. Jag bävade inför den oundvikliga frågan "vad sysslar du med?" För att dölja min förvirring pladdrade jag på om allt mellan himmel och jord. Ingen blev klok på mig, minst av allt jag själv.

Det är lätt att tro att det man hade var det som var höjden, av upphetsning, njutning, känsla av framgång. Men jag kan rapportera att så småningom upptäcker man ett annat sätt att leva. Att det finns många sätt att känna sig tillfreds. Att det egentligen är de små tingen i livet som gör det värt att leva. Man blir mer och mer närvarande här och nu. Kan ta livet som det kommer. Kan ta vara på de tillfällen som bjuds. Kan bjuda in livet för en stilla vals eller eldig flamenco. I stunden behöver man inte tänka så förbaskat. Man kan bara vara.

Varför har svensken blivit så flat?

- Det kan inte jag bestämma, säger man.

När det kanske gäller det allra viktigaste i ens liv, känner man att det där är man inte kvalificerad att fatta ett beslut om. Hallå! Lösningen finns kanske mitt framför näsan på dig. Ha tillit till dina egna förmågor. Det är tillåtet att tänka själv, utan att citera en auktoritet.

Lika viktigt som det är att lära sig rida på kaosvågorna, att verkligen följa livsenergin, så är det minst lika viktigt att lära sig vara i ingenting, i tomrummet, i mellanrummet. Förvirring är faktiskt ett bra tillstånd. Det betyder att det finns en öppning för nya tankar att komma in. När vi vet att så här är det, då är det svårt för andarna att få fäste, änglarna har svårt att göra sig hörda. Vi överröstar dem ständigt med våra logiska och spikraka påståenden. Hur kan man då bjuda in förändring? Eller är det så man håller den stången?

Det måste få vara ok att säga att man gör ingenting, att man ingenting vet, att man är vilse i rymden. Mellanrummet handlar ju om rymd. Bortom tid och rum. Vi behöver USA tid - *Utan Särskild Anledning* - tomrum i almanackan. USA står det. Folk tror man ska resa dit eller att man har någon annan anknytning. Nej det handlar om tid där inget är bokat eller planerat, där man får bara vara, precis som man är. Bara ligga kvar i sängen och tomglo, inte vara till någon nytta.

Tillåter man sig att bara vara så infinner sig så småningom impulserna att göra, gå framåt, utvecklas. De är kanske inte alltid begripliga från ett logiskt perspektiv. Men helt i samklang med universums livsenergi.

Känslor är energi i rörelse

Känslor är energi i rörelse. För att må bra behöver vi röra på oss, andas och uppleva våra känslor. När vi blir stressade är det svårt att andas ordentligt. När vi inte rör oss stagnerar livsenergin (chi). När vi förtränger våra känslor stannar de kvar i våra kroppar. När vi inte kan fullborda upplevelsen av våra känslor lagrar vi dem i våra kroppar och vi upplever dem som spänningar, muskelvärk, uppkörda magar, migrän, mardrömmar, trötthet, depression med mera.

Kroppens naturliga reaktion vid trauman är att stänga av känslorna för vi förmår inte hantera dem alla just då - men de stannar kvar i kroppen tills chocken upphävs. Skolmedicinen hjälper oss med brutna ben, akuta infektioner och operationer. Livsterapin däremot kan hjälpa dig när symtomen är diffusa och man inte kan hitta en medicinsk eller psykiatrisk orsak. Livsterapi hjälper dig att släppa spänningar, förlösa känslor från till synes obetydliga händelser samt läka såren från djupare trauman, förbättra din fysiska och emotionella hälsa och hitta hem till dig själv.

Livsterapi är min syntes av alternativa behandlingsformer för djupgående förändring i kropp, känslor, tankar och själ - alltså ett samlingsbegrepp för förlösande terapier och metoder jag funnit hjälpsamma. Det är lätt att hänga upp sig på namnen, forskar man lite hittar man liknande metoder i alla urkulturer. Speciellt i modern tid har man käbblat om och splittrat terapierna i olika varumärken.

Men hur jobbar man med sina känslor?

God fråga. Jag önskar jag hade vetat det, när jag började i terapi. Men nu vet jag, med råge, hur det hänger ihop. Så jag ska dela med mig och berätta så gott jag kan. Ni kanske har märkt att jag pratar mycket om känslor och att vissa saker repeteras på flera ställen i boken. Det är planerat så. Vi behöver höra nya idéer flera gånger innan vi tar dem till oss eller ens hör dem. Vi behöver tid att smälta den nya informationen och känna in "stämmer det här för mig?" och fundera över vad vi egentligen kan köpa.

Jag har många åsikter och idéer. Jag delar med mig av sånt som fungerat för mig. Anamma det som passar dig och släpp resten. Vi kan inte alla ha samma lösningar. Din lösning är inte min och vice versa. Vi kan däremot lära av varandra. Jag tror också det är viktigt att vi inte bara sväljer vad någon annan säger utan lär oss konsten att urskilja och fatta egna beslut.

Vad är en känsla? Hur vet man att man har en? Upplever vi dem olika? Många frågor och svaren kommer, lite eftersom, som vanligt med filosofiska utsvävningar och utflykter.

Hur vi upplever känslor varierar från person till person och från dag till dag. Det är inte som man vill ha det i vetenskapen, att känslan av till exempel sorg kan definieras på ett specifikt sätt med mätbara och repeterbara värden. Nej som allting annat är det stor variation. Vi kan förnimma känslor som sprittningar i kroppen. De kan komma som kyla eller värme.

Fysisk och emotionell smärta

Kroppen upplever emotionell och fysisk smärta på samma sätt. Den känner ingen skillnad. Den vet bara att den har ont. Det onda kan ha en fysisk orsak, eller en känslomässig. Smärta kan orsakas av att man stängt av flödet, livsenergin har inte chans att flöda fritt. Stängda sinnen och tankar kan orsaka fysisk smärta. Allt hänger ihop. Det är meningen att vår livsenergi ska flöda fritt, bubbla och porla som champagne genom våra kroppar. Som en lekande vårbäck.

Har man då varit instängd, inrutad och inhägnad i system som inte passar en är det inte så underligt att vi mår piss. Dessutom har vi blivit itutade att det är farligt att känna. Att ha ett nervöst sammanbrott leder till insprärrning på psyket. Många gånger är nervösa sammanbrott helt enkelt att man inte längre förmår hålla locket på. Det pyser ut, ordentligt. Som champagne, den skummar över när man äntligen får ur korken!

Det kan vara jobbigt att lyckas

Min första ljudbok kom ut för ett tag sen. En otrolig lyckokänsla av att nu har jag tagit ännu ett steg, blandat med nervositet för hur den kommer att mottagas. Blir det jubel och glädjerop eller kommer kritikerna att gå till angrepp? Eller nästan värre, inget gensvar alls.

Många känslor att bara vara med. Tidvis känns pirret i kroppen mycket starkt, jag måste fokusera på att andas lugnt ända in i magen, vara här och nu. Tålamod har aldrig varit min starka sida. Det hjälper att vara medveten om detta men hu vad jag fått träna att släppa taget om vad som kommer runt hörnet. Vad som är himla roligt med den nya tekniken är att det blir så fort feedback.

Efter bara en vecka låg min mp3-bok *Livs Levande Eva* femma på bibliotekens lista av mest lånade ljudböcker. Det är ju helt fantastiskt! Framgång, jag känner verkligen att nu har korken gått ur och nu är det bara räkmacka för att citera en väninna. Det var hennes uttryck för när allt går i lås.

I helgen firade vi, jag bjöd hem några vänner som varit med och sått fröet om ljudboken, bland annat genom att påpeka att jag har en underbar röst. Livet är på topp, allt går bra, framgång och lycka susar genom mina vener.

Så vaknar jag mitt i natten och har ont i hjärtat. Vad är detta? Jag känner ett vemod och en rädsla, men kan inte riktigt lokalisera det. Somnar om. På morgonen känner jag mig hågad att ge mig ut i naturen, packar matsäck och åker iväg. Jag har en runda med fikaställe som ger mig svängrum att gå stavgång och sällan möter man folk, en bra tur att gå i egna tankar. Stavgången hjälper förstås att röra om energiflödet till hjärtat, överhuvudtaget är motion livsviktigt för känslorna.

Det kommer tankar, det kommer känslor, och en del tårar. Kan inte riktigt lokalisera det än. När jag kommer hem sätter jag mig och skriver, det är ofta då det riktigt lossnar. Ibland dansar jag fram det, ibland är det måleri och så ibland är det förstås terapi.

I och med att jag är omgiven av framgång så har det flödat in en massa positiva energier i mitt system. En projektfas är avslutat. Alla de här positiva elektronerna eller vad de nu är, hjälper till att fösa upp till ytan gammalt obearbetat skräp. Minnen av då man inte lyckades. Då man blev avsågad vid knäna. Då man inte fick något gensvar alls. Tillfällen när man lagt ned en massa jobb och så bidde det ingenting.

Tårarna svämmar över men allt eftersom så lättar trycket i bröstet, jag kan andas igen, pirret och rädslan i solar plexus skakar loss under hulkandets gång. Om jag bara kan förmedla en sak, så är det att våga släppa loss dina känslor. Du kommer att må mycket bättre efteråt.

Som allt annat behöver du inte veta i huvudet hur man gör. Lita på din kropp. Låt den göra vad den behöver för att släppa ut och rensa.

Många upplever nedstämdhet efter framgång, men förstår inte, eller förmår inte, släppa fram känslorna och bli befriade. De tror att nedstämdhet bara kommer med på köpet och drar slutsatsen att det är bättre att inte få sina drömmar uppfyllda. Gåvan i att drömmen kommit är att nu är det enkelt att släppa det gamla, bara du låter korken flyga ur. Som en champagne flaska, det är lite trögt att få upp korken, men när den väl är på väg finns ingen hejd.

Vad du än gör, gå inte upp i huvudet för att analysera eller rationalisera. Stanna kvar i kroppen och känslorna, det är ok att känna förvirring, det är ett gott tecken, låt allting bubbla och jäsa och svämma över. Låt kaoset härska, bli ett med det och följ med i flödet. Det är bara när vi stänger av som det blir verkligt jobbigt. Ok, jag kan se att man kan tycka att det låter jobbigt att hulka och gråta, men det är det som är naturligt. Bli som ett litet barn och låt det komma...

Efteråt känner man sig fri, lugn och betydligt stabilare. Tankarna klarnar och man ser livet från ett tydligare perspektiv. Då är det är lätt att fatta beslut.

Alla nyanser behövs

Ibland känner man sig grå, ibland blå, och så kan det komma dagar av solsken i känslolivet. Alla nyanser behövs, alla måste få ha rätt att existera. Man kan tänka på känslor som färger. Man kan vara grön av avund, se livet genom rosa glasögon när man är kär, känna sig svart som sorgen eller synden. Olika kulturer förknippar färgerna lite olika.

Vi har fått lära oss att rött är syndigt, det representerar passion.

Vad är du för färg just nu?

Upplever du den på ett speciellt ställe?

Vad vill du göra med den?

Olika åldrar

Inom oss har vi alla åldrar. Det finns en femåring, och en femtonåring likaväl som en femtioåring inom en och samma människa. Ibland är alla de där inte sams. Alla måste få vara med. Det finns en princip i Vedic Art som heter *appropriate*, det vill säga *lämplig*. Rätt sak vid rätt tillfälle.

När man ska ut och leka i snön, åka pulka till exempel, är det lämpligt att ta fram sin inre femåring. Den vet hur man har kul, den älskar att leka.

När man ska ringa Skatteverket och diskutera sitt företag är nog femtioåringen den mest lämpliga bundsförvanten.

Ska man ut på en date kanske femtonåringen vet bäst?

Många bär på oläkta sår från barndomen. När jag höll på som bäst med att läka mitt inre barn var huset fullt av gosedjur, mjukiskläder, barnfilmer, färgkritor och saft och bullar.

Jag bjöd hem mina kompisar för att leka. Jag gav mig hän i processen att låta min femåring få komma till tals och göra allt det hon gått miste om. Under den här tiden minns jag att alkohol var totalt ointressant för mig. Inte så konstigt, eller hur?

Framtidens terapimodell

För att göra en mycket lång historia kort så utbildade jag mig grundligt i alternativa terapier. Min egen process var grundläggande i denna resa, jag har lärt mig ända in i ryggmärgen hur man tar sig till grunden och förlöser smärtan, vare sig den är känslomässig, fysisk, existentiell, själslig eller vad du nu vill klassificera den som. Jag har lärt mig hur man skapar ett nytt liv genom att följa min inre vägledning. Mina processer har skett på alla plan, i kroppen, i känslorna, i tankarna, i min andlighet. Under resans gång flyttade jag hem till Sverige och drev praktik här. När jag till sist var klar med lärarutbildningen i terapi så sprack grundorganisationen, jag bröt fotleden och resten är som man säger historia. Jag började skriva böcker.

Men det finns en djup anledning till att jag inte utbildar terapeuter i dagsläget. För det första är det otroligt svårt att livnära sig som terapeut. Det är ytterst få som kan få det att gå runt ekonomiskt. Bara av den anledningen känns det inte ansvarsfullt att utbilda terapeuter. Men jag tror det finns ett stort behov av utbildningar, men med en annan målsättning.

Själv har jag haft otrolig nytta av alla mina utbildningar. Jag har utvecklats enormt. Där jag har kommit längst eller djupast eller vart det nu är man kommer, har varit i grupper som träffats under en längre tid. Där man verkligen har fått praktisera och vara med i utvecklingen så att säga. Där man lärt känna kollegor för att sen träffas och byta tjänster på tu man hand. Jag tror det är här framtiden ligger.

Så här vill jag göra. Samla en grupp på 10 - 20 personer som vill träffas en helg i månaden och lära sig från grunden hur man förändrar sitt liv genom Livsterapi. Mitt mål är att förankra grunderna så att gruppen på sikt blir självgående. Man kan också träffas en kväll i veckan, lördag förmiddag och söndag eftermiddag är andra alternativ, åt andra hållet fungerar det med en vecka tre till fyra gånger per år. Det beror på hur långt deltagarna har att åka och hur deras liv ser ut i övrigt.

Varje träff lär vi något nytt, repeterar och fördjupar material från tidigare träffar, delar med oss och ventilerar frågor. Alla får chans att gå in i sina processer, inklusive ledaren, vi byter och tränar på varandra. Inte minst får vi social tid. Ska man jobba på djupet är det viktigt att bygga en trygg grund.

Jag tror på den här modellen oavsett vad det är man lär ut. Har du gått en kortkurs genom jobbet kan du samla dina arbetskamrater och dela med dig, ni övar tillsammans lite då och då. Genom att lära ut förankrar du din egen kunskap. Genom att ni övar tillsammans tar ni till er vetandet på ett djupare plan. Så småningom sitter det i ryggmärgen.

Det är också samhällsekonomiskt vettigt att assimilera utbildningar in i arbetsplatsen på detta sätt. Man får ut mycket mera ur sin utvecklingsbudget.

Men vad ska terapeuterna göra?

Den frågan har jag fått många gånger när jag berättat om min vision av självgående grupper där vi utvecklas tillsammans. Lugn, det ena utesluter inte det andra. Det finns inte möjlighet för allmänheten att fördjupa sig så som en terapeut kan i kunskap och erfarenhet. Men allmänhetens grupper kommer att göra att vi börjar från en annan utgångspunkt.

I dagsläge finns det så många sår att läka, så mycket att lära sig om sig själv, om sin kropp, om gränser och om personlig utveckling så det skulle räcka i många livstider. Så terapeuterna skulle inte bli arbetslösa.

Jag märker också att när jag byter behandlingar med dem som gått långa och djupa utbildningar där den egna processen varit a och o så blir mötet ett helt annat än att byta med dem som gått mer helgkurser. De har inte kunskapen i ryggmärgen på samma sätt. Framförallt har de inte lärt sig de terapeutiska grunderna i hur man hanterar samtalen före och efter behandlingen, de får förlita sig på att de intuitivt säger rätt saker. Det är först och främst erfarenheten som är låg och då blir det ibland att de drar slutsatser som inte stämmer.

Det kan hända vem som helst, så det är inte det att en erfaren terapeut är ofelbar, absolut inte. Men de har mer vetande som bara finns där, speciellt den egna erfarenheten spelar stor roll i hur man ser på en annan människas process.

Så det kommer alltid att finnas jobb för terapeuter, men jag ser det som att gränserna suddas ut och vi samarbetar och finner nya sätt att hålla grupper och sammankomster. Vi och arbetet utvecklas hela tiden.

Självklart kommer det att finnas mycket att göra för de lärare som finns, tänk er att vi ska förankra all denna kunskap i alla människor på jorden! Det blir knappast brist på arbete. Men syftet blir mer att lära ut grunderna så kunskapen sitter i ryggmärgen, för att sedan släppa grupperna fria till att bli självgående.

Inlevelse, upplevelse, utlevelse

Alla metoder är bra på sitt sätt. Många av terapierna jag arbetat med fokuserar på vad jag kallar inlevelse. Man går in i sig själv, djupare och djupare in i cellerna, för att närvara i sina känslor, tankar eller förnimmelser. Man slappnar av, sjunker igenom, överlämnar sig. Det sker mjukare och mjukare, man släpper taget och blir ett med känslan. Det betyder inte detsamma som att man uttrycker den, nej vid inlevelse upplever man den.

Skillnaden kan beskrivas så här. Två systrar väntar på att gå på fest. Den ena pladdrar och visar tydligt utåt hur upprymd hon känner sig inför det förestående partyt. Den andra sitter stilla och tyst. Pappan undrar om hon inte är glad i att gå på fest.

- Jo visst, jag känner mig lika upprymd som min syster. Jag ser jättemycket fram emot det.

De här systrarna var klassiska exempel på extrovert och introvert. I våra ögon kan man känna igen den stereotypiska kvinnan som pladdrar och den tyste mannen. Båda två kan ha lika starka upplevelser, men de visar dem annorlunda.

Många terapeuter tror att män inte känner något när de ligger på behandlingsbänken. Det gör de visst, men de är inte lika benägna att sätta ord på det, deras förnimmelser kan vara av en annan art, perceptionen är mer fysiskt orienterad. De kan känna ilningar eller sprittningar, eller vad de kallar ingenting. Delvis handlar det om att alla har olika upplevelser. Delvis kan det handla om träning.

Det man fokuserar på blir man bättre på. De som tränar sig i att gå inåt och känna efter, de som låter sig följa med i flödet av kyla, värme, sorg och glädje blir också mer vana att hantera inlevelserna. Det är när man helt ger sig hän i den förnimmelse som är, låter sig uppslukas av den, som man passerar igenom den.

Stagnerad livsenergi är helt enkelt ofullbordade känslor eller handlingar. Man kan stänga av livsenergin genom att stänga av sina känslor. Man kan likaväl stänga av denna energi genom att inte ta nästa steg, genom att klamra sig fast vid situationer som man innerst inne vet man är färdig med.

Utlevelser av känslor är till exempel att prata, skrika, det vill säga leva ut känslorna. Jag känner att det hjälper en att få kontakt med dem. Men för att släppa dem måste man känna dem ända in i benmärgen. Det är min sanning, det är vad som fungerat för mig.

Jag tror vi behöver både och, utlevelserna sätter fart på känslorna, inlevelserna löser upp dem. Det är viktigt att alla delar är med. Det räcker inte att förstå bara med huvudet. Ända ner i cellnivå för att fullborda det man inte klarade av tidigare.

Det är så att när vi upplever trauma förmår vi inte hantera alla känslor. Vi blir chockade. Vi skulle inte klara av att uppleva allt på en gång. Därför stänger kroppen av. Men känslorna ligger kvar tills universum ser att nu kan vi lyfta fram dem igen, nu finns styrkan att hantera dem och släppa ut dem.

När man då upplever traumat i en behandling kan det vara otroligt starkt och jobbigt, man är känslomässigt tillbaka i skiten. Men den här gången har man en guide vid sin sida som hjälper en släppa ut allt det gamla, i en trygg miljö.

Vad är mitt och vad är ditt?

När man jobbar med varandra är det omöjligt att inte sätta igång varandra. Det är ofrånkomligt att man trycker på varandras blåmärken. Men knepet är här att bli vaken, uppmärksam, och fatta att det är ens gamla sår som fläkts upp. Personen framför en är bara budbäraren. Kan man lära sig att vara närvarande och träna sig i att säga vad man upplever utan att kasta det på varandra är mycket vunnet.

Eftersom mina Shen-kollegor bodde i andra länder blev det att vi träffades en till två veckor för att intensivt byta behandlingar. Att bo ihop samtidigt som man gjorde intensiv terapi var fantastisk träning i att lära sig vad som är mitt och vad som är ditt.

Vi hade intentionen att vara sanna med oss själva. Vi pratade om vad vi upplevde. Vi lärde oss säga "jag känner ilska" eller "mitt hjärta värker" eller vad det nu var vi kände, och den andra visste att det inte handlade om dem, utan om ens egen upplevelse. Ibland satte vi igång varandra.

Ibland blev det en kedjeeffekt. En kommentar eller fråga fick spontant en reaktion som gick rätt tillbaka in i solarplexus. Då var det bara att lägga upp den ena sen den andra på bänken och gå till botten av känslan. Tänk om alla kunde få lära sig detta sätt att samverka?

Övergrepp och misshandel

Vad är ett övergrepp och hur börjar det? Jag ska ta det till sin grund, för ämnet är lite förstått. Det finns många olika sätt att bli överkörd eller köra över en annan, och de är alla olika grader av övergrepp. När det blir riktigt grovt talar vi om misshandel. Först och främst tänker vi på fysiskt våld i samband med misshandel, men problemet ligger på ett betydligt djupare plan. Hela vårt samhälle är genomsyrat av över - under tänkandet.

Vi människor är bra på att härma. Våra beteenden går i arv, mönster följer familjer i generation efter generation. Det vi ser på TV eller läser om i tidningen blir så småningom kopierat runt om i världen. Det verkar bara bli värre och värre, men jag tror det är mer att allting ska till sin spets så vi kan läka det. För när det blir tillräckligt illa säger vi stopp. När vi då läker våra egna sår påverkar det hela universum, även där går energierna igen. Det vi ägnar vår uppmärksamhet skapar vi mer av.

Vuxna tror ofta att det är ok att köra över barn. Ska till varje pris få sin vilja fram, oavsett vad barnet vill. Till slut lär barnet sig att det inte är ok att säga nej, och så är det bäddat för värre saker. Barnet har inte lärt sig att sätta gränser, eller rättare sagt, barnets gränser har blivit överkörda gång på gång, tills barnet upplever att det är fritt fram för vad som helst och vem som helst.

Att krama ett barn även när det visar att det inte vill är ett övergrepp. Att alltid bestämma vad barnet ska äta, göra eller hur det ska klä sig, oavsett vad barnet har för önskemål, är att lära det från tidig ålder att det barnet själv vill har ingen betydelse. Barnet är till för att tillfredsställa den vuxnes behov. Många gånger vill ju föräldrarna att barnen ska få det de inte hade, men sällan inser de att barnet har en egen väg som kanske inte alls överensstämmer med den vuxnes dröm.

Vi är alla individer, och det är just i att låta andra ha sin egen väg och acceptera detta som är lösningen. Det kan vara så enkelt som att pådyvla någon sin egen åsikt som den universella lösningen. Man tror att bara för att jag vill ha det så här, så ska alla ha det så här. Vi är alla unika och som individer finns det oändligt många vägar att gå.

Verbal misshandel tas inte på allvar. Allt ifrån att säga små negativa saker till de värsta skällsord, de är alla budskap att du inte är ok. Det kan vara allt ifrån kommentarer om kläder eller inredning till rena personangreppen. Men de är alla angrepp, och det lilla bäddar för det stora. När jag upptäckte, att min mamma använde samma språk mot min pappa som min man hade använt mot mig, förstod jag in i benmärgen hur jag hade hamnat i denna soppa av övergrepp och misshandel.

Många tror att man kan ta verbal misshandel med en klackspark. Det går in ena örat och ut det andra. Det är inte allvarligt, det syns ju inga blåmärken som vid fysiskt våld. Blåmärkena kanske inte syns på ytan, men de finns där. För att komma åt dem måste man ner i cellerna, känslan ligger i hela kroppen, hela ens väsen är slagen gul och blå. Det gör om möjligt ännu ondare än det fysiska, som ligger mer på ytan, det verbala tränger sig djupare in.

Hur kommer det sig då att man inte känner av det? Jo för att det oftast sker en upptrappning, det blir gradvis värre. Så man märker inte hur illa det har blivit. Men smärtan ligger kvar i kroppen tills man plockar fram den i läkeprocessen och släpper ut den. Först då kan man förändra sin livsväg. Jag minns så väl en av mina tidiga terapeuter. Hon hade lärt sig, att om du har valt en alkoholist som partner, kommer du alltid att attrahera alkoholister. Min fråga var förstås vad vitsen var med terapi, om man inte kunde ändra sitt mönster.

Det visar sig, att när man läker sina sår så förändras även det yttre. Man har inte längre behov av att ha en alkoholist för att väcka ens smärta. Jag tror att många händelser i våra liv är till för att vi ska väcka våra inre obearbetade sår för att läka dem. Alla bär vi på något och våra själar har kommit hit av många olika anledningar. De flesta av oss är här för att lära och läka, att förändras och utvecklas i jordelivet.

PTSD – Post Traumatisk Stress Syndrom

Innan jag blev utbränd hade jag inte hört talas om PTSD, eller posttraumatisk stress syndrom. Visserligen hade jag hört hur krigsveteraner hade svårt att anpassa sig när de kom hem. De hade klarat sig under kriget, till och med utfört hjältedåd, och verkat vara helt ok, tills de kom hem. När vi är under stress, tar vi oss samman och gör det som måste göras. Vi klarar av det för att det ska bara gå. Det är först när vi slappnar av i familjär miljö som allt det där vi stoppade undan dyker upp.

För dem som upplevt krig eller andra traumatiska händelser, kan minnena vara glömda och gömda en lång tid. Innerst inne ligger de där, men dyker inte upp till ytan förrän det finns en chans att läka trauman.

De flesta länder är urusla på att ta hand om de psykiska skadorna som människorna åsamkas under krig. I många organisationer har man alla möjliga osämjor, gnissel eller mobbning. Trakasserierna kan komma från chefer eller trätande kollegor, man kan hamna mitt emellan två fejdande lag. Människorna far illa av detta. De psykiska skadorna ska inte underskattas.

När man väl kliver ur det ohälsosamma reagerar man äntligen normalt. Men då är det så mycket att det blir PTSD. Det är då det lönar sig att gå i terapi för allt har kommit upp till ytan. Man behöver inte jobba för att gräva fram det, korken är redan urdragen.

Barn far illa

Det är oerhört vanligt att barn blivit tvingade att äta mat de inte vill ha. Nyligen berättade en av mina vänner om sina barns dagisupplevelse. Hon hade varit hemmamamma så barnen började inte på dagis så tidigt som alla andra, de var väl fyra, fem år när de kom dit. Mamman trodde att detta var ett bra ställe. Först nu, när barnen vuxit upp och är i tjugoårsåldern får hon reda på hur det egentligen var.

Hennes barn var rätt så självständiga. De hade fått vara hemma i trygg och kreativ miljö. Av den anledningen blev de behandlade annorlunda än de andra barnen, som om det inte passade sig att tänka själv. De skulle minsann lära sig att lyda och vara fogliga.

En dag serverades sparrissoppa. Den var inte aptitlig och barnen ville inte äta den. De blev tvingade av dagispersonalen att äta soppan som de upplevde som äcklig. Med följden att de sen spydde upp den. Då blev de hånade av personalen.

Jag häpnar när jag hör såna här historier. Att tvinga i människor mat är en sorts våldtäkt, det är definitivt ett övergrepp. Nu har jag kanske en starkare reaktion än de flesta. Min morfar dog av att bli tvångsmatad på hemmet. Han kunde ha fått dö i lugn och ro. Han var gammal nog, över 80. Det är naturligt att vi slutar äta innan vi dör. Det är som om kroppen vet att nu är det dags. Låt människor få styra själva!

En annan väninna berättade att hennes son också blev itvingad mat. Personalen sa att han måste smaka. Ja visst det var hon med på. Vad hon inte förstod då var att de menade att han skulle smaka varje dag, han blev itvingad mat han inte ville ha varje gång. Det är inte att smaka. Jag blir så arg när jag hör om alla dessa överkörande, alla dessa övergrepp, för det är precis vad det är. Att köra över en annan människa bryter mot all sans och vett, det bryter mot gudomlig lag, och värst av allt är att det ger skador för livet som sen måste lösas upp i terapi.

Det är inte rätt att lära små barn att de minsann inte får säga nej. Det bäddar för grövre misshandel och övergrepp. Deras gränser har blivit överkörda från början. Hur ska de då hävda sig?

Goda féer

Jag har en moster som nu är över 90. Hon jobbade i skolbespisningen i många år. När jag sist hälsade på henne satt vi en eftermiddag och pratade om livet över ett glas whisky. Hon berättade då om en pojke som alltid kom till henne när det var bruna bönor och fläsk. Som vanligt har jag svårt att minnas exakta detaljer, om det var fläsket eller bruna bönorna han inte tyckte om. Hur som helst så kom han alltid till min moster för hon lyssnade, gav honom bara lite av det ena och snabbt täckte över med det andra. Alla de andra mattanterna gjorde tvärtom. De gav honom extra mycket av det han inte ville ha.

Varför denna elakhet? Många år senare har denna pojke kommit fram till min moster och tackat henne för att hon var så snäll när han gick i skolan. Den respekt hon visade honom har följt med honom in i vuxenlivet. Det är ofta i det lilla de stora underverken sker. Tänk på det.

Bakom kulisserna

Det som möjliggör misshandel och övergrepp är delvis att man inte får prata om det. Det är skämmigt. Det här är vår hemlighet, kan förövaren säga. Man känner att man gjort något fel som blivit utsatt. Man vågar inte berätta, för det är inte säkert att man blir betrodd. Eller förstådd.

Många gånger har offren inte någon de kan anförtro sig till. De har ingenstans att ta vägen med sina känslor och funderingar. Av någon anledning kommer jag att tänka på den katolska kyrkans system med bikt. Tänket bakom bikten var väl god till att börja med, men det ger prästerna makt, de vet allt om alla, och tyvärr är människan så funtad att makt lätt missbrukas.

Varför är det så att när det är hemligheter smyger maktmissbruket in? Vad är det som gör något hemligt skamligt att berätta? Vad är en hemlighet?

I all enkelhet tänker jag att en hemlighet är bara en hemlighet så länge du inte berättat den för någon. Så fort orden lämnar dina läppar är det inte längre en hemlighet. Detsamma gäller skrivandet. Så fort jag präntat ned något, så är det ju inte längre hemligt.

Men man måste väl kunna anförtro sig åt någon utan att de berättar det för hela världen? Jo, när man jobbar som terapeut är det tystnadsplikt som gäller. Man berättar inte vad klienten har för plågor, det är också kotymt att det som delas med på en kurs inte förs vidare.

Man diskuterar överhuvudtaget inte klienter med andra. Man berättar inte heller vem som varit på behandling eller varför de sökt hjälp. Däremot kan det förekomma att terapeuter emellan diskuterar generella metoder eller hur man gått tillväga för olika fall.

I utbildningssyfte kan man prata generellt om saker som kommit upp utan att nämna namn eller ange detaljer, man kan kringgå själva berättelsen. Kommer att tänka på en kurs vi ledde på ett katolskt college. Det var en stor grupp präster och nunnor från hela världen på detta internat som utbildade sig som kuratorer.

Det var svårt att få igång dem i sharing. Inte så konstigt. Började de berätta en historia så visste alla vem de pratade om. Det blir så i slutna organisationer. Alla vet allt om alla, förutom det där man inte får nämna. Bäddat för övertramp av alla de slag.

Som lärare fick vi vara kreativa för att få igång energierna och känslorna. Det är ju inte själva historien som är huvudpunkten, det är känslorna bakom. Så hur kunde vi få dem att komma i kontakt med sina känslor, utan att lämna ut sin situation?

Vi lekte med ord, vi lekte med kritor, vi lekte med symboler. Men först berättade vi våra egna historier om övergrepp. Bara det är läkande, och det hjälpte att öppna upp deras minnen och känslor. Men poängen här är att man kan berätta mycket med färg och bild, hur man känner, utan att behöva berätta detaljerna. På så vis är man inte utelämnad.

Att säga att man känner sig överkörd räcker, ingen behöver veta om det handlade om någon som trängde sig före i Konsumkön eller om mångårig mobbning, huvudsaken är att man får igång känsloflödet och börjar pysa ut alla de där äckliga känslorna som inte hör hemma i ens kropp.

Som vanligt flödar tankarna och funderingarna åt flera håll. När man pratar med vänner och bekanta. Vad är syftet med det man berättar? Jag känner att de flesta av oss ventilerar tankar och känslor i syftet att förstå det som händer. Man pratar för att klargöra för sig själv.

Men så finns det andra saker som kanske berättas för att underhålla, för att chockera, för att skvallra, för att...? Vad är då hemligt? För något är ju egentligen bara hemligt så länge du inte berättar.

Av egen erfarenhet vet jag också hur mycket livsenergi det går åt att hålla inne allt det där man inte får berätta. Och vilken befrielse det är att äntligen få ut det. Då upptäcker man att folk visste det ändå. Som sagt, jag tror inte det finns några hemligheter.

En kompis bekräftade detta. När hon skilde sig upptäckte hon att folk visste att mannen hade alkoholproblem. Det går inte att dölja i längden. Folk vet och ser mer än man tror. Och frågan är varför man vill att det ska vara hemligt? Är det skamligt? Då är det bättre att lägga korten på bordet. Då kan man inte bli skämd för det längre.

Makten att trycka ner försvinner om det är öppet. Du kan inte mobba någon som öppet säger, ja det här är jag, det här har jag gjort. Du kan inte skämma ut någon som öppet berättar att de är till exempel alkoholist.

Ta homosexualiteten som exempel. Innan de klev ut ur garderoben var det jättejobbigt för dem att hålla det hemligt. Men vilken frihet att få vara sig själva, att inte längre behöva låtsas och förställa sig. Så varför ska vi lägga locket på och hålla så mycket hemligt?

Jag tror ju att när det gäller övergrepp och sexuella läggningar, eller sånt som alkohol och drog missbruk, att det är upp till personen själv att berätta eller lämna ut sig. Det för ingen vidare att det skvallras och hjälper knappast någon.

Om du vill vara hemlighetsfull, varför? Döljer du något? Vill du skapa spänning? För dig själv? För andra? Vad är ditt syfte? Är det bara vissa som är invigda? Varför? Är du synlig för dig själv? För andra? Vad handlar det om? Många frågor... bara du har svaren. Jag är ingen tankeläsare.

Jag säger inte att man behöver berätta allt, men om man lägger mycket energi på att vara hemlig kan det vara värdefullt att gräva lite i orsakerna. Men det är helt valfritt.

Passar på att lägga in en filosofisk grundplåt från min sida. Jag delar med mig och lägger fram många övningar och tankegångar. Läs, fundera, skapa dig en egen åsikt. Plocka det som fungerar för dig och släpp resten. Det finns inga enhetslösningar och jag har inte svaren på allt. Men jag har rätt så mycket att säga.

På något sätt förknippar jag frihet med att det inte finns några hemligheter. Allt är öppet, allt flödar fritt. Om mina funderingar väcker dina känslor, ta en paus och gå djupare in i vad de handlar om. Som en meditation kan du titta på tavlan på bokens framsida. Sätt dig och titta i minst fem minuter, bara låt blicken vandra genom tavlan. Begrunda dina känslor om öppenhet, hemlighet, frihet och mod. Våga leva...

Översittare och undertryckta

En som mobbar eller begår övergrepp är en översittare. För att de ska få makt behöver de någon att trycka ner. Hela problemet uppstår från ett över-under tänk, eller under-över tänk. För att en ska vinna måste en annan förlora. Man tror att det inte finns nog. Man måste stjäla från en annan.

Men om man verkligen förstod att det inte finns några begränsningar, att det finns mer än tillräckligt för alla, så skulle dessa beteenden upphöra. Det som tillhör dig enligt gudomlig lag kan du inte förlora, så slappna av.

Det som är ditt att göra enligt gudomlig lag är det bara du som kan göra på ditt unika vis. Det finns ingen konkurrens. Tanken att någon annan tar ifrån dig det som du tror är ditt är baserat på rädsla. Du har förväxlat tron på universums kraft till en övertro på din egen makt.

Det är kanske inte så lätt att ta till sig det här. Det går stick i stäv med allt vi fått lära oss. Om försvar. Om krig. Om revir.

Jag förstår helt enkelt inte revirpink. När jag var i karriären stötte jag ibland på folk som var rädda att jag var ute efter deras jobb. De trodde att de till varje pris måste försvara och bevara sitt revir. Vad de inte förstod var att organisationen behövde oss alla. Med alla våra idéer. Det är när vi delar med oss av våra idéer som de verkligt geniala lösningarna dyker upp.

Aboriginerna från Australien förstår det där med naturliga organisationer. Det berättar Marlo Morgan om i sin bok *Budskap från andra sidan*. När hon jobbade i innerstaden med projekt och aboriginerna var med, tog ungdomarna helt naturligt sig an de sysslor de var mest intresserade av och lämpade för. Ingen syssla ansågs bättre eller sämre inom gruppen för de hade det i blodet att alla behövdes. De begriper inte varför vi tävlar eller konkurrerar. Varför vill ni syssla med sånt, undrar de. Är det kärleksfullt?

Jag är heller ingen tävlingsmänniska. Har aldrig förstått lusten att bräda någon annan. Kommer att tänka på en väninna från jobbet. En av männen som jobbade där hade sagt något om mig, typ att han tyckte jag var läcker. Nästa gång min väninna ringde berättade hon stolt att hon lyckats få med honom hem i säng. Hon upplevde det hela som konkurrens, att hon lyckats bräda mig. Jag fattar helt enkelt inte spelet. Jag var för det första inte speciellt intresserad av karln. Men hennes motiv handlade ju inte om att hon och han var ämnade för varandra, det handlade om att hon ville visa att hon minsann kunde fånga mer än mig.

Jag begriper mig inte på förförelse och krig. Förförelse är inte ärlig, den handlar om att utöva makt, och vad har kärlek med det att göra? Inte ett smack. Förföra betyder att förtrolla. Det är knappast öppet och ärligt.

Ett medium jag uppsökte i USA berättade att de som förför nästan alltid hyser agg för sina offer. Det är alltså dold aggression vi pratar om... det tål att tänka på.

För att fortsätta mina utlägg om översittare så förstår ni nog att jag inkluderar förförarna i detta sammanhang. En översittare lägger alltid skulden på den andra. Som ber om ursäkt, även om den inte alltid förstår vad den egentligen gjort, men uppenbarligen har den trampat översittaren på tårna eller sårat dem på något vis. Ofta är det inte tydligt vad sveket egentligen är, det kan komma kommentarer som "det måste du förstå" eller "det får du räkna ut själv."

Problemet är att det tar aldrig slut. Det kommer nya saker som man ska be om ursäkt för. Eller så kan man aldrig gottgöra det där sveket (i deras ögon) oavsett vad man gör i framtiden. "Sveket" tas upp gång på gång. Det är som översittaren får energi av att bråka. Antingen bråkar den andra tillbaka, i försvar skickar de omedvetet sin energi till den andra. Eller så ber de om ursäkt och krymper sig själva. Naturligtvis ska man säga förlåt om man klantat sig, men det betyder inte att man ska bära skuldstämpeln i pannan resten av livet.

Utmaningen är att inte gå in i försvar eller fortsätta be om ursäkt. Lättare sagt än gjort. Men på jorden får vi mycket träning. Man blir bättre med åren, det blir enklare att inse vad det egentligen rör sig om. Men det känns inte bra. En översittare har många knep, många strängar på sin lyra, många sätt att förställa sig, lura sitt byte.

En översittare förstår inte att livsenergin finns där i överflöd för oss alla. Bara man slappnar av kommer allt det vi behöver till oss. Allt vi behöver veta klargörs för oss i den rätta naturliga ordningen. Så slappna av. Du kan inte förlora det som tillhör dig. En annan människa kan inte ta ifrån dig din livsenergi.

Allt finns i överflöd, bara vi öppnar oss för det.

När de vita kom till Nordamerika sa indianerna välkomna, här finns gott om buffalo, här finns gott om för oss alla. För dem existerar inte begreppet att äga mark.

När det kommer nya affärer till stan, skapar det mera kommers, inte mindre. När det dyker upp nya kollegor eller kurser så ökar även intresset och konsumtionen. Vem skulle ha trott för tio år sedan att böcker i digitalformat skulle bidra till en ökad försäljning av de tryckta böckerna? Så slappna av, ta hand om det som är ditt att göra och oroa dig inte för alla andra. De har fullt upp med sitt eget.

Ett annat sätt att missbruka makt återfinner man i myndigheter. Reglerna är otydliga. De kan inte svara på vad som gäller. De utreder varje fall för sig. Så du kan inte veta vilka regler de tänker tillämpa. Tala om att sätta sig över andra människor.

Vi är alla jämlikar. Vi har alla tillgång till universums livsenergi. Kärleken är obegränsad. Resurserna räcker till alla. Vi är livets flöde och livets dans...

Acceptera människor som de är

Nyckeln ligger i att se människor som de verkligen är. Lättare sagt än gjort, för det är inte alltid lätt att förstå vad som ligger bakom människors beteende. Det är livsviktigt att lära sig se skillnad på vad som är ditt och mitt, och inte projicera mina drömmar på dig. Här ligger knuten till många trätor, man har helt enkelt olika mål, man är på väg åt olika håll.

Visst förändras människor, det är del av livsprocessen. Men sällan väljer våra vänner att göra det på vårat sätt, eller hur? De har sin egen väg. Man kan erbjuda hjälp, men de måste alltid få bestämma själva. Man kan säga så här skulle det kunna vara, men det är ditt beslut hur du vill ha det.

Min lösning är inte din lösning. Mitt problem är inte ditt problem. Min rädsla är inte din rädsla. Ett sätt att lätt känna av vad som är ditt och mitt ingår i grundutbildningen i Shen-terapi. Under en behandling kan man uppleva en känsla. Om man då kliver ur klientens aura och känslan består, så är den min. Om den försvinner när jag kliver ur auran så är det klientens känsla.

Jag hade en otrolig upplevelse av detta med en rätt ny vän. Hon hade träffat en man, hon var förälskad, men ju mer hon berättade insåg jag hur manipulativ han var. Den verbala misshandeln var igång, det låg undertoner av hotfullhet och mera. Jag försökte varna henne att denna man kan vara mycket farlig, detta är inte bra för dig. Till slut insåg jag att det hjälpte inte henne att jag lyssnade på hennes prat, så jag sa att så länge han är i ditt liv ska inte vi träffas. Hade hon varit en långvarig vän hade jag kanske beslutat annorledes.

Jag hade så påtagligt upplevt hennes skräck när jag träffade henne. I och med att jag gått till grunden i min process var känslan mer än bekant. På grund av att jag hade läkt den, så kunde jag verkligen känna den. Känslan var inte begravd under flera lager av chock. Jag såg och kände den hur tydligt som helst. Det intressanta var att när jag klev ur deras aura, så att säga, så försvann skräcken. Det blev helt lugnt. Känslan som invaderat mitt hem var deras, inte min.

Nu kommer nog frågan om hur man bäst stöttar sina vänner. Man hjälper ingen med att lyssna på bedrövelser om och om igen. Ibland är det svårt att få dem att förstå, att de i grund och botten ältar samma historia om och om igen. De tror att det är nytt när det i själva verket har samma känsloladdning som allting annat. Genom att lyssna på någon älta gör vi det möjligt för dem att fortsätta med beteendet. Det är inte alltid lätt att sätta gränser, men det är också något man måste lära sig.

Problemet vid övergrepp är att man inte ser den andra människan. Den som blir utsatt har inte upplevt att bli sedd eller bekräftad för sin egen skull, som den verkligen är. Den som förgriper sig ser inte den andra människan, utan projicerar sina egna fantasier på den andra. Den ena ser sig som mer, den andra som mindre och ingen är hel.

Har man blivit sedd som barn, har man blivit lyssnad till, har man överhuvudtaget fått vara sig själv, så är man inte mottaglig för andras projektioner på samma sätt. Vi härmar bara vår omgivning. Vi vet inte bättre.

De som kör över andra har troligtvis blivit överkörda själva och har anammat beteendet som en försvarsmekanism. Antingen angriper vi eller så går vi undan. Inget beteende är effektivt.

Jag vill att du ska se mig, inte någon fantasibild som bara existerar i ditt huvud. De flesta relationsbråk handlar om att "du uppfyller inte min dröm om vem du är." Eller "du beter dig inte som jag vill, du har inte de egenskaper jag kräver för att du ska duga." Vad i helsike har detta att göra med kärlek? Inte ett smack!

Du är inte redo

Varför får man höra "du är inte redo" när en ny relation inte växer fram ur ett möte? Varför tror folk att det är jag som ska ändra mig? Varför förmodar de att det är jag som har något mer att reda ut?

Men HALLÅ! Det skulle ju betyda att ingen kan vara i relation innan de rett ut sitt inre - och det stämmer ju inte alls. Och säger de att alla som är i relation har kommit längre än vi som inte är det? Att de på något sätt är mognare än vi? Det stämmer ju inte heller. De flesta som lever i relationer har alla möjliga saker att jobba med och de är precis lika ofärdiga som oss andra.

Jag känner att jag blir förbannad. Visst skulle det vara trevligt att träffa någon och det sa klick och det mesta gick som på räls. Men nu har det inte varit så. En del av mina vänner drar då slutsatsen att det där var väl inget att satsa på. Ok det kanske det inte är, men det finns bara ett sätt att ta reda på det. Man måste ge sig in i leken, våga testa, våga mötas. Och det vi möter kanske inte är det vi hoppats på, men det hjälper oss att växa.

Män med beröringsskräck väcker mina sår om avvisning. Visst gör det ont när knoppar brister. Men menar de att jag bara ska skita i det? Att inte söka några nya relationer? Enklaste sättet att inte bli sårad eller behöva ta tag i något är att inte testa gränser, att inte våga, att bara vänta på att livet ska komma till en. En vanlig föreställning, det bara kommer. Jo det gör det ju när det är dags, men det betyder inte att du ska göra noll och bara gå och vänta för då händer ingenting.

Som det där med att vi kan väl träffas någon gång? Om inte den ena eller andra tar tag i det och man bestämmer tid och plats, så rinner det lätt ut i sanden. Man kom aldrig till skott och helt plötsligt har livet gått. Visst får jag många törnar, men det kan bero på att jag tar tag i saker, vågar gå ut på en gren. Det är där frukten finns.

Människan har blivit så hämmad, så försiktig, så auktoritetsbunden att den snart inte vågar gå utanför dörren. Känslor ska vi bara inte tala om, de är ju livsfarliga och måste hållas i schack till varje pris.

Det verkar som varenda snubbe jag träffat sen jag började på den terapeutiska utvecklingsbanan varit till för att väcka mina oläkta sår. Det skulle vara skönt om man också fick sig något bra och inte bara saker att ta tag i. Att man fick uppleva lite gott också och inte bara smärta. Jag tycker jag förtjänar det. Jag är faktiskt rätt så god, och inte så speciellt svår att ha att göra med. Men det gör ont att bli behandlad så här. Känna att man inte är redo, som att jag ska bara vänta medan livet rinner förbi. En liten paus medan tårarna trillar...

Det är som att jag ska vänta och vänta på något som aldrig kommer. Som pappa som aldrig kom, var alltid borta. Som en man i ett före detta liv, han kom aldrig tillbaka. Jag väntade och väntade. Hela min omgivning sa, Eva, du måste vänta. Jag är trött på att vänta. Jag vet att det fixar ingenting, det gör en bara besviken. Vänta på vadå?

Just nu är det mycket i mitt liv jag inte förstår. Känns som det kan hända saker, eller ingenting. Det är jobbigt. Jag hoppas att nu äntligen ska bokförsäljningen komma igång. Visst, det tar tid och insats från mig, om det ska bli något. Så är det med allt här i livet. Varför har jag vänner som bromsar? Gör motstånd, lägger massor av energi på att säga nej. Varför inte säga ja?

Min kompis hade en dröm där hon kunde flyga, och så var det en annan person, som hon försökte få med. Hon var rädd. Ok tänkte min kompis, jag behöver inte stå här och tramsa med någon som är rädd och inte vill. Jag flyger!

Ah där har vi det. Lägg inte energi på dem som inte vill. Det finns en massa människor som vill flyga. Lär dem flyga!

Empowerment

Det kanske inte är så konstigt att utbrändhet har blivit ett så stort problem i just Sverige. Nyckeln till läkning ligger nämligen i ett begrepp som inte existerar i svenska språket - *empowerment*. Ordet kommer från engelskan och betyder bemyndiga, göra det möjligt för, tillåta.

Det vill säga att du själv kan påverka och ta tag i din egen situation. Du behöver inte vänta på att Pappa Stat, Mamma Kommun eller Storebror Försäkringskassan talar om för dig vad du ska göra.

Empowerment är alltså ett begrepp som inte existerar i det svenska språket, än mindre i det svenska medvetandet. Sverige har ett jätteproblem med långtidssjukskrivningar, förtidspensioneringar och långvarig arbetslöshet. Diagnosen utbrändhet, eller utmattningsdepression, blir allt vanligare. Men varför är problemet så mycket större i Sverige än i andra länder?

Svensken som blir sjukskriven för utbrändhet går hem och väntar. Jag blev totalt paff när jag upptäckte detta. Jag kan bara inte föreställa mig den sortens passivitet. Det är mycket som förundrat mig sen jag flyttade hem till Sverige. Jag tänker som en amerikan, och det är jag otroligt tacksam för. Jag vågar, jag ifrågasätter. Nu vill jag uppmuntra dig att ta hand om dig själv. När allt kommer till kritan, vem är den viktigaste personen i ditt liv? Just det "Vem är den viktigaste personen i ditt liv?"

Om ditt svar är någon annan än du själv har du lite att jobba med.

En liten övning att föreslå. Ta några klisterlappar, du vet såna där gula från 3M som man kan fästa överallt. Skriv med tydliga bokstäver

Jag är den viktigaste personen i mitt liv

på lapparna och sätt upp dem på badrumsspegeln, kylskåpet, datorn, telefonen, garderobsdörren mm. Positiva affirmationer hjälper oss att ändra våra tankemönster. Vill du läsa en absolut klassiker om hur man ändrar sitt tänk kan jag varmt rekommendera *Du kan hela ditt liv* av Louise Hay.

För att få rätsida på skeppet måste du lära dig att inte låta andra komma först. Du är viktig och om du inte mår bra och får det du behöver, kommer du inte att ha något kvar att ge till någon annan.

Hela debatten om utbrändhet i Sverige är lite märklig. Det är ju ett ilandsproblem och mycket kunskap finns att hämta, men våra stela byråkratier har inte utrymme för att ta vara på det.

Det finns vissa grundläggande kunskaper som i alla fall för mig är självklara.

Man är färdig med där man är. Det är dags att gå vidare men man har inte insett det än. Detta oavsett om det gäller en relation, ett arbete eller ett boende.

Det krävs en förändring inom individen själv. Detta kan handla om att terapeutiskt bearbeta orsakerna till att man hamnat i en ohållbar situation, om att ändra sin livsstil eller lära sig något nytt. Men en sak är säker, man kan inte komma tillbaka till det gamla.

Ofta ligger det mer än en orsak i grunden. Sjuka organisationer är vanligare än vi tror. Vägen tillbaka kan vara lång och krokig. Det handlar om en läkning på alla plan. Kroppen, själen, känslorna och tankarna måste komma i takt med varandra igen. Sorteras om.

De flesta upplever utbrändhet som att livsenergin har gått in i kaos. En naturkatastrof på det personliga planet. Man kan känna som kroppen haft en jordbävning, eller som en tsunami drämt till en eller blixten slagit ner. Hela energisystemet är under ombyggnad. Den är instabil. Därför behöver vi tid invärtes, att hitta igen oss själva. Under denna tid är vi också överkänsliga för strålningar från lysrör, datorer eller mobiltelefoner.

Många upplever yrsel eller illamående. De klarar inte av stora folksamlingar. De känner sig vimmelkantiga. Energin håller på att vandlas om. Det är känslor uppe och går. De behöver time out, vara för sig själva. De behöver komma ikapp sig själva. En del blir överkänsliga för alkohol, ljud, ljus, andra människor, lysrör och dofter. Allergier kanske dyker upp. Man förstår inte processerna i kroppen. Ofta är det oförklarliga känslor, i grunden kan det ligga trauman. Det är en förändring fysiskt och psykiskt. Människan är ingen robot. Vi är kött och blod, livs levande varelser som behöver behandlas varsamt.

Min egen erfarenhet är att allt eftersom jag löst upp känslomässiga trauman har min känslighet tonat ner sig. Jag känner som jag byggt om hela min livsenergi från grunden och allt eftersom jag blivit stark inifrån och ut klarar jag av mer och mer. Men jag kan aldrig gå tillbaka till det liv jag hade förr. Min kropp och själ skrek nu är det dags att göra en förändring.

Jag hade dessutom varit en pionjär, varit isbrytaren som banat väg för andra kvinnor i en mansdominerad industri. Vi underskattar vilken kraft det tar att vara först. Vi tar många törnar och det kanske inte är så underligt att vi behöver dra oss tillbaka för att hämta andan och sedan dela med oss av kunskapen på ett annat sätt.

Alltså behöver man aktivt bearbeta och förändra. Att gå hemma och vänta löser ingenting. Det är ett otroligt slöseri med resurser. Det kostar skattebetalarna en ofattbar summa pengar, men nästan värre är nonchalansen för de drabbade individerna. Det är en oerhörd kränkning att skicka hem folk att vänta.

Att lära sig något nytt är ofta en nyckel som lett vägen tillbaka till livslust och glädje. Det är inte ovanligt att ge sig in i helt andra ämnen än de man sysslat med tidigare. Helt plötsligt är trötthéten som bortblåst...

Nu börjar det i alla fall hända saker. Man diskuterar vad man ska göra. Tyvärr har man fortfarande inte fattat att det finns många här i landet som själva rett ut sin situation. Kanske man kunde lära något av dem? Tyvärr vet den gamla strukturen inte hur den ska hantera problemet.

På gott och ont så är USA inte reglerat på samma sätt. Jag fick sex månaders a-kassa och sen var det inte mer när jag blev fristäld. Helt klart har man en annan motivation att lösa problemet själv. Och det är rätt så typiskt för amerikanarna som individer. Får de inte valuta för pengarna inom den traditionella vården, söker de tills de finner något som fungerar. När whiplash skador blev allt vanligare på grund av bilolyckor upptäckte man snart att läkare inte visste vad de skulle göra.

Mina whiplash skador efter fyra olika bilolyckor är nu läkta. Inte tack vara stödkragen eller valiumpillren som läkaren ordinerade. Nej, tack vare duktiga kiropraktorer, Yoga, Frigörande Dans,

Callanetics (i Sverige CATS), terapi som löste upp både fysiska och känslomässiga spänningar och massage.

När människor blir inklämda i roller de inte passar för mår de inte bra. Likaså kan vi bli sjuka av organisationer som behandlar oss illa. Det är ju egentligen inte så konstigt att vi reagerar på all osäkerhet, alla nedskärningar, alla mobbningar och allt sanslöst som vi utsätts för. Det vore konstigare om vi inte reagerade.

Nya lösningar

Förändringar ligger i luften. Man känner att det börjar hända saker i positiv riktning. Nya lösningar tar form.

En sådan är FYSS, fysisk aktivitet på recept. Eftersom jag är med i Friluftsfrämjandet vet jag lite mer om vad de gör. Men de är förstås inte ensamma. Broschyrer tas fram med inriktning att informera om vad det finns att välja på när man ska ut och lufta och röra på sig. Det är jättebra. Gläder mig åt att se samarbete över gränser. Då blir helheten mer synlig.

Man kan se det som ett pussel. Alla har en pusselbit, men det är bara tillsammans vi kan få bilden färdig.

Ibland säger folk till mig att alla kan inte följa flödet som du gör, helt fritt. Nej, det är sant. Men det behöver inte betyda att man inte kan göra små förändringar.

När jag jobbade i Frankrike var det första gången i karriären jag inte kände mig dödstrött när jag kom till jobbet. Anledningen? Vi började lite senare. I stället för att gå upp halvsex på morgonen fick jag sova till sju. Det gjorde skillnad som natt och dag. Den där extra halvannan timmen av sömn gjorde att jag var mer i min rytm och blev förstås mer produktiv på jobbet.

Kommer att tänka på en av mina amerikanska väninnor.

- *The sun and I have an agreement*, säger hon. *He gets up first.* På svenska *Solen och jag har en överenskommelse, han stiger upp först.* Bra ordspråk, det passar i alla fall mig.

Kan man anpassa i det lilla kan man hjälpa alla att må bättre. Inte minst handlar det om att respektera olikheterna vi bär med oss.

Om man arbetar eller bor ihop behöver det inte betyda att man äter samma saker eller har likadant schema. Det går att individanpassa mycket. Kanske man inte får allt man önskar, men lite grand kan räcka långt. Viktigast är nog att komma underfund med sig själv och välja därefter. Vi har alltid valmöjligheter. Vi sitter aldrig fast, även om det kan kännas så ibland.

På vissa arbetsplatser kan man redan nu sätta sitt eget schema. Det är en eller flera som sedan går in och kollar att behoven är täckta. Där justeringar behövs efterlyser man frivillig förändring. I stort verkar det fungera bra. Men som i allt, vissa tycker det är kanon och andra vill inte välja. Det är val det med, att överlåta valet på någon annan.

Organisationsformer varierar enormt världen över. Mycket beror på vad som ska göras. Jag har jobbat mycket med projekt och förändring. Där passar det med klart mål i sikte, men högt i tak, för att uträtta själva arbetet. Jag tror på ansvar på lägsta nivå, men då måste man också ha befogenhet att fatta och utföra besluten själv.

Energiflödet i organisationer blir mer levande ju mindre byråkrati som ligger i vägen. Framtiden är redan här med nätverk som formas efter behov. Det är mycket mer flexibilitet i strukturerna. Världen förändras, våra sätt att relatera förändras. Framförallt finns det möjligheter idag som inte ens existerade igår. Internet och datatekniken driver en utveckling som få ledare förstår. De kan inte krampaktigt hänga kvar i kontroll och maktspel. Det fungerar inte längre.

Som ett exempel kan vi bara ta fildelning. Om makthavarna hade fokuserat på lösningen och gjort det möjligt att tanka ner filer till vettiga priser så hade piratkopieringen aldrig kommit igång i så stor skala för musik och filmer.

Däremot finns det bra lösningar i bokbranschen för e-böcker och ljudböcker i mp3. Här är det möjligt att både låna på bibliotek och köpa hem filerna på ett enkelt och smidigt sätt. I alla fall i Sverige, som tillsammans med Tyskland är först... Alla vinner: läsarna, lyssnarna, författarna, förlagen, biblioteken och butikerna.

Jag tror på att låta människor växa, att ge dem ansvar och befogenhet. Jag tror människor blir starka när de får en chans att testa, där det är tillåtet att göra misstag. Hur ska man annars lära sig? Hellre uppmuntra initiativtagande och företagsamhet än att göra folk beroende av bidrag. Vill vi verkligen ha ett samhälle där alla ska hämta limpan på torget?

Tankar om jämställdhet

När jag flyttade från Sverige 1967 var vi ett föregångsland när det gällde möjligheter för kvinnor att bryta sig in i mansdominerade sfärer. Som ett litet exempel hade jag valt trä- och metallslöjd på högstadiet. Det fick jag inte fortsätta med när jag kom till USA.

Svenska kvinnliga ingenjörer fanns det också, om än inte så många, och de verkade tas på lika stort allvar som sina manliga kollegor. Jag växte upp i flygindustrins skugga, min pappa jobbade på SAAB och sedan på Boeing. Hemmet var ofta fylld med tekniska diskussioner.

I USA i High School var jag den enda tjejen på datakursen. I de avancerade mattekurserna var vi några fler. Men så var USA i ett enormt förändringsskede i slutet av sextiotalet. Det kom en kvinna från *Women's Lib* och höll föredrag i vår klass. Hon hävdade att kvinnor kunde ha karriär och det var ett val att ha barn och familj. Det väckte många känslor. Vilken diskussion det blev i vårt klassrum! Fram tills dess hade kvinnor gått på universitet för att ta en Mrs, för att hitta en man.

När jag skulle välja inriktning på universitetet var det framförallt en svensk kvinnlig ingenjör som uppmuntrade mig. När jag kom in på ingenjörslinjen var vi åtta kvinnor som började hösten 1970. Vi utgjorde hela två procent av en årskull på fyrahundra. När jag sedan specialiserade mig på maskinteknik blev jag den enda kvinnan i alla mina klasser.

Så förändrades lagarna i USA som gjorde det möjligt för oss att få de jobb vi var kvalificerade för. Eftersom det var brist på kvinnliga ingenjörer fick jag högre lön än männen. Jag blev en banbrytare. Första kvinnliga gruppchefen, dessutom yngst. Normalt skulle man ha suttit av tio år vid ritbordet, jag blev chef efter fem...

Jag flyttade över till logistik och därifrån hamnade jag som inköpschef i Frankrike för ett projekt att bygga en helt ny fabrik. Så när jag sökte jobb i Sverige på 90-talet blev jag mycket förvånad att de inte kunde föreställa sig en kvinna i de roller jag redan haft - i tung industri.

Sverige hade halkat efter. Visserligen jobbar säkert fler procent kvinnor här än i andra länder, men de har det betydligt sämre ekonomiskt.

I många andra länder är inkomster, tillgångar, pensioner och dylikt beräknade på familjen. Det spelar ingen roll vem som jobbar eller vem som stannar hemma och sköter marktjänsten. Familjens resurser tillhör både mannen och kvinnan. Den som jobbar deltid får inte sämre pension för det. Om de skiljs så delas också tillgångar och framtida inkomster.

I Sverige ska alla klara sig själva. Det missgynnar kvinnorna enormt. Hur många kvinnor är det inte idag som är sambo, flyttar in i mannens hus, hjälper till att reparera huset, sköter om hans barn och annan marktjänst. Om något händer och de separerar får hon ingenting. I andra länder skulle hon ha rätt till ekonomisk vinst i huset och en del av hans framtida pension.

Vad är egentligen jämställt? Om två personer hjälps åt så ska väl båda gynnas av det? I ett handelsbolag skulle två partner aldrig acceptera att bara den ena skördade den ekonomiska biten. Varför har det blivit så här? Hur kan det vara möjligt att kvinnor får lägre lön för samma jobb? Vad har hänt? Hur blev det ett sånt gubbvälde?

Idag har USA och andra länder kommit mycket längre i ekonomisk jämställdhet mellan könen. Det är inget ovanligt att träffa på kaxiga kvinnor i karriären. I Frankrike är det mer vanligt att man väljer, antingen karriär eller familj. Båda valen anses lika värdiga. Innebär inte frihet att få välja det man passar bäst för?

Min före detta man ville vara hemmaman och sköta marktjänsten. Han älskade att laga mat och vara ute i trädgården. Jag tjänade mer än tillräckligt för oss båda. Jag tror vi människor mår bra av att kunna välja olika vägar.

Vi kan ha allt, men inte på samma gång.

Uppfinnare och filantroper

Många av mina idéer kommer som en följd av att jag observerar teman eller sammanhang som hänger i luften. Det kan vara via konversationer, inlägg på nätet eller något jag läst i tidningen. Är man uppmärksam hör man liknande funderingar som har ett samband. För det otränade sinnet är det kanske inte så självklart. Eller rättare sagt, vissa av oss har en talang att koppla samman idéer på ett nytt sätt, lyfta upp det till nästa nivå.

När tsunamin chockade världen uppstod en givmildhet som överskred alla tidigare gränser. Folk ville hjälpa. De skänkte pengar till Röda Korset och andra hjälporganisationer. När New Orléans drabbades av Katrina erbjöds USA hjälp från sina fiender. När människor drabbas av naturkatastrofer blir helt plötsligt käbblet oviktigt. Vi inser att vi alla bor på samma jord, att vi har mer gemensamt än inte.

Samtidigt kan vi läsa i tidningarna om rekordhöga aktieutdelningar i stället för investeringar från storbolagen. Företagen går med rekordvinst, men man har inga framtidsvisioner, så man delar ut pengarna till aktieägarna. Det finns mer och mer människor som har det enormt bra ekonomiskt, till den grad att de inte vet vad de ska göra med pengarna.

Åter vandrar tanken till min före detta granne:

Man kan inte mer än äta sig mätt

... sa han ofta. Han visste hur viktigt det var att njuta av livet, ta vara på stunderna. Vi stötte ofta på varandra när jag tog mina långa promenader och visst hade vi tid att prata en stund. Ta en paus.

Så vad ska alla dessa människor göra med sina aktieutdelningar, när de väl ätit sig mätta och glada? Jo, vi kommer till det. Jag har en idé. Men först mera bakgrund.

En av mina bekanta är något så ovanligt som en uppfinnare med affärsinstinkt. Han tjänade stora pengar på att tillverka i Sydostasien, innan alla andra kom på det. Som tack för all hjälp skänkte han en fiskebåt till byn. De hade hjälpt honom, nu ville han ge dem något tillbaka, utöver lönerna han redan betalt.

En kvinna jag träffade i Portugal ville ge något tillbaka till det underbara land som varit hennes hem i fjorton år och vem vet hur många år till. Hon berättade att det finns taktegel med solceller idag som effektivt förvandlar solenergin till elektricitet. I Portugal skiner solen mycket. Det är dessutom en av Europas fattigaste länder, många människor lever fortfarande med jordgolv. Hennes idé var att installera soltegel på husen i Portugal och sälja överskottet av elektricitet till resten av Europa.

En av mina vänner berättade om en film på TV som berört henne djupt. *Skicka vidare* hette den (*Pay it Forward* på engelska). Den handlar om en pojke i en samhällskunskapsklass som får i uppgift att hitta på något som kan förändra världen. De ska också omsätta sina idéer i praktiken. Han kommer på att om han hjälper tre människor, och ber dem i sin tur hjälpa tre människor, som i sin tur hjälper tre människor... så skulle det bli en dominoeffekt. Alltså i stället för att ge tillbaka till den som hjälpt dem så skulle de skicka hjälpen vidare.

Så kopplar mina tankar till kursen jag gick i livsenergi. Vi pratade om gåvor. Att en gåva är bara en gåva om den ges förutsättningslöst, fritt från hjärtat, utan att man förväntar sig något i retur. Ger man något och räknar med att få något i retur, då är det inte en gåva. Kräver man att någon ska göra något som tack är det heller inte en gåva. Läraren kallade det *The Gift Must Move*, att gåvan var ett flöde, ett fritt givande.

Eftersom jag nu bor på Småländska Höglandet, där det finns fullt med kluriga män och uppfinningsrika kvinnor, vet jag att det finns många innovationer och visioner som med lite kapital skulle kunna utforskas och förverkligas. Börjar ni ana vart jag vill komma?

Så har jag ju bott i USA där välgörenhet är avdragsgillt på skatten, men kanske viktigare, så ligger det i blodet hos amerikanarna att hjälpa de som har det sämre. Grundarna av Microsoft Paul Allen och Bill Gates skänker enorma summor som befrämjar utveckling och humanitära projekt.

Själv hamnade jag på sjukhus utan försäkring i USA en gång. Dels anpassade de behandlingen så den blev billigare (tänk att det alltid kostar mer när en tredje part har fingrarna i syltburken?!) och så berättade de att jag kunde söka ekonomisk hjälp hos deras stödorganisation, genom vad de kallade *Charity Care*, vård via välgörenhet. De som donerade pengar till stiftelsen hade ätit sig mer än mätta och donerat sitt överflöd. Jag sökte och fick hela min sjukhusräkning betald! Det känns bra när det sker människa till människa. Upplevelsen var human. Den var inte kall och opersonlig som den kan vara när byråkrater och stela myndigheter ska slussa en mellan stolarna.

Innan jag kunde söka var kravet att jag ansökt hos Socialen. Men de sa nej. Man måste vara barskrapad, inte ens bilen får vara värd mer än en spottstyver. Det är nog inte så stor skillnad länder emellan när man ska malas i de byråkratiska kvarnarna. De som jobbar där har ingen befogenhet att fatta egna beslut. De har det nog inte så roligt heller.

Jag är med i nätverket *Svenskar i Världen* (www.sviv.se), en mötesplats för svenskar spridda över hela jordklotet. Där kan man diskutera allt mellan himmel och jord, få svar och hjälp. Det är gratis att vara med på nätsidan. Det tycker jag är bra. Man kan bilda och gå med i klubbar, där man kan utbyta åsikter och erfarenheter med likasinnade. Jag startade en klubb *Författare i utveckling*, för jag blev lite trött på att svara på samma frågor från blivande och varande författare. Jag tyckte det behövdes ett gemensamt forum. Det tyckte flera andra som gått med i vår lilla klubb.

På den här nätsidan för svenskar läste jag ett annat inlägg. En ung människa bosatt i Italien. Vill egentligen forska men har svårt att klämma in sig i akademikervärlden, där enda godkända målet är att bli professor. Ännu en människa som har behov av en filantrop, ha fria händer att forska, ägna sig åt det väsentliga i sitt liv.

Vi ska knyta in ännu en katalysator för idén som kommer. Jag får nyhetsbrev från en kollega i Kalifornien. Hon hade blivit kontaktad av en grupp i Rumänien som lyckats starta det andliga biblioteket Sundari (www.sundari.go.ro) med enbart ideella insatser. De sökte donationer av böcker för att utöka sin samling. Jag kontaktade dem och skickade några böcker. I min tur vidarebefordrade jag deras mail till en annan diskussionsgrupp jag är med i.

Jag tror så starkt på nätverk, där vi möts människa till människa. Med Internet är det så lätt att föra samman önskemål med filantroper, det vill säga välgörare eller människovänner med de som önskar hjälp.

Hjärta till Hjärta

Min idé är alltså att starta *Hjärta till Hjärta* mötesplatser på Internet eller andra ställen. De kan finnas på alla språk. De kan länkas samman. Man skulle kunna lägga in ett behov, ett önskemål, en idé osv. Likaväl kan välgörare och filantroper lägga in sina funderingar. Ofta har de som lyckats i livet en förkärlek för ett tema eller två. Då faller det sig naturligt att de vill hjälpa andra av samma sort.

Om jag skulle bli världsberömd och stormrik författare är det inte osannolikt att jag vill hjälpa andra att förverkliga sina kreativa drömmar.

Min vision är att på dessa mötesplatser ska man kunna länka samman folk med idéer med människor som har pengar men saknar idéer. I min värld blir detta ett plus utöver organisationer som Röda Korset. Det blir en förstärkning för stiftelser och fonder när det finns flera vägar att söka stipendier. Det kommer att generera mera pengar, mera idéer till alla. Ett plus ett blir inte två, det blir tio.

Kommer att tänka på en vän och kollega i Göteborg. Hennes idé är att starta ett *Möjligheternas Hus*, en samlingsplats för ungdomar. Där terapeuter och andra kan möta och arbeta med ungdomar innan de hamnar snett. Där ungdomarna kan komma och känna att det finns frihet att utforska det som är viktigt för dem. En plats att vända sig till när man har frågeställningar inför livet. Idén *Möjligheternas Hus* hör hemma i ett *Hjärta till Hjärta* nätverk. Även om de som är med inte har möjlighet att bidra så känner de i sin tur andra människor, andra nätverk. Så småningom möts idéerna med finansiärerna. Vad som är flott med ett fritt system är också att överenskommelserna blir människa till människa. Det är fritt fram att bara ge sina pengar utan att förvänta sig något i retur. Andra kanske vill ha mer kontroll.

Flera idéer trillar in. I min lilla stad Eksjö har vi en biograf, Metropol, som drivs som en ideell förening. I ett *Hjärta till Hjärta* forum skulle de kunna be om bidrag och hjälp och de som känner sig manade kunde ställa upp. Allt behöver inte ske på lokal nivå. Alla som tycker att film är bättre på bio kan bidra.

När vår lokala bokhandel skulle säljas hittade inte ägaren en köpare som kunde fortsätta driva den som en renodlad bokhandel. Några eldsjälar satte ihop en ekonomisk förening som nu driver den vidare, med framgång. För att hjälpa finanserna på traven kan man bli medlem för 500 kronor. I retur får man rabatter och specialerbjudanden. Medlemmarna känner sig delaktiga och är nog mer lojala som kunder. De anställda som driver bokhandeln är otroligt kunniga och delar en passion för att läsa.

I ett *Hjärta till Hjärta* nätverk finns möjlighet att utbyta idéer och erfarenheter. Mycket som är bra är inte alltid lätt att driva kommersiellt. Då behövs filantroperna och de frivilliga.

Utan frivilliga insatser skulle föreningar inte gå runt. Ideella gärningar är gödsel för samhället.

St Maur korset som symbol

Som symbol för *Hjärta till Hjärta* faller det sig naturligt för mig att använda St Maur korset, fyra sammanflätade hjärtan.

Jag kom i kontakt med symbolen i detta liv på en resa till Moseldalen. På vägen hem passerade vi Clervaux Abbey i Luxemburg. Där tillverkar de och bevarar andemeningen i korset genom bön. I deras engelska broschyr kan man läsa följande (översättning till svenska följer):

The cross of St Maur was discovered in the Loire valley between Angers and Saumur, in the ruins of the Abbey of Saint-Maur. The monastery was destroyed by the Normans in the second half of the 9th century. When the church was consecrated in 1036 following its reconstruction, this cross was built into the gable as a precious relic. The monks of Clervaux, as the spiritual heirs of St Maur, consider it as an honour to possess the pattern of this cross. The ancient form of the cross consists of four interwoven hearts. The hearts meet in the centre where they are tightly clasped in a circle.

Such a geometric design has a general significance that is not specifically Christian in origin. However, it is easy to discover the form of the cross in this enclaspment as the symbol of Eternal Life which Christ acquired for us through his work of salvation. The ring holding the hearts together symbolises the presence of God who is love. The four hearts opening out in different directions radiate a life of joy, peace and unity.

This sign of the cross at the Abbey of Clervaux is all the more meaningful as the community lies at the crossroads of several European nations and has a marked ecumenical calling and a special fraternal relationship with the Scandinavian Churches.

Jesus prayer, "Father, may they all be one!" (John 17:21) rises constantly heavenwards from this Abbey Church.

Och så kommer den svenska översättningen:

St Maur korset upptäcktes i Loiredalen mellan Angers och Saumur i ruinerna från St Maur klostret. Normanderna förstörde klostret under den senare delen av 800-talet. När kyrkan invigdes 1036 efter dess återuppbyggnad var korset inbyggt i gaveln som en värdefull relik. Munkarna i Clervaux, som de andliga arvingarna av St Maur, ser det som en heder att bära mönstret till detta kors. Den forntida formen för korset består av fyra sammanflätade hjärtan, som möts i mitten där de hålls samman i en tät cirkel.

En sådan geometrisk form har en generell innebörd som inte har ett specifikt kristet ursprung. Emellertid är det lätt att upptäcka att utformningen av korset i denna omslutning är symbolen för evigt liv som Jesus förvärvade för oss genom sitt arbete med frälsning. Ringen som håller samman dessa hjärtan symboliserar Guds närvaro, som är kärlek. De fyra hjärtana som öppnar ut i olika riktningar utstrålar ett liv av glädje, fred och enhet.

Detta märke av korset vid Clervaux-klostret är speciellt meningsfullt eftersom gemenskapen ligger vid korsvägarna av flera Europeiska länder och har en markerad ekumenisk kallelse och en speciell broderlig relation till de skandinaviska kyrkorna. Jesus bön "Fader, må de alla vara ett!" (Joh 17:21) stiger kontinuerligt mot himlen från detta kloster.

Av någon anledning tappade jag mitt smycke ute i skogen. Jag hade det alltid på mig ända sedan jag köpte korset. Det föll helt enkelt av kedjan och har ännu inte återfunnits. Men så var jag ju på turné i Europa och på vägen passerade jag Carcassonne. Jag kom ihåg att fästningen var i bruk för lite butiker när jag bodde i Frankrike på slutet av 80-talet. Inte i mina vildaste fantasier kunde jag ha föreställt mig vilken turistfälla det hade förvandlats till. Nåja, jag var ju ändå där så jag tog modet till mig att kasta mig in i den strida strömmen av turister på jakt efter ännu en upplevelse att pricka av. Kommer att tänka på uttrycket *been there, done that, got the t-shirt* som var populärt i USA för många år sedan. Översatt betyder det *varit där, gjort det, köpte tröjan*. Ja ni vet de där tryckta tröjorna med reklam för stället du besökt.

Jag strosade runt och mindes. Tänkte på en väninna som varit med på en av resorna dit. Kan väl i alla fall köpa ett vykort och skicka. Strosar in i en butik. Köper kort. På vägen ut faller min blick på en ställning smycken, jag tappar nästan hakan när jag ser St Maur korset. Hade jag inte tappat mitt hade jag knappast lagt märke till dem. Jag köper alla tre hon har kvar, hon ska lägga ner butiken vid säsongens slut. Blir hon kvar längre i den upptrissade kommersen kommer hon att förlora sin själ. Jag får veta att St Maur korset är en urgammal merovingiansk symbol. Dessa smycken tillverkas i Frankrike. I efterhand har jag ångrat att jag inte tog reda på tillverkarens namn.

Till saken hör också att jag hade ett liv på 1400-talet vid St Maur klostret i Loiredalen. Jag tillhörde inte klostret men vistades ofta där och fann tröst och frid på den platsen. Så på vägen hem efter Carcassonne letade jag rätt på ruinerna. Det visade sig att klostret varit stängt i över tio år men en del av byggnaderna var sålda och i bruk. En del hade blivit Rum och Frukost (Chambre d'hôte på franska, Bed and Breakfast på engelska). Jag ringde på för jag ville veta mera. Mannen som öppnade hade de mest själfulla bruna ögon, tydligt en gammal själ.

Han berättade om historien i trakten. Han kunde den, han hade forskat i de olika tidsepokerna. Boplatsen härrörde tillbaka till troglodytperioden. I stort sett alla folkslag hade varit där. Han såg att jag bar St Maur korset (färskt inhandlat) så han berättade för mig att korset finns kvar i ruinerna av kyrkan, att det också fanns drakar på sidorna, som en efterlämning från vikingarna. Tyvärr var det ingen där som kunde släppa in mig, jag hade så gärna sett det. Men han berättade också att fastigheten sålts två veckor tidigare och en stiftelse eller förening skulle ta över. Det skulle bli kurser och utbildningar i måleri, musik och dans, speciellt för ungdomar.

Här i Sverige hittade jag den skandinaviska kopplingen som munkarna i Clervaux hänvisade till. Jag var med vänner på en uteteater vid ruinerna till Nydala kloster. Den handlade om livet i och runt omkring klostret på den tiden det begav sig, inklusive hur de kommit hit. Jag höll på att trilla av bänken när de pratade om sitt ursprungskloster - Clervaux!

Money Money Money...

...sjöng ABBA. Nu ska vi prata mera pengar. Det är trots allt drivkraften i *Hjärta till Hjärta* idén. Utan benefaktorer och donatorer blir det bara luftslott av alla idéer. Pengar behövs för att omvandla drömmarna till verklighet. Drömmar finns där för att vi ska göra något med dem. När tåget stannar vid din station är det meningen att du ska kliva på.

Projekt behöver pengar men vi kan också vara kreativa och innovativa så att det inte blir så kostsamt. Man kan åstadkomma mycket med små medel. Smålänningar är väl kända för denna fallenhet. Jag förundras alltid över hur mycket det får kosta när det är en myndighet som betalar. Alltså en tredje part som får sina pengar via skatter eller försäkringar. Då tänker man annorlunda. När det är en själv som ska hushålla blir det annorlunda.

Förr i världen var det en tiondel man betalade i skatt. Idag i Sverige är det i genomsnitt 70% eller mer som försvinner i skatt och avgifter. De flesta av dessa är gömda för löntagaren. Det är nog få som inte vill stödja sjukvården. Vad man inte vet är att landstingsskatten är cirka 10%, alltså en bråkdel av det enorma skattetrycket. Men inte allt går till sjukvård. Mycket försvinner i administration, kultur och andra projekt. Kanske inte vad vi tänkt oss.

Eftersom jag nyligen varit på skatteinformationsträff för företagare så kan jag dela med mig av lite intressant statistik. Av alla skatter som kommer in till Skatteverket står företagen för 95% av inbetalningarna och privatpersoner för 5%. Däremot skiljer det sig dramatiskt när man tittar på vem skatterna är till för. Då är det endast 8% som är direkta skatter för företagen, hela 92% av inbetalningarna är för den privata sektorns skatter. Företagen är alltså Skatteverkets indrivningsenhet. Varför då undrar jag?

Lite mera statistik när vi ändå är inne på ämnet. De flesta tycker det är dyrt att betala en alternativterapeut 500 kr för en behandling.

Vad vi inte ser är hur lite hon får behålla. Först är det 25% moms eller 100 kr som faller bort. På de resterande 400 kr ska hon betala cirka 30 % i sociala avgifter och cirka 30 % i kommun och landstingsskatt, alltså 60% eller 240 kr. Vad finns kvar i hennes ficka? 500-100-240=160 kr. Av detta ska pengar gå till lokalhyra, vidareutbildning, marknadsföring, bokföring, utrustning och förbrukningsvaror. Det blir inte mycket kvar. Lägg till detta att i tjänstesektorn räknar man med att endast runt 50% av arbetstiden ger betalning från en klient, resten av tiden är allt runtomkring.

Lite fler tankar. Om ett mellanstort företag får in några miljoner, så går ju förstås det mesta vidare i skatt. Men om skatten vore lägre, då skulle lönerna kunna vara högre, eller hur?

När Bill Clinton huserade i Vita Huset satte han vice presidenten Al Gore i täten för ett projekt att minska den statliga byråkratin. De gick igenom alla myndigheter och skar bort det ineffektiva, det överflödiga och det stagnerade. Resultatet blev enorma besparingar i statsbudgeten som kunde användas på vettigare sätt. Men främst av allt blev det lättare för medborgarna att ha med myndigheterna att göra.

Boken baserad på hans arbete under VitaHuset-tiden med att förenkla statens byråkrati är *Common Sense Government: Works Better and Costs Less*. Vi skulle kunna dra nytta av erfarenheterna i Sverige och EU.

Mamma Stat och Pappa Kommun växer lätt när det är någon annan som betalar. Går budgeten snett så höjer man bara skatterna. Tittar man närmare är det mycket som är tungrott i dessa sektorer. Man har lagt till och lagt till. Jag förundras varje gång jag har med Skattemyndigheten att göra. De verkar ha hur mycket folk som helst, visserligen mycket trevliga och hjälpsamma, som har all tid i världen att detaljgranska allt jag gör. För att tillfredsställa bokförings- och deklarationsmomenten måste man antingen lägga en massa tid eller spendera en massa pengar för att det ska bli rätt. All denna tid och kraft bidrar inte ett smack till att få Sverige eller världen att gå runt.

Det vill säga att på inkomsten från mitt företag tvingas jag försörja flera andra som inte bidrar till kretsloppet. Vore det inte bättre om man kunde ge pengarna direkt till någon som verkligen behövde det? Varför kan vi inte ha frivilliga skatter? Nu är jag tillbaka till *Hjärta till Hjärta* idén igen. Så här tänker jag. Om jag driver mitt företag och efter jag betalat mina utgifter och ätit mig mätt och har en vinst - vore det inte bättre om jag fick disponera själv vart pengarna gick?

Jag skulle kunna dela med mig vinsten till de anställda. Det kallas profit sharing i USA, mer om hur detta fungerar kommer om en liten stund. Tålamod. Jag skulle kunna ge pengar direkt till polisen eller vägverket. Eller om jag så vill, stötta en barnfamilj så föräldrarna kan vara hemma med sina barn när de är små. Jag skulle kunna vara både mentor och mecenat till en arbetslös. Om vi bara kunde släppa på kontrollen, befria regelverket som gör det nästan omöjligt att få något gjort, tänk vilken värld vi skulle skapa.

Som ett övergångssteg föreslår jag att vi får rösta på vart våra skatter ska gå. Detta ligger i luften. Flera av mina vänner har också tänkt så, länge. Nu är det dags. När man deklarerar, så finns där en checklista på vad man vill bidraga till.

Skola_____%

Vård_____%

Omsorg_____%

Försvar_____%

Infrastruktur_____%

Företagsutveckling_____%

Kultur_____%

Polis_____%

Bidrag_____%

Myndigheter_____%

osv.

Summa Totalt_____100 %

Så vad väntar vi på? Framtiden är redan här. Nu hör jag en del av er säga att vad gör vi med alla tjänstemän som blir arbetslösa? Gör man detta gradvis så behöver det inte bli kaotiskt. Alla dessa människor kanske bär på en dröm de väntat på att få förverkliga. Nu får de chansen. Jag tror vi alla skulle vinna på mindre regelverk och mera frihet. Som det är nu är det så krångligt att livsenergin tar slut innan man ens hunnit börja.

Jag finner de svenska anställningslagarna helt obegripliga. Ingen verkar jobba på sitt rätta jobb, de är sjukskrivna, tjänstlediga, föräldralediga och gud vet vad. Alla dessa vikarier som inte hör hemma på sina arbetsplatser eller får de förmåner, som exempelvis utbildning, de borde få. I många fall kommer aldrig den som har tjänsten tillbaka till just det jobbet. Systemet är helt sjukt med mina ögon sett.

Jag förstår ju varför det blivit så här. I all välmening har man lagstiftat för att skydda de anställda. Tanken är god, men i praktiken har systemet blivit ohanterligt och tungrott. Det gynnar varken människan eller organisationen när man hela tiden fastnar i byråkratisk snårskog.

Ska väl ta det där med profit sharing. Min bror jobbar för just ett sånt företag. Deras löner är inget att hurra för, de är satta på basnivå så att man ska klara sig. Men i gengäld, när företaget går bra, delas vinsten ut till alla de anställda. Alltså inte bara till ett fåtal i toppen, utan varenda medarbetare på företaget får del av vinsten. Från städaren till chefen. När det är dåliga tider så blir det ingen utdelning så klart. Vinsten är förstås beräknad efter investeringar och avsättningar för framtida behov.

Att alla delar på vinsten gör att man samarbetar för att företaget i helhet ska gå bra. Det blir en samverkan för ett gemensamt mål. Passar på att berätta att företaget grundades i syfte att ge arbete åt människorna i kommunen. Samhället är litet med bara 4500 invånare. Bara det att företaget ser sig själv som en del av kommunen säger mycket. Visst köper de in produktion utifrån, men kärnverksamheten stannar kvar i den lilla staden.

Alla länder drabbas av byråkrati. Det är sant i organisationer också. Så fort det växer så ska det organiseras och kontrolleras. Läste nyligen att om man har skog i Sverige så får man inte sköta den som man vill eftersom skogen setts som ett gemensamt ekonomiskt intresse. Det har styrts vilka metoder man får användas. De metoder som kanske varit mer gynnsamma för naturen har ansetts ge för lite avkastning och därför varit förbjudna. Jag häpnar!

Vi lever på jorden, inte i ett sterilt laboratorium. Det är illa ställt när de som lever i den akademiska världen får kontrollera det som sker på marknivå. Det handlar inte om antingen eller, utan om både och. Vi behöver både forskarna och bönderna, men i ett samarbete. Det är dags att sluta köra över folk och komma tillbaka till sunt förnuft.

Passar på att inflika rekommendationer för lite böcker och ett annat tänk. USA:s före detta vice president Al Gore har länge varit en av mina favoriter. Han tänker i helhet för ett bättre samhälle och fortsätter att vara en förebild för dem som vill värna om miljön.

Den senaste boken *An Inconvenient Truth* har även blivit film. Både den och *Earth in the Balance* dryftar miljöfrågor och förnybara energikällor, från ett tekniskt, politiskt och ekonomiskt perspektiv. Det är väl det som gör Al Gore unik, han är inte ute efter att driva partipolitik, hans hjärtefråga har alltid varit jorden vi lever på.

När jag blev friställd från karriären i början av 90-talet upplevde jag en viss panikkänsla. Jag ville ta en time out och utforska andra möjligheter, men vad jag inte hade pejl på var hur mycket pengar det egentligen skulle gå åt att leva. Jag upptäckte snart att det är ofantligt mycket billigare att inte vara i karriären. Hu så många utgifter som försvann. Man kan leva bra utan att slänga ut en förmögenhet.

En bok jag hittade i denna veva hette *Your Money or Your Life* (www.yourmoneyoryourlife.org), *Pengarna eller Livet* på svenska. Med bokens hjälp kunde man sortera hur mycket av ens livsenergi gick åt till olika aktiviteter och hur pass tillfredsställande de var. När man väl ser hur man spenderar sin energi och sina pengar kan man börja ändra på mönstren. Många upptäcker att de slösar tid och energi på sånt de inte bryr sig om.

Författarna hade många goda idéer och ett helt annat synsätt på livet. De visade på hur man kunde dra ner på sina utgifter, bli helt skuldfri, sätta undan pengar så att man kunde sluta jobba och leva på avkastningen. Kanske inte lika lätt i Sverige med skyhöga skatter men inte osannolikt. Många som följde deras program var vanliga Svensson med låga löner. Men de ville något mer med sina liv. Bokens tes var att när vi nått vad jag kallar *Escape Velocity* eller *Frihetshastighet* så kan vi ägna oss åt det som ger glöd i våra hjärtan. Det kan vara välgörenhet eller vad som helst. När människor är ekonomiskt oberoende är de fria.

En sak de visade var att 5% räcker när man tittar på lönsamhet eller avkastning. De förordade trygga investeringar som Treasury Bonds. Det gör även Stuart Wilde, som är betydligt mer benägen att ta risker och tjäna stort. Men för pengar man vill kunna komma åt och veta att de finns där, säger de här författarna, är staten det sista som brakar ihop. I USA finns det Treasury Bonds, i Storbritannien UK Gilts. Det är tryggt, det är lugnt, det är enkelt. OK, första gången man läser om det känns det som grekiska men det är inte hjärnkirurgi. Vill man så kan man sätta sig in i det.

De flesta banker har sparfonder som garanterar en viss ränta. Lätt som en plätt och så behöver man inte ha koll på någon marknad. Varför räcker det med 5% då? Jo, för att när du sätter av långsiktigt förräntar sig pengarna. Börjar du när du är ung växer det hela livet. Knepet är att börja tidigt. Ju längre du väntar desto mer behöver du sätta undan. Har du vanan från första veckopengen att spara en slant så hinner du aldrig sakna den. Ekonomi är något vi skulle lära oss i livets skola. Att lägga energi och pengar på det som verkligen är viktigt.

Jag hör ofta att alla måste jobba i Sverige. Man klarar sig inte på en inkomst om man är en familj. Alla bara godtar detta som en sanning med stort S. Men är det verkligen sant? Skulle man inte kunna klara sig på en lön om man tänkte om lite? Det är så mycket som folk anser som självklart, att man ska ha råd med. Men om man inte la pengarna på allt det där, kanske man kunde klara sig på en lön. Det är bra att stanna upp och notera vart pengarna och livet tar vägen. Får jag ut vad jag vill av det?

En av anledningarna att jag klarat ekonomin är att jag betalade av alla lån. Jag hade köpt en lyxlägenhet i Seattle några år innan jag blev skickad till Frankrike. Jag hade räknat tillräckligt på lån och räntesatser för att förstå att i stället för att ta ett lån på trettio år, som var normen i USA, så skulle jag tjäna på att betala av det på femton år. Det krävdes lite extra varje månad, men i gengäld blev hela summan ungefär hälften av ett lån på trettio år. Det var vissa saker som fick vänta eller utebli, men jag ville bli skuldfri.

Varför då? Är man skuldfri har man betydligt lägre utgifter. Du har mer frihet, du får större valmöjligheter, du kan spara pengar till annat som ger dig glädje. Den stora biten är nog att man kan välja på ett helt annat sätt.

Nu lyckades det så att jobbet i Frankrike var bra betalt. Vi jobbade långa dagar så det fanns varken tid eller ork att göra av med så mycket. Allt överskott använde jag till att betala av mina lån på lägenheten. Summan av kardemumman var att när jag blev friställd så hade jag noll i hyreskostnad! Då klarade jag mig på a-kassa. Inte för att det är något sätt att leva på i åratal som här, efter sex månader är de förmånerna förbrukade och då är det socialen nästa om man inte har lite pengar på banken. Motivationen att göra något åt sin sak blir liksom större...

Mina kollegor i Frankrike åkte hem med nyinköpta lyxbilar typ BMW. Jag köpte en begagnad Alfa. Vi gör massvis med val. Vad vill du med ditt liv? Ett sätt att börja är att skriva ned alla utgifter. Allt, vartenda öre. Jag gjorde det när jag gick på Universitet. Gjorde upp en budget, skrev ned all utgifter, klippte kuponger. Det går att leva billigt men bra. Man dör inte av att köpa second hand, det är kul, och ger oändligt större variation.

Man måste inte ha senaste tekniken. Använd grejorna tills de tar slut. Jag har en kamera från 90-talet. Den tar bra bilder. Min mobiltelefon är mer än fem år gammal. Jag har bytt batteri och den går fortfarande. Man behöver inte ha TV. Dels får man mera tid att göra roligare saker än sitta framför glåmskåpet som min mormor kallade det. Man kan se mycket bio för vad bara TV-licensen kostar. Man behöver inte köpa alla böcker, vi har fantastiska bibliotek på de flesta orter.

Ni förstår vart jag vill komma. Vi har så många val, grejen är att bli medveten om de val vi faktiskt gör, varje dag. Jag vill väcka dig att fundera på vad dina val ger dig. Lever du det liv du drömmer om?

Det är ditt liv

Det är så ofta mina idéer rinner till när jag står och diskar. Tankarna flöt runt om hur vi använder vår livsenergi. Vi har oändligt fler val än vi tror. Vi kan välja hur mycket energi vi lägger på olika saker. Ta bara disken till exempel. När jag bodde i Frankrike kom min kollega på besök en dag.

- Jag ser att du hanterar disken som jag, sa han. Du väntar tills diskhon är full.

Det stämde. Varför hålla på att dutta. På många sätt är det mer tillfredsställande att ta sig an en bamsedisk, det blir sån skillnad efteråt.

Jag har liknande tankar om tvätt och städning. Väntar jag tills dammet fastnar under fotsulorna innan jag städar så känns det mer tacksamt. Jag får verkligen uppleva hur rent och fint det blir. Njuta av den nystädade ordningen innan kaos råder igen. Jag tycker om kontraster.

Dessutom är jag periodare på allt. Tvätt låter jag helst samla på sig och ta en heldag i tvättstugan. Då fokuserar jag på tvätt och springa upp och ner för trapporna. För mig fungerar det bäst så. Men så är husliga sysslor inte riktigt min grej.

Ibland lagar jag mat, ibland inte. Det beror på när andan faller på och vad jag känner för. Jag äter när jag är hungrig. Jag äter vad jag vill ha. Förr var jag ofta förkyld. Så kom jag på att jag bara unnade mig att dega på soffan och äta glass när jag var sjuk. Hur skulle det vara om jag unnade mig den lyxen när jag är frisk?

Vet ni vad? Jag är sällan förkyld. I stället för att tvinga i mig sånt jag inte är sugen på äter jag det jag vill ha. Det jämnar ut sig. Efter ett tag blir man trött på glass till middag och suktar efter en blodig biff eller räksallad, en kopp te och smörgås. Min bror var bra på att inte följa mönster när han var ungkarl. Han kunde värma en burk chili con carne till frukost.

En del ägnar sin livsenergi till att tämja trädgården. Jag tycker om naturen som den är. Jag förstår inte hur folk kan ägna sån energi åt att utrota maskrosor eller mossa. De är ju så vackra. Finns det något härligare än att gå barfota i fuktig mjuk mossa? Och färgen är så läcker! Ett hav av maskrosor i livs levande gul färgprakt. Varför tukta naturen? Jag vill inte bli tuktad, tror ni moder jord vill det?

Lita på dig själv

Jag har nog alltid varit intresserad av det andliga och själsliga. I början av 80-talet kom jag i kontakt med mitt första medium. En väninna hade varit och fått ut mycket av det. När vi lyssnade till bandet från hennes session blev jag också intresserad. Nästa gång jag var i Kalifornien bokade jag tid. Jag hade tre frågor som jag gått och grunnat på. Hon besvarade dem direkt. Visst, din intuition är helt rätt. Lita på den.

Vad hon gav mig var bekräftelse av min egen intuition. Hennes bekräftelse stärkte min övertygelse att göra det jag gått och grunnat på. Ett mediums roll är just att hjälpa oss komma i kontakt med vårt eget inre, så att vi kan lita på de svar vi får. De är inte här för att vi ska slippa ta ansvar för våra liv, eller för att vara någon sorts guru vi måste tillfråga innan vi gör något.

Det är mycket lätt att bli beroende av medier. Flera medier jag känner sätter gränser för hur ofta man kan komma på konsultation. Det är inte meningen att vi ska springa till dem i tid och otid. Det är meningen att vi ska lära oss leva här och nu. De hjälper oss in i egenkontakten. På en bra dag förmedlar de 85% korrekt information. Varför inte mer? Jo, just för att vi ska lära oss urskiljning. Vi ska lära oss sortera vad som känns rätt och släppa resten. Det är inte meningen vi ska fastna i vad de sa.

Ett medium kanaliserar guider, själar och änglar från andra sidan. Det är bra att komma ihåg att många av dessa väsen inte har varit på jorden på länge eller kanske inte alls. De har alltså liten praktisk kunskap om livets väsentligheter i en mänsklig kropp. Allt mellan sex och bankomater är inte sånt de är experter på. De kan vara bra rådgivare och ge ett annat perspektiv. Men vi ska akta oss för att ge deras råd mera vikt än våra vänners eller LRF konsultens.

Vi kan inte vara experter på allt. Det kan inte de heller. Om ett medium förutspår något för framtiden är det baserat på var alla är just nu. Det kan förändras i nästa ögonblick. Vi har alla fritt val här på jorden. Även om vi kommit hit med vissa saker att utveckla och uträtta kan vi ändra oss i vilket ögonblick som helst.

Jag fortsatte att konsultera medier i många år. Efterhand hade jag starkare och starkare kontakt med min inre vägledning. Jag fortsatte att gå för att få bekräftelse. Men svaren jag fick stämde inte överens med vad jag kände innerst inne. Var det för att medierna var dåliga? Nej, jag tror det var för att jag skulle fatta att du redan har svaret inom dig. SLUTA förlita dig på någon annan när du redan vet svaret. Gör det du vet är ditt att göra. Vi är alla på väg dit.

Jag har varit helt förundrad över populariteten här i Sverige kring medier och seanser. När jag gjorde terapi ville klienten hela tiden veta vad jag upplevde att de upplevde. Det var som om de inte kunde lita på sina egna upplevelser, som att det jag sa var viktigare än vad de själva uppfattat. Denna besatthet av yttre auktoritet är så utpräglat svenskt. Får man lita på sig själv om man är svensk?

Jag minns när jag startat mitt lilla företag. Jag berättade för en väninna att jag bokförde alla mina uppgifter i kassaboken, alltså fanns förutom företagets poster även en kolumn för personliga utgifter. Det är ju trots allt helheten som räknas. Hon frågade bestört om jag fått tillåtelse av Skattemyndigheten att göra så.

Jag skulle aldrig ha kommit på tanken att fråga. Det var en så självklart enkel sak och det gjorde ju allt ännu mera tydligt. Men frågan belyser hur medelsvensken tänker. Jag får inte, det är någon annan som ska bestämma. Vad jag tycker, tänker eller känner är inte viktigt. Jag får nästan andnöd när jag skriver detta. Det gör mig ledsen.

Hur blev det så här? Från modiga vikingar som utforskade världen till ett folk som inte vågar säga bu eller bä. Har alla blivit så manglade av de stela byråkratierna att de gett upp? Varför denna övertro på en yttre auktoritet?

Om jag skulle säga att denna bok är kanaliserad så smäller det högre än att jag som person står för budskapet. Om jag säger att jag är medial skulle jag ha hur många terapiklienter som helst. Men mitt budskap är att du har allt inom dig. Det är kontakten med ditt inre jag vill hjälpa dig att utveckla. Jag hjälper inte dig om jag säger hur du mår eller vad du ska göra. Då är du fortfarande beroende av min makt. Du har din egen makt. Ta tag iden!

Det blev inte som de tänkt sig

Jag blev vägledd till Paradis sommaren 1998. Så blev många andra. Vad vi såg var en plats i förvandling som verkade vilja bli en kursgård, en samlingsplats för oss och våra själsfränder. Men av någon anledning ville det sig inte så.

För en tid sedan pratade jag med en av dem som också känt sig kallad till pensionatet och dess möjligheter. Vi hade haft visioner av hur det skulle kunna vara. Aktiviteter och kurser och alla möjliga sätt att använda energierna i trakten. För starka energier är de, mycket speciella, mycket gynnsamma för kreativitet och healing.

Jag och mina vänner hade haft så många idéer, men när vi bollade dem med ägaren var det totalt ointresse. Hans attityd var jag hyr ut rum och lokaler, resten får någon annan sköta. Ibland tror jag att våra andliga vägledare för oss samman för att de ser möjligheter, de ser utvecklingspotentialer, men vad de aldrig kan förutspå är varje individs gensvar till sitt högre jag.

Jag tror också att vi som hör kallelsen får i uppdrag att knacka på hos de mer svårnådda, ungefär som att våra högre jag samverkar och tänker om alla Evorna och Karinorna knackar på så är möjligheten till öppning större hos den tänkta mottagaren. Eller så skulle vi lära oss något helt annat.

Men någonstans ligger känslan kvar att det var en helt annan mening med att placera mig i Paradis. Jag känner fortfarande att jag gärna skulle bo nära en kursgård, där jag kan hålla kurser och bo i underbara omgivningar. Men det blir inte alltid som våra andliga vägledare tänkt sig. Vi människor kan backa när som helst, stänga av flödet och då blir det ingenting av möjligheterna, de går förlorade denna gång.

Så småningom såldes pensionatet till nya ägare som driver det som en traditionell konferens och semesteranläggning. Varför det inte ville sig med energiarbetet kanske vi aldrig får veta.

Det här med det högre jaget som skickar oss på uppdrag har jag upplevt många gånger. Ibland blir det riktigt bra. Ibland kan den andra inte höra. En väninna hjälpte mig verkligen att förstå att det inte var mitt fel att den andra inte kunde höra, eller ville höra. Vissa nötter är mer svårknäckta än andra. Jag är envis och ger inte upp i första taget, dessutom tycker jag om att vara kreativ i mitt sätt att locka fram människor. Kanske jag får svårare uppdrag? Men det betyder att jag också går bet, ibland med råge.

Konsten att misslyckas

Det har nästan blivit förbjudet att misslyckas. Men för att utveckla något överhuvudtaget måste man kunna misslyckas. Man måste utforska alla vägar som inte leder någon vart. Alla experiment är del av den slutliga produkten. Utan att ha testat gränser, utforskat möjligheter, gått in i återvändsgränder, skulle det inte bli någonting. Att experimentera leder till utveckling och framgång. Men det är sällan raka spåret.

Exemplet ovan visar att inte ens de andliga vägledarna kan garantera hur det ska bli. De kan inte förutse att ett ego helt plötsligt sätter käppar i hjulet. Jag har själv varit motstridig - vem har inte det? Sätter klackarna i backarna och skriker jag vill inte! Därmed basta!

Så småningom kanske vi inser att den vägen egentligen var den bästa för oss men första knacket ger sällan resultat. Min otur är att vara en första eller andra knackare i mångt och mycket. Jag har bara inte vett att begripa att det inte går. Sann skytt säger att det omöjliga tar bara lite längre tid. Att skriva om idéer passar mig. Jag är i mitt esse när jag får lägga fram mina tankar som sällan är status quo. Å andra sidan är jag inte ensam om att tänka dessa tankar, bara lite före. En förtrupp kan man säga.

Framåt och uppåt

- Det måste vara mycket frustrerande för dig att gå och handla kläder, sa Barbara Bowers, det första mediet jag konsulterade.

- Ja, svarade jag. Hur visste du det?

- Därför att du ser saker innan de finns i affärerna, svarade hon. Du kan gå in och fråga efter en nyans av gult, men du hittar den ingenstans. Två år senare finns den bara där!

Det trillade ner en stor pollett när hon berättade detta. Jag hade inte tänkt på det på det viset. Jag kände mig alltid borttappad för det var så sällan urvalet tilltalade mig. Det är inte alltid en fördel att vara före.

Barbara arbetade med aurafärger. Hennes bok *What Color is Your Aura* förklarar hur våra aurafärger påverkar våra livsvägar. Hon arbetade efter ett system där varje färgkombination representerade en personlighetstyp. Jag älskar såna här grejer, vare sig det är astrologi, Myers-Briggs, Michaelsystemet, numerologi eller shamanska kraftdjur. De säger något om att det är en viss ordning i universum. Vi själar klär på oss en viss skrud som ger oss förutsättningar för det vi ska göra och utveckla här på jorden.

Enligt Barbara var jag en *mental tan with a violet overlay*. Och vad betyder det, kan jag höra i bakgrunden. Lugn, jag ska förklara. Brukar jag inte så småningom få till det, även om det går i kringelikrokar?

En *mental tan* eller *tänkande beige* är någon som är organisatorisk, logisk, är bra på att lägga ut sekvensen ett, två, tre ... till tio. Utmaningen för en *tänkande beige* är att gå till steg elva när de väl avslutat tio och inte tillbaka till steg ett som de gärna gör. Tack och lov har jag en *violet overlay* eller *lila överdrag,* som representerar intuition och vision.

- *Your challenge is to take the leap of faith and chart the flight of intuition*, sa Barbara.

Översatt betyder det att min utveckling ligger i att ta steget ut i det okända och kartlägga intuitionens bana. Med denna speciella kombination så ser man vad som behövs men vet inte nödvändigtvis varför. Tack vare min logiska grund kan jag alltid snitsla ihop ett rimligt underlag. Men som mer än en kompis sagt *you wing it a lot more than I thought* de menar att jag kör utan karta, jag chansar, just nu skulle jag behöva en ordbok för uttryck på olika språk. De är nästan omöjliga att översätta.

Ta till exempel *Han har matjord i fickorna*. Det blir *He has topsoil in his pockets*. Det låter inte klokt. Engelskans *She flies by the seat of her pants* blir *Hon flyger med byxbaken*. Inte heller det låter som det ska. När jag bodde i Frankrike läste jag flera böcker på temat

Sky my husband! från franskans *Ciel, mon marie!* som på svenska blir *Himmel, min man!* Det blev ju mer förståeligt på svenska, uttrycket är väl typiskt franskt där många har älskare och älskarinnor.

Min sekreterare i Frankrike blev uppraggad av en kille på jobbet. Hon förklarade, att hon hade en pojkvän i Paris. Inget problem sa killen, jag har också sällskap. Han tyckte inte det stod i vägen för att de skulle kunna ha lite trevligt. Jag fann det uppfriskande - *refreshing* skulle jag säga på engelska - men jag undrar om man uttrycker sig så på svenska? Kan höra grumlet, så säger vi inte här, som om jag begått en dödssynd. För annorlunda får man ju inte vara. Denna absurda jantelag som klämt ner mina landsmän och kvinnor i skoskaften...

Nu gäller det att vi tar oss upp ovanför skoskaften, kanske till knäna. Vem vet man kanske till och med får stå rak och skryta, till och med hojta

Jag är bra

Jag är duktig

Jag får njuta

Jag får ha roligt

Jag kan

Lite positiva affirmationer att stärka självkänslan med. När jag tagit mäklarexamen i USA gick jag en säljkurs. Vi fick ställa oss upp gång på gång och alla på en gång ropa högt

I am good

I am great

I am terrific

Det gör skillnad. Testa det nästa gång när jantelagen härjat och energin gått i botten i gråaste grått.

Jag kom visst av mig med historien om fransmän och uppfriskande. Det var deras attityd och öppenhet som jag fann så lättsam att hantera. Om de var intresserade så sa de det. Om de var involverade med en annan så var det inget smussel om det. Man visste var man stod och kunde fatta beslut därefter. Om en fransman eller fransyska säger att de är trogna, så är de det. De har ingen anledning att ljuga om så viktiga saker. De är måna om att njuta, och de är ärliga.

Tänk om alla kulturer kunde vara så att det är ok att tala sanning. Det fanns liksom inget svar som inte var tillåtet och då finns det heller inget att smussla med eller sopa under mattan. Självklart är inte allt en dans på rosor där heller men i just denna aspekt har de en klar fördel.

Efter att ha bott i flera länder så ser jag mycket tydligare skillnader, alla ställen har saker man tycker om och saker man retar sig på. De är bara olika på olika ställen. Sånt är livet. Insikten ger mig större svängrum i att tänka vad som är möjligt, jag har redan sett mer än ett sätt att göra saker på.

Knyta kontakter

För att återgå till säljkursen fick vi ytterligare en uppgift. Varje dag skulle vi byta plats. De uppmuntrade oss att vid varje rast söka upp en ny person i rummet att presentera oss för och lära känna. Amerikanarna är baddare på att nätverka. En av mina före detta kollegor har skrivit en förträfflig och lätt bok om konsten att knyta kontakter *Conversation on Networking* av Kay Keenan och Steven Smolinsky.

Det här med att lära känna människor är något jag var tvungen att lära mig för att överleva i USA. I High School blev vi betygsatta för *class participation,* det vill säga för hur mycket vi deltog i diskussioner under klasstimmarna.

Uppvuxen som jag var i Sverige, där vi är tysta och inte talar om vi inte har något mycket viktigt och korrekt att tillföra var det en mindre chock att hamna i ett amerikanskt klassrum. Där var man uppmuntrad att yttra sig. Det behövde inte ens vara bra eller rätt, huvudsaken var att man var med. Otroligt nyttigt. Jag har blivit ännu bättre på att träffa folk med alla flyttar, man blir helt enkelt tvungen att ta sig i kragen och träffa nya människor. Något som jag tror alla skulle ha nytta av lite då och då. Umgängeskretsen blir lätt förstelnad, man behöver lite frisk luft emellanåt.

När jag flyttade till Paradis gick jag på alla möjliga olika kurser och föredrag, för jag visste det var nödvändigt att skaffa vänner, emotionellt stöd, och att det tar tid att lära känna dessa nya vänner. Varenda tillfälle jag fick gick jag fram till någon och berättade vad jag hette och frågade vem de var och var de bodde eller varför de kommit dit. Det är inte så svårt som du kanske tror. Och du dör absolut inte av att sträcka ut en hand.

Jag höll föredrag för en grupp kvinnor i riskzonen för eller redan i utbrändhet. Jag pratade som vanlig fritt från hjärtat efter att ha fått lite input från de som var där. Jag börjar ofta med att gå ett varv runt så de får berätta vad de heter, kanske svara på en enkel fråga. Det lättar på energierna och ger dem tillfälle att vara med. Jag uppmuntrar också till avbrott och frågor, helst vill jag få igång en dialog.

Den här kvällen blev det mycket prat om att våga göra saker även när man är osäker, även om det blir fel, även när man inte har en aning om varför. Vid kvällens slut kom det flera kommentarer.

- Jag har lärt mig en sak i kväll. Vad jag än ska ta mig för så dör jag inte av det, sa hon.

Tydligen hade jag sagt om och om igen *jag dog inte av det* för att poängtera att det inte var så farligt att kliva ut lite i det okända. Jag berättar med hull och hår, hur skraj jag varit eller hur dum jag känt mig. Jag vet att alla går igenom detta men vi behöver höra det igen och igen så vi själva vågar.

Skådespelare är ofta spyfärdiga innan de står på scen för en premiär. Oavsett hur duktig du är eller hur rutinerad du blivit så kan man inte nonchalera spänningen innan man kommer igång. Alla upplever den. Vi kan däremot träna fjärilarna i magen att flyga i formation.

En annan lyssnare till föredraget berättade hur avslappnad hon kände sig. Det var ovanligt för henne, i vanliga fall skulle hon varit på helspänn under hela föredraget, hon brukade känna hur hon knappt kunde andas. Jag tror hon reagerar på energiflödet i grupper, mycket känslig för att det flyter. Hon är medveten om livets flöde och reagerar därför starkt när det stoppas upp. Många föredrag är korvstoppning så inte undra på det.

Så vandrar tankarna till en ledarutbildning som jag deltog i under min karriärtid. Vi var en grupp på trettio påläggskalvar inom företaget som skulle utvecklas under en två veckors intensivupplevelse. Vi började med att lära känna varandra, men på ett intressantare sätt än bara berätta om oss själva. Vi blev uppdelade i par och fick i uppgift att intervjua varandra. Sen skulle vi presentera vår nya vän inför gruppen. Det lättade upp stämningen omedelbart.

Övningen har fördelen att man kommer ihåg mycket mer, man tvingas att lyssna på vad den andra har att säga, det tränar en också i att samla information om någon på en relativt kort tid. Jag tror vi fick fem minuter på oss för intervjun och sen var vi igång. Det är oerhört bra träning att prata lite inför andra, börja med det lilla så går det stora lättare. Ta små steg, ett i taget.

Bygga människor

Jag fick höra av ett annat medium att jag är en *people builder,* jag hjälper människor att växa. Och visst syns det att jag är fascinerad av allt som hjälper dig kliva ut på klippans kant så jag kan ge dig en puff - se, jag visste ju att du kan flyga! Jag vill att du ska upptäcka det med.

Ett tag sålde jag kosmetiska för Mary Kay i USA. Det är ett annorlunda bolag byggt på helt andra koncept än de vanliga. Grundaren Mary Kay hade varit en otroligt framgångsrik försäljare innan hon vågade sig in i kosmetikabranschen. Hon hade egna idéer om motivation och hur man bygger människor. För är det någonting denna organisation gör, så är det att ta helt vanliga kvinnor och förvandla dem till smarta affärskvinnor och fantastiska *motivational speakers* eller *entusiasmerande föredragshållare*. Att lyssna till ett föredrag av en direktör i Mary Kay är en otroligt upplyftande upplevelse.

Allt börjar i det lilla. Varje vecka går man på möte. Inga tråkiga möten här. Det är positivt, alla får stå upp och berätta något bra som hänt under veckan, det delas ut många priser och man får alltid lära sig något nytt. Det är en otrolig systeranda, man känner sig välkommen från första stund.

Eftersom säljkåren är 99% kvinnor är belöningen anpassad därefter. Det är smycken och pälsar och bilar, rosa Cadillac för de som lyckas bäst. Den årliga konferensen i Dallas liknar mer en lyxgala där alla är uppklädda till tänderna som de prinsessor de verkligen är.

Prioriteringarna i Mary Kay är av lite annan sort. Först kommer Gud, detta är ju trots allt ett amerikanskt bolag. För att uttrycka det i mera internationella termer, låt din inre vägledning komma först. Kalla det magkänsla eller vad du vill. Gå inte upp i huvudet för att argumentera. Ta till dig grundtanken, som handlar om att ditt själsliga liv kommer i första rummet. Om ditt inre inte får plats så har du inget att ge.

Nummer två är familjen. Jag är singel, i nuläge, så jag säger relationer. Alltså dina nära och kära, vare sig det är hästen, hunden, katten, sambon, vännen, livskamraten, barn eller barnbarn. Fokusera på att ditt personliga liv kommer som nummer två.

Först på tredje plats kommer karriären, jobbet. Hela Mary Kays system är byggt på dessa grundvalar. Fungerar det? Jo, med råge. De är USA:s allra största och framgångsrikaste företag i kosmetikabranschen. Kanhända ett av de första exemplen på framgång med gudinnekraft?

Måleriets magi

Det började med en kurs i Vedic Art (www.vedicart.net) hösten 2000. Sedan dess har jag fortsatt att måla med en grupp i Virserum, en helg i månaden. Under årens lopp har det blivit några tavlor.

Syftet med intuitivt måleri är att komma i kontakt med ett naturligt flöde av inspiration. En av mina konstnärsvänner kallar det spontanmåleri.

Här är mitt inre barn är i full fart i måleriets magi (foto Leif Hultgren). Det finns många sätt att komma till detta tillstånd, genom till exempel Frigörande Dans, meditation, Meditation i Ton, sharing eller lek. Det handlar om att släppa loss, att våga bara göra utan att veta eller förstå med intellektet. Alla vägar leder till Rom, eller som i detta fall till tillståndet JAG ÄR.

För mig är det intuitiva måleriet ännu ett sätt att praktisera här och nu. Det pratas ju så mycket om upplysning, om att bara vara, om hur man kan nå detta tillstånd att följa livets flöde i nuet. Du behöver inte åka till Indien och betala en guru oanständigt mycket pengar för att bli upplyst. Det krävs inga konstiga övningar eller redskap för att bli närvarande.

Som barn var vi helt uppfyllda av nuets magi.

Dags att hitta igen den lekfulla barnungen inom dig. Ta fram papper och penna, kritor, färgpennor eller vattenfärger. Åter igen ska du börja där du är. Vill du gå en kurs så finns det massor av målarkurser. Välj en där det är fritt fram att leka, där fokus ligger på processen och inte tekniken. Alltför många tekniker för dig upp i huvudet och logiken, som förstås har sin plats. I dagens värld har den alltför stor plats och vad jag vill hjälpa dig hitta är en naturligare lösning, ett enklare sätt att komma in i varandet.

Ska passa på och säga några ord att leva i livets flöde, i nuet. Vissa tror att när man är upplyst, när man har nått målet, så är man i ett ständigt lyckorus, man bara ÄR och sitter där som en Ferdinand under korkträdet och gör ingenting, man kanske tittar på molnen passera förbi. Jag tror något helt annat. Jag tror vägen är målet.

Genom att skriva denna bok är målet själva processen, jag lever med i den under tiden som jag skriver. Efteråt handlar det om marknadsföring och så vidare. Målet att få ut en bok är bara en liten del av det hela. Visst, jag är mänsklig och känner ibland att jag bara vill få den färdig. Det har att göra med att den tidvis varit jobbig att skriva. Jag har fått möta stort motstånd och lärt mig stå kvar tills jag korvat mig igenom det. Det sker i alla skapande processer, och då gäller det att våga sig in i det okända...

Sen har jag så många andra idéer och saker jag vill göra men det är klart och tydligt att detta projekt ska avslutas först. Här kommer den där självdisciplinen in, tilliten till att min inre vägledning verkligen vet vad den gör. Jag får lita på att detta är rätta vägen även om det inte är det logiska jag skulle ha valt. Det brukar bli bra och när man väl ser tillbaka så förstår man, men i nuet är det inte alltid så lätt. Träna i det lilla så blir det stora inte så svårt.

Det blir flera utsvävningar här men de är väl så viktiga som instruktioner i måleriets magi. Att leva här och nu innebär för mig att man är mänsklig med allt det för med sig, med känslor som svallar upp och ned, sinnesstämningar som går i dur och moll, livets berg och dalbanor med framgång och motgång. Skillnaden när man är närvarande är just att man är närvarande i det som sker just då. Man går in i upplevelsen helt och hållet. Innan kanske man drömde sig bort mitt i allt och missade själva poängen. Det finns en bok på engelska som heter *Chop Wood, Carry Water*, översatt betyder titeln *Hugga ved, bära vatten*. Den stora frågan är förstås vad man gjorde innan man blev upplyst. Svaret? Högg ved, bar vatten. Vad gör man när man nått upplysningens tillstånd? Svaret är detsamma, man hugger fortfarande ved och man bär fortfarande vatten. Förändringen består i hur man gör det, livet blir som ett meditativt flöde, i nuet.

Tantra är en annan metod som är lite förstådd. De flesta tror att det handlar om sex. Tantra betyder helt enkelt att vara närvarande. Vad du än möter så är du närvarande i det. Du hoppar inte över det, du backar inte, du flyr inte, du försöker inte låtsas att det inte existerar. Du möter det helt enkelt och blir ett med upplevelsen. Det kan vara smärtsamt eller njutningsfullt, det kan vara jobbigt eller roligt.

Tantra handlar om att leva till fullo, alltså ingen slätstruken upplevelse av att sväva på moln i någon slags flykt från verkligheten. Att vara här och nu innebär att man tar ansvar för sitt liv i tid och rum, ekonomi och jobb och allt det där jordiska. Man lever i sin kropp på jorden med alla vätskor och organiska ting som insekter och möss. Tantra handlar om att leva i verkligheten, verkligen leva.

Tids nog återvänder själen till himlen där allt är gudomligt. Då var det väl dags att återvända till tråden om måleriets magi. Du behöver inte kunna måla. Frågar du en skock ungar om de kan måla eller dansa eller sjunga så svarar de alla entusiastiskt JA! Men fråga en grupp vuxna så får man försiktiga svar om att jag har ingen utbildning, jag är inte fullärd, jag har ingen talang osv. De har tappat sin tro på att man får göra saker bara för att man tycker om det. För barn är inte resultatet det viktiga, det är själva leken. För dem är vägen målet. Hitta ditt lilla barn igen, det finns en femåring inom oss alla som älskar att måla.

Skicka din kritiker på semester, en lång promenad på en kort brygga, be den vara tyst i en liten stund. Den inre kritikern har normalt alldeles för stor plats i våra liv. Mina böcker skulle nog aldrig ha blivit till om jag satt och tänkte på vem som skulle läsa dem eller hur jag skulle få dem kommersiellt anpassade. Jag bara skrev i nuet i flödet. Det var viktigt för min process. Först när man skrivit kan man titta på det och se om man vill ge ut det, be någon annan läsa osv. Normalt låter jag ingen läsa förrän jag själv är färdig, när jag känner att nu är den klar, jag har rättat till det jag ser och den känns mogen för publik. Andra ögon ser andra saker, varenda människa som läser ett stycke ser inte samma sak, så kommentarerna kan bli väldigt olika. Att sedan avväga och ändra det som känns rätt för mig är också en utmaning.

Måla. Till att börja med räcker det att ta fram papper och kritor och bara kludda. Lek med färger. Lek med former. Måla dina känslor. Måla dina tankar. Lita på att din femåring vet hur den ska göra. Det är inte ditt vuxna jag som sitter där och ska prestera, det är din femåring som vill leka.

För att hjälpa femåringen på traven varva målning med glass, saft och bullar, varm choklad med vispgrädde om det är vinter och en tur i pulkabacken, åk till stranden och bygg sandslott om det är sommar. Lek. Livet är inte en kamp att utkämpa, för att våga leva måste du våga leka.

Å andra sidan kan du som vuxen praktisera vinmåleri. Vad är det, undrade jag, när en bekant berättade att hon ibland gör vinmålningar. Jo, man häller upp ett glas vin, så målar man, och ser vad det blir.

Mina känslor väcks

För några veckor sen var det dags att måla igen. En av våra deltagare berättade att hon skulle missa söndagen. Hon var tvungen att åka iväg på utredning. Efter att ha varit sjukskriven i två år för utbrändhet skulle hon nu iväg och manglas (mitt uttryck) av läkare, sjukgymnaster och kuratorer. Vad som fick mig att gå i taket var att hon var bokad från morgon till kväll i en hel vecka.

- Fattar de ingenting! utbrast jag. Är man inte utbränd innan man åker dit lär man ju bli det på kuppen.

Att utsätta en person med nedsatt förmåga att fungera för en hel vecka av intensiv in- och utvändning är väl att ta i? Här handlade det inte om att hon skulle få rehabilitering, nej detta var enbart i syfte att testa och värdera. Mina känslor svallade - av flera anledningar.

Mina egna minnen när jag sökt jobb och blivit manglad och testad av personalkonsulter. De gräver upp saker, men inte i syfte att hjälpa en reda ut det.

Men mina känslor svallade mest för att det så uppenbart ännu inte finns bra sätt för de utbrända att få hjälp. Vad hjälper det henne att de gräver i hennes inre om hon inte får någon rehabilitering? Och vad kostar inte detta hela samhället?

Min egen frustration av att inte kunna komma in i systemet. Efter att jag flyttat till Sverige och startat terapiverksamhet, upptäckte jag snart att det inte gick att leva på den privata sektorn. Jag hade satt mina priser i nivå med andra terapeuter till att börja med. Men när jag började räkna på skatter och utgifter fattade jag inte hur de fick ihop det. Jag började fråga.

- Nej jag lever inte på det här, svarade de. Vi skulle aldrig klara oss om inte min man jobbade, sa många. Andra berättade att de levde under existensminimum eller jobbade deltid och det var det de levde på. Verkligheten är ju att ungefär 70% av intäkterna försvinner i skatt.

Helt klart kunde man inte livnära sig som terapeut med bara privatkunder. Men så fanns det en enorm grupp människor som behövde hjälp, speciellt alla dessa utbrända. Dem visste jag att jag kunde hjälpa. Jag hade egen erfarenhet och gedigen utbildning i terapi och personlig vägledning. Jag har ju för sjutton likvärdigt med en högskoleexamen i dessa ämnen. I branschen får man plocka själv och nivån varierar stort, men i mitt fall hade jag gått överkurs.

Men vem satt på pengarna? Lite forskning i hur systemet fungerade ledde mig till Försäkringskassan. Det var ju inte så enkelt som att bara klampa in och säga här är jag. Nej man måste ha avtal. Hur går det till då? Jo, de tar in anbud vartannat år med något som heter arbetslivsinriktad rehabilitering. Jag fick ge mig till tåls till nästa omgång.

Att skriva anbud var inte så svårt för mig, med ett förflutet som inköpschef på hög nivå. Jag tog mig an processen, filade och skrev. Räknade och fick feedback från några som jobbat med liknande strukturer att mitt anbud var proffsigt och rätt nivå prismässigt.

Inte fick jag något avtal. Skam den som ger sig. Det gick två år. Jag försökte igen. Många av mina vänner sa till mig att du fattar väl att det inte går. Visst jag kunde inte göra allt de efterfrågade, det kan ingen om de inte är ett stort center. Jag höll mig till den delen som behövde mina kunskaper och erfarenheter. Mitt andra anbud var om möjligt ännu proffsigare och nu alldeles rätt i tiden. Problemet ältades i pressen dagligen. De måste få bukt med detta.

Jag blev helt paff när jag fick nej igen. Noll intresse. Även om de egentligen inte visste vad de skulle göra så fick de gamla trogna av socialstyrelsen godkända metoderna fortsätta att vara lösningen.

Det kändes tungt. Jag försökte även via studieförbunden att komma i kontakt med målgruppen, men det var trögt där med. De berättade att de flesta som var sjukskrivna egentligen inte ville förändra sina liv. De var nöjda att få gå hemma. Man kan förstå dem på sätt och vis. Enklare att lyfta sjukpenning än att ta tag i saker. Inte min melodi men jag har aldrig varit i det systemet.

Sen kom jag med i projektet Naturlig Laddning, en samling företag med spjutspetskompetens inom hälsa och natur. Tyvärr blev det korvstoppning i sedvanlig ordning. Lösningen var redan förutbestämd från ledningen, alla skulle erbjuda samma upplevelse inom varumärket. Vad som attraherat mig till projektet var de otroligt framåt och kreativa deltagarna. Tillsammans hade vi unika kunskaper, tillsammans kunde vi ha satt ihop unika, skräddarsydda paket genom att ta vara på olikheterna. Men i ett varumärke ska det vara enhetslösningar och då föll det på det. Jag upplever det som väldigt svenskt, man försöker hitta en lösning som passar alla. Det blir inte mycket av det i längden.

En stor fördel med att vara ett 40-tal företag var att vi kunde ha chans att komma någon vart med Försäkringskassan. På ett av mötena kom en representant och berättade om anbudsprocessen för arbetslivsinriktad rehabilitering. Alla väntade på att Eva skulle sträcka upp handen. De visste ju att jag varit och knackat på flera gånger och stött på en ogenomtränglig mur. Jag ville veta hur vi kunde gå till väga, om vi kunde ha en dialog så att det blev rätt. Det är ju inte så lätt att bara testa och hoppas man träffar rätt. Om de delar med sig hur de tänker kan man vinkla anbudet att tillfredsställa deras önskningar. Hans svar var så nonchalant och uppenbarligen fanns inget intresse från deras sida att bygga broar. Utan invänta anbudsförfrågan, fyll i den och se vad som sker. Grrrr...

Jag såg rött och grönt och fick väldigt ont i hjärtat. Djävla mur. Ogenomtränglig som Fort Knox.

Som vanlig har jag berättat hur man bygger en hel klocka när du kanske bara ville veta tiden? Vi började ju kapitlet med målarkompisen som skulle utredas i en vecka.

Målning kan lossa på mycket. Jag tog fram en stor duk. Hämtade färg. Oftast gillar jag starka klara färger. Min sinnesstämning då var inte färgglad. Jag kände mig skitförbannad. Jag tog svart, grått, brunt, ockragult, beige, alla de dystra nyanserna.

Sen målade jag rutor, om vartannat, på varandra, instängda gamla strukturer. Ilskan vällde fram allt eftersom rutorna blev mindre och mindre. De gick inte ens i cirklar, de gick i snävare och snävare rutor. Tavlan blev en representation av gamla strukturer som inte längre fungerade för oss. Varken för dem instängda inom strukturen eller de som försökte ha med dem att göra.

I målningen vet man aldrig vad som kommer fram, det är bara att gå på, hänga med i processen. Det blev en produktiv helg.

Andra tavlan liknade en brinnande vulkan med bolmande rök ovanför. Hon som skulle utredas av Försäkringskassan gillade den där elden. Inte så konstigt.

På söndagen blev det en tredje tavla. Den känns helande, som energin transformerats. Efter några dagar bubblade poetiska ord fram som beskrev vad jag målat:

> *I forna dagar, när gamla strukturer inte längre fungerade*
>
> *Satte vi dem i brand, vi gjorde upplopp, det blev revolution*
>
> *Det är dags för nya lösningar, ett mer upplyst sätt att transformera och hela*

Vitsen med att bli förbannad, att överhuvud taget känna på och släppa ut sina känslor är att vi kan transformera och hela när vi gör det. Annars blir vi fast i det gamla och ältar och ältar.

Min själsgrupp är ofta med i samhällsförändringar. Gruppen är som en andlig familj som hjälper varandra genom olika inkarnationer. Det faller sig naturligt att varje "familj" tar sig an en viss inriktning. I livet före detta var jag aktiv i franska motståndsrörelsen. Jag var expert på främmande språk, hoppade fallskärm vid fullmåne och telegraferade information tillbaka. Var en av dem som gick åt vid befrielsen av Draguignan. När jag passerade minnesstenen från andra världskriget på en resa för några år sedan kom det som en blixt från klar himmel "här dog jag" och tårarna bara rann. Det var en otrolig befrielse samtidigt som det var ytterligare en bekräftelse på ett före detta liv.

På min turné runt Europa hösten 2005 passerade jag Paris under kravallerna i förstäderna. Där ungdomar satte bilar i brand i flera veckor. Fransmännen måtte vara svenskens raka motsats. Ingenstans i världen protesteras det så mycket. Jag var också där när Le Pen och hans parti oväntat kom på andra plats i första valomgången. Inget lock på här inte. Läraren kom in i klassen gråtandes och vi spenderade lektionen med att högljutt diskutera det politiska systemet och vart världen var på väg i allmänhet. Jag var på intensivkurs i Vichy för att borsta upp min franska om ni undrar.

Ungdomarna som satte bilarna i brand. Jag kände deras raseri, jag hade själv ett ordentligt utbrott när jag passerade. Dessa var ungdomar, födda i Frankrike, som aldrig kommer att komma in i systemet. De är helt utan hopp för framtiden. Problemet har vuxit fram under minst trettio år. Alltså inte invandrare utan ungdomar födda till arbetslöshet och socialhjälp. Man kan förstå dem. Ibland fattar inte de gamla maktstrukturerna att nu har vi fått nog. Och då är det lätt att vi sätter saker i brand.

Det är vi som är lösningen. Vi kan inte bara skylla på de gamla strukturerna. Vi kan börja transformera och skapa det nya. Exemplet med Försäkringskassan är ju inte bara deras problem. Det är lika mycket ett ansvar för alla individer. Man kan inte förvänta sig att någon annan ska dra lasset. Det är lika frustrerande för mig att se folk apatiska och inte vilja ta vara på möjligheterna livet erbjuder utan bara gå hemma och plocka sjukpenning som att se myndigheter som Försäkringskassan förskansa in sig i sina rutor och utestänga möjligheten till brobygge.

Som vanligt har jag varit före min tid. Nu händer det saker. Nu finns det öppningar. Nu finns det vettigare lösningar för de långtidssjukskrivna. Men det är jobbigt att vara först och knacka på och behöva ta till storsläggan för att bryta ned murarna. Men tack vare oss pionjärer börjar det skymta lite ljus.

Steget före betyder att jag också vill delge dig tänkbara lösningar.

Du har tre val

Min lekkamrat från första klass berättade nyligen om en föreläsning hon varit på för många år sedan. Visdomsorden hon lärt sig om våra tre val hade hängt med henne sedan dess.

- Vi har tre val, berättade hon. Vi kan acceptera, avsluta eller förändra. Antingen accepterar man att så här är det. Då finns inget mer att diskutera eller älta. Eller så kan man avsluta, ta sig ur situationen, lämna det som man inte kan acceptera. Då finns det heller ingen anledning att fortsätta att rota i det.

Eller så kan man förändra. Det är lätt att ha åsikter, men vill man att saker ska bli annorlunda får man engagera sig i att vara del av lösningen. För att förändring ska ske räcker det inte med att visa sitt missnöje, vi måste börja komma med nya idéer och möjligheter. Det behövs nya lösningar. Var väljer du att lägga din livsenergi?

Varför vill du bli frisk?

En av mina vänner gick nyligen bort i cancer. När hon blev sjuk sa hon "jag vill bara bli frisk."

- Vad vill du göra när du blir frisk? frågade jag.

Hon visste inte. Skulle fundera på det.

Jag tror vi kommer hit till jorden som själar för att utvecklas, lära oss och dela med oss. Vi går i livets skola där vi väljer kontinuerligt och upptäcker vad det innebär att vara människor i sorg och glädje. För varje liv vi lever väljer vi ett tema eller flera, gör överenskommelser med andra själar vad vi ska läka eller jobba med. Det är som varje liv får ett fokus, en sfär att koncentrera sig på, som en livsuppgift.

Min väninna som ville bli frisk hade inga fler projekt i detta livet. Själen var färdig med de teman hon valt och nu har hon nya uppgifter i himlen.

Många drömmer om att vinna pengar, att få vara lediga. Visst är det underbart att ta en sabbatsperiod. Men efterhand upptäcker man att det är något mer, någon idé eller dröm som spirar. Våga ta tag i den drömmen. Det finns en anledning att just du fick en idé. Att just du uppmärksammar en kurs eller produkt. Summan av att kliva in i din dröm leder dig till att du träffar nya människor, du lär dig något nytt och du utvecklar något inom dig som du kanske inte visste fanns.

Ok det är inte alltid lätt men det är egentligen den enda anledningen till att vi är här. För att utvecklas. När du går in i något nytt, lär dig något annat, får du också energi. Alltså handlar det inte alltid om att du ska ladda upp först, sen göra det där. Visst du behöver ha kommit en bit in i läkandet innan du kastar dig in i nya kurser, men jag tror det är lätt att man väntar för länge. Skjuter det på framtiden.

Jag pratar ofta om *windows of opportunity* alltså *gläntor av möjligheter*. Öppningen kommer, du blir tillfrågad, chansen dyker upp. Ofta kan man tycka inte just nu. Säger du nej om och om igen så stängs möjlighetens portar för dig. Universum väntar inte i evighet. Det gör inte andra själar heller. Vi har vissa avtal med varandra, som vi kom överens om innan vi gick ner på jorden. Eftersom vi har fritt val och det inte går att veta exakt hur ett liv kommer att spelas ut förändras framtiden hela tiden. Tänk dig att du spelar en pjäs. Det finns ett löst manus, en huvudtråd, men allt eftersom alla skådespelare improviserar kan pjäsen ta alla möjliga riktningar.

Det här med vad du drömmer om handlar också om att släppa fram ditt inre, ditt sanna jag. Alltså inte egot som vill styra och ställa utan den där innerst inne människan, som lätt tänker, äsch det där kan väl inte jag göra. Jag skulle aldrig få till det. Det finns så många andra som skulle göra det bättre än jag. Vi har alla en roll att spela. För de flesta är inte problemet att de tänker för stort. De tänker för litet.

När min granne berättade att hon vid fikarasten inte vågade säga vad hon tyckte om politiken blev jag bestört. Hon var bergsäker på att ingen annan tyckte som hon. Min erfarenhet är att om bara en vågar framföra sin åsikt, så visar det sig att alla inte var så eniga. Vid flera tillfällen har jag sagt min åsikt på möten, ofta den enda ifrågasättande rösten. Efter mötet kommer de fram. Jag var så glad att du sa vad du sa, jag tycker likadant. Men varför sa du inget?

Så vad vill du bli när du blir stor? Vad drömde du om som barn? Vad har du för tankar om när du blir pensionär? Dagen är här, det är nu det gäller. Inte någon dag eller någon gång. NU. Vad väntar du på?

Nya möjligheter

Det är dags att drömma en ny framtid, individuellt och kollektivt. Dags att borsta av stjärnglansen i dina ögon, hoppets glimmande möjligheter. Det vi kan föreställa oss kan vi också skapa. Det omöjliga tar bara lite längre tid. Jag är skytt så detta är min natur, evig optimist. Jag har inte vett att begripa att det inte går.

Idéerna och drömmarna ligger i universums andrum. Om de inte vore potentiella möjligheter skulle vi inte kunna tänka tanken. Vi tror att vi kommer på idén. Sanningen är närmare att den redan ligger där. Är man uppmärksam kan man plocka ner den. Den ligger där och väntar på oss. Förklarar också varför flera personer kommer på samma idé ungefär samtidigt. De var inkopplade på samma våglängd, ungefär som en radio-eller TV-antenn. Det var inte Bell som sökte telefonen, det var telefonen som sökte Bell.

En del säger att allt är förutbestämt. Jag håller inte med. En av de största lektionerna vi har här på jorden handlar om val, beslut, alternativ och möjligheter; *choice* på engelska. Det är genom att välja och uppleva konsekvenserna av våra val som vi växer. Å andra sidan är det givet att vi som själar kommer att gå igenom en utveckling. Det är upp till oss hur enkelt eller krångligt vi gör det och om vi tar den snabba eller långa vägen. En del tror "allt kommer till mig och jag behöver inget göra." Tala om att inte ta ansvar för sitt liv. Och så sitter de där och säger någon gång ska jag. Tiden kanske kom och gick.

Det gör sig inte självt att skriva en bok, ej heller marknadsför den sig själv. Stuart Wilde, en av min absoluta favoritförfattare, säger "visst meditera 24 minuter om dagen, gå sen ut i livets marknadsplats."

Jag har känt i flera dagar medan jag suttit och skrivit att mina ben känns rastlösa, på gränsen till ont. Efter kvällens session gjorde jag lite andnings- och rörelseövningar och kände efter att låren bar något mer inom sig. Jag började dansa, skaka, stampa, kände hur benen bara ville röra på sig, skaka loss ilskan som satt i låren, frustrationen ville ut! Vildare och vildare i tysthet, klockan är närapå midnatt då kan man knappast sätta på musik med vilda trummor.

Tänk när vi dansade runt lägereldar. Då fick våra känslor ett naturligt utlopp. Våra kroppar var fria och vi överlämnade oss i dansens extas. Men, man kan dansa överallt och under alla omständigheter. Man behöver inte större fläck att stå på än där fötterna ryms och man kan föreställa sig musik. Jag ledde en hel grupp i dans utan musik i ett rum fullproppat med stolar i rader. Jag vägledde dem med fantasins och sinnenas hjälp. De hade inte svårt att hänga med. Du kan du med.

Dans och måleri hjälper oss att släppa loss, så vi slipper fastna i gnället och ältandet. Bara det borde göra så att alla sätter igång. Tänk vilken revolution. Vi målar och dansar och kanske till och med njuter. Och ingen miljöförstörelse från gnällspikar. Det du!

Tidvis känner jag ett sånt motstånd till att skriva den här boken. Känner mig frustrerad. Skulle vilja kasta hela projektet i papperskorgen. Att jag känner motstånd tyder på att det ligger oanade möjligheter i det, en enorm energikälla som ännu inte släppts loss.

Det som fångar vår uppmärksamhet, det som vi inte kan släppa, det som irriterar oss men som vi samtidigt inte vill befatta oss med eller tror att vi ska göra, däri ligger saker att ta fram. Oftast blir det inte alls vad vi trott. Men en sak är säker, försöker man undvika det bubblar det upp på de mest underliga sätt, man blir inte kvitt det förrän man tagit ta i det och korvat sig igenom det.

Vinterdvala

Jag har redan nämnt att jag upplever den svenska vintern som en fantastisk grogrund för kreativitet. Mörkret och snön, alla tända ljus, är som bäddat för att gå inåt i vinterdvala och drömma fram det nya. Jag tror naturen kan det där bättre än vi. Den vilar på vintern, när våren kommer spritter det överallt, på sommaren är allt i full blom för att sen vissna på hösten.

I modern tid jobbar vi och är mest aktiva under vinterhalvåret. På sommaren ska man vara ledig. Jag lever tvärtom. Ju mer jag följt det naturliga flödet och levt i livets dans, ju mer följer min rytm naturens. På vintern vilar jag, sover länge, vill helst sitta och dricka te och fundera på livet. När våren kommer sätter kreativiteten fart, projekten tar form. Det är på våren och sommaren jag skrivit mest på mina böcker. Inte för att jag inte har tid att åka bada eller vara med och grilla, men det är inte det som styr min sommar. Idéerna bara forsar fram och då vill jag sätta dem på pränt.

Kan det vara så att vi tappat fotfästet? Tänk om vi skulle jobba och leva mer i takt med naturen?

Jag har i flera år tänkt att vi borde utöka turismen till Sverige. Sälja *Vinterdvala* som ett koncept. Vända på chartertrafiken. Sprid ut gästerna till de små anläggningarna, stugor och pensionat, för att uppleva tystnad, att bara vara. De skulle alltså komma hit för att inte göra, motsatsen till dagens upplevelseturism.

Vistelsen på landet under den svenska vintern skulle kunna säljas som en inkubationsperiod för att främja kreativitet. Tänk på alla goda uppfinningar Sverige stått för under årens lopp. Varför inte erbjuda den perfekta grogrunden för innovation till resten av världen? Upplevelseturism på ett annorlunda vis.

Att Sverige har en oslagbar förutsättning för kreativitet är det väl inget tvivel om?

Det finns tre stora exportländer av musik. Självklart USA och Storbritannien. Men vem är nummer tre? Just det, lilla Sverige med nio miljoner invånare.

Vi lär vara ett av de mest uppfinningsrika länderna i världen. Blixtlåset, dynamiten, celsiustermometern, Linnés klassificeringssystem för växter, djur och mineraler, separatorn, skeppspropellern, L M Ericssons utveckling av telefonutrustning och telefonväxlar, skiftnyckeln, gasfyren, ångturbinen, kullagret, tetrapak, pacemakern, trepunktsbältet, AXE-växlar, datamusen, Losec osv...

Lägg till detta att vi är ett av de förlagstätaste länderna i världen. Vi är världsledande inom produktion och distribution av ljudböcker på Internet. Så nog kan vi sälja *Svensk Vinterdvala* till slumrande innovatörer och kreatörer.

Swedish Hibernation

...where creative genius is born

Det vore väl en bra slogan?

Ta vara på resurserna

När jag sökte jobb i Sverige var det mycket jag inte förstod. Att vara kvinna i tung industri betydde inte detsamma som i USA eller Frankrike. Här skulle jag aldrig ha fått jobba på den nivån. Här sitter inte kvinnorna i chefsroller ej heller syns de i någon större utsträckning på verkstadsgolvet. En underutnyttjad resurs. Jag var förvånad över attityderna. En personalkonsult uppfattade mig som väldigt kvinnlig. Det var inte menat som en komplimang. De kunde helt enkelt inte föreställa sig mig i de roller jag redan haft.

I tung industri i Sverige hade de kvinnliga civilingenjörerna aldrig tagit sig förbi ritbordet, de blev inte ens påtänkta för chefsjobben. Om jag hade varit smart, skulle jag ha pluggat in en ny examen, från ett svenskt universitet, för att få in en fot på grundnivå. Det spelade ingen roll att jag hade toppbetyg från ett ledande universitet i USA. De visste inte vem jag var. Alla andra i min årskull hade gått på Chalmers eller Teknis, alltså visste alla vem alla var. Jag var ett okänt kapitel. Precis som alla andra invandrare.

Invandrarna som kommer hit har både erfarenhet och utbildning som behövs, men tack vare att man "inte vet vem de är" så får de inget jobb. Vilket slöseri med resurser! Man skulle kunna vända på steken och arbeta med att bygga broar mellan arbetssökande och företagen. Det vore väl mer samhällsekonomiskt klyftigt. Att ha en massa högutbildade invandrare som går på socialbidrag eller hankar sig fram i låglöneyrken är helt enkelt korkat slöseri med talang. Det går att ändra på.

Jag har även undrat över varför man sätter flyktingar som kommer från landsbygden, som kan ekologiskt jordbruk, i förstäderna i stället för på landet. Varför inte hjälpa dem komma igång med småskaligt jordbruk här? Låta dem fördjupa sig i något de redan kan. Vi skulle alla vinna på det.

Andas bör man

Under årens lopp har jag lärt mig en hel del om andning. Har testat ett brett register av övningar och terapier. Man skulle kunna ägna flera liv åt att lära sig allt om andning och ändå kanske inte förstå det i sin helhet. Det finns så många läror och så många syften. En sak har jag lärt mig. Det är viktigt att veta vad man söker. Är det balans, frigörelse, andligt uppvaknande, mera syre, att kunna sjunga bättre, eller...? Vad vi söker sorterar den sorts andning vi ska ägna oss åt.

Ett tag i Shen-terapin skulle vi djupandas. Andas in i känslan. Vi låg där och andades. Men med forcerad andning kan man också gå förbi förlösningen. I Shen är hela syftet att frigöra, lösa upp spänningar och blockeringar i livsenergin, speciellt de känslomässiga. Känslor är helt enkelt energi i rörelse. Känslorna är nyckeln om man vill förändra sina tankar och sitt beteende.

Helt nyligen fick jag låna en bok av Gunnel Minett om Frigörande Andning. Jag gick en serie sessioner i USA, fick ut mycket av det men upplevde det som jobbigt och tidvis forcerat. Vad Gunnel skriver om i boken är en helt annan nivå av Frigörande Andning. Där terapeuten coachar dig att följa den naturliga upplösningen. Ibland stilla och mjukt ibland djupt och stort. Ah kände jag, det är klart det är så det ska vara.

För det stämmer med hur Shen utvecklades. Man upptäckte att om man följde kroppens naturliga reaktion på energiflödet, så löstes spänningarna upp. Alltså släpp huvudet och låt kroppen göra vad den behöver för att frigöra den gamla skiten. Ett av problemen med många terapimetoder är grundarnas ego. De har kommit fram till ett system, som fungerar bra. Men så fort man börjar lära ut så utvecklas finesserna av de som upplever och praktiserar metoden. I många fall är det inte så svart på vitt hur man skall gå tillväga för att få till det.

Men i och med att grundaren har en teori och en metod som han eller hon försöker sälja så blir de lätt fast i tankemönstret "detta ingår men inte det där." Min hypnosterapilärare, som är buddist i grunden, förespråkar att följa med i nuet, vara vaken och våga pröva. Det är alltså inte metoden som är fokus, den är din bakgrund, men det som leder dig är vad som sker i nuet och din nyfikenhet.

I Shen är tekniken hur man arbetar med energiflödet inte speciellt komplicerat. Konsten ligger i att utforska känslor och trauman så klienter får upp dem och ut dem. Konsten ligger i att vara som en detektiv och pussla ihop det. Konsten ligger i att inte ha en förutfattad mening om vad som ska ske eller hur lång tid det får ta.

Min hypnosterapilärare säger att motstånd uppstår när terapeuten har en agenda för klienten. Har jag inte förutbestämt hur det ska vara finns där inget att streta emot, eller hur? Sann frihet.

I alla frigörande processer gäller det alltså att följa det naturliga flödet, att inte gå upp i huvudet och streta emot. Om du känner att andningen vill gå djupare eller långsammare, följ med i äventyret. Om du tar pauser mellan andetagen är det ok, om du andas kontinuerligt är det också ok. Allt är som det ska vara. Ibland känner du för att andas genom munnen, ibland genom näsan. Ibland tyst, ibland högljutt. Slappna av in i processen, forcera ingenting men streta heller inte emot. Var i flödet. Du behöver inte tänka, du behöver inte förstå, du behöver inte veta varför eller vart du är på väg. Du behöver bara vara. Ibland är det kaos. Då får man rida på kaosvågorna.

Att lära sig om andningens alla aspekter skulle säkert ta flera liv. Som allt annat, ju mer man lär sig, ju mindre vet man och ju mer finns det att lära, nya nyanser av luft. Men jag försöker dela med mig lite av vad jag upptäckt under resans gång.

Från Gunnel Minetts bok *Andningen som helande kraft* kan man läsa att slaggprodukter elimineras från kroppen

- *3% via avföringen*
- *7% via urinen*
- *20% via huden*
- *70% via utandningen*

Hon menar på att det är via utandningen vi blir av med slaggprodukterna i högsta grad. Så andas bör man, ordentligt. Frisk luft och utomhus aktiviteter är speciellt angeläget i vårt klimat och hus med tätade fönster. Syre är jätteviktigt för att vi ska må bra.

När man gör andningsövningar är det grundläggande att verkligen klämma ut all luft vid utandningen. Gör man inte det så ligger den unkna luften kvar i lungorna och man blir yr.

Jag har två favoriter när det gäller andningsövningar. Den lättaste att ta till sig kan man även kalla hula Yoga eller kundalini andning. Jane Hundley från USA satte ihop programmet *Movement and Breath Exercises for Personal Presence* när hon jobbade som fotomodell i Paris i sin ungdom (www.impactmanagementusa.com). För alla yrken där offentliga framträdanden är del av kompotten är andningen en nyckel till att lyckas.

Övningarna finns på video och idag kanske till och med på dvd. Annars lär jag ofta ut dessa övningar på kurser. Med Janes metod andas man igenom hela kroppen till mjuka cirkelrörelser. Reser man mycket är hennes övningar oumbärliga för att klara sig igenom syrebristen på flygplan och dygnsförskjutningar.

Min andra favorit kommer från Nancy Zi, en klassiskt skolad operasångerska från Hong Kong som även är mästare i Chi Kung (www.theartofbreathing.com). Hon kallar sin metod *Chi Yi* eller *The Art of Breathing*, på svenska *Konsten att andas*. Övningarna är speciellt bra för att få ner andningen ända ner till bäckenet. *The Art of Breathing* finns både som bok och video, förmodligen även som dvd vi det här laget (en tidig version av boken översattes och gavs ut på svenska, tyvärr är den inte längre i tryck, möjligtvis kan man hitta exemplar på www.antikvariat.net).

En kortkurs i förenkling

Innan vi går vidare till lite mer terapeutiska och praktiska övningar tror jag det kan vara på sin plats att prata om hur man får tid att göra dem. Härvid följer en kortkurs i förenkling. Jag är periodare på allt. När jag har tid att vara social och dricka baljor med te så har jag ofta mycket tid till just detta. Då är jag är inne i ett mellanflyt. När jag skriver däremot så vill jag inte bli störd. Visst vill jag träffa mina vänner, men om jag skulle stanna upp och besvara alla mail och telefonsamtal först, så skulle det inte bli så mycket skrivet. Under åren har jag hittat en del sätt att stämma inflödet för att ge mig själv mera plats att arbeta ostört.

Att stänga av telefonen är en bra början. Man kan dra ur sladden, har du telesvar så tar den hand om eventuella meddelanden. På många telefoner kan man helt enkelt stänga av ringningen, så slipper man höra signalerna. Vill folk prata med mig kan de lämna ett meddelande och så kan jag ringa upp när det passar mig. Det har skett en enorm förändring och förskjutning. Förr kunde man vänta. Man förväntades inte vara anträffbar 24 timmar om dygnet 7 dagar i veckan året runt. Vi måste få vara ifred ibland. Då är införseln av civiliserad tid en nödvändighet.

Det är stor skillnad mellan att vara upptagen och att vara effektiv. Vi kan alla sysselsätta oss med massor att göra, prata med alla om ditt och datt, men i slutändan vill man få lite gödsel kört. Att hitta balansen under livets gång är en konst.

Kolla dina mail mindre ofta. Jag har börjat gå över till webmail. Dels kan jag då klicka bort alla spam innan de går in i min dator. Och så kan jag snabbt ta en titt på alla nyhetsbrev och klicka bort dem när jag läst dem. För att varva ner takten kan jag dröja med att svara. En del människor är uppkopplade jämt, och minuterna efter man svarat kommer ett nytt mail. Sakta ner. Ok, ibland är det nödvändigt att svara meddetsamma, det gäller att prioritera sin tid och ta tillbaka makten över sitt liv.

Låt det vara stilla och tyst ibland. Man kan faktiskt överleva i tystnad. Man behöver inte ha radio eller TV på jämt. Stryp inflödet. Ibland kan jag känna att jag spricker av all information som kommer min väg. Huvudet är fullt, jag måste ut i skogen och rensa tankarna.

Stryp inflödet av tidningar. Man behöver inte läsa allt. Stoppa reklamen, anmäl dig till NIX registret. Ta en paus ifrån allt input. Du dör inte om du går miste om något. Är det viktigt lär du få reda på det ändå. Du behöver inte göra detta permanent, men testa lite olika sätt att skapa plats för något annat att hända, ge tomrummet en chans.

När jag jobbade i karriären flyttade jag från den tekniska avdelningen till logistik och inköp. Vi var i en fas av organisationsförenklingar, mitt nya jobb hade tidigare utförts av tre olika personer. Bara rapporterna som dessa tre människor producerat var ett heltidsjobb i sig. Snabbt insåg jag at jag inte skulle överleva om jag försökte göra allt mina föregångare hade gjort. Det var ju det som var vitsen med dessa nedskärningar, att man skulle hitta essensen i arbetet och utföra det och helt enkelt släppa resten.

Underbart bra träning i att tänka långsiktigt och effektivt. Vad är viktigt för att målen ska nås? Vad är det väsentliga i mitt arbete? Vad är det som gör att mitt jobb är nödvändigt för att fabriken ska gå runt? Fokusera på det och släpp det oväsentliga. Vi förväxlar ofta brådskande med viktigt. Många saker kan te sig brådskande men i långa loppet är de inte viktiga.

De som är bra på att få saker färdiga har ofta en inbyggd sorterare av viktigt och brådskande. Fokusera på viktigt. Är det brådskande saker som dyker upp med jämna mellanrum, alltså brådskande problem av återkommande karaktär så är det bättre att ta tag i grundproblemet än att släta över det. Gå till botten, till kärnan, red ut vad det egentligen handlar om, lös det på den nivån så försvinner dessa återkommande störande moment.

Det finns ett uttryck som kallas brandmannasymtomet. Man är bra på eldsläckning. För att nå mål måste man fokusera på att förhindra eldsvådor. Då kan man inte pilla i allt. Man måste prioritera och fokusera. På många sätt är det mycket svårare att sätta dessa gränser som egenföretagare, det är en konstant avvägning för man behöver inspiration, kontakter och hjälp utifrån på ett helt annat sätt.

Ni kanske undrar hur jag hanterade alla rapporter när jag klev in i jobbet för tre. Jag slutade helt enkelt skicka ut dem. Först funderade jag över hur jag kunde gå tillväga. Insåg snabbt att om jag skulle ha ringt runt eller skickat ut enkäter om vilka rapporter som verkligen var nödvändiga skulle det sluka för mycket produktiv tid. Att inte skicka dem alls var en viss risk, men ingen fabrik går under för pappersexercisens skull.

Det fungerade verkligen. Folk hörde av sig efterhand. Vad hände med den och den rapporten? De som hörde av sig var ju dem som verkligen läste och hade nytta av rapporterna. Nu kunde jag fråga vad de behövde och i vilket format. Med deras hjälp designade jag om rapporterna till det väsentliga. I slutändan blev det 30% kvar, med mycket bättre design och glada användare. En bieffekt av detta samarbete var att jag byggde relationer med mina nya kollegor. Underskatta inte relationsbyggandet på jobbet. Vi lever inte i ett vakuum.

När vi känner oss överhopade av allt som måste fösas undan innan vi kommer till det vi egentligen vill göra är det dags att stanna upp. Gå inte in i ett ännu mer frenetiskt fösande för det skapar bara mera. Det vi ger vår energi till blir bara mer och mer. Ta en paus, drick lite te, gå en promenad i skogen och reflektera innan du går igång. Kom ihåg att du är den viktigaste personen i ditt liv. Det är ditt liv, dina beslut, dina uppgifter.

Vill du spendera din tid med att fösa tills det du vill göra får plats? Varför inte ge det plats NU? Problemet med att fösa undan är att man aldrig får tid eller rum för det där man egentligen ville. Som när jag skriver. Stänger jag inte av telefonen och fokuserar på mitt, så är det lätt att hela min energi pratats bort i samtal som visserligen kan vara intressanta, till och med brådskande för den andra, men ibland måste man sätta sig själv först, för annars blir det inget gjort.

Man kan inte parera och hoppas man får lite tid mellan varven. Man måste skapa utrymmena själv.

Ett exempel till från karriärtiden. Som gruppchef för projektingenjörerna hade vi många fler projekt på önskelistan än som var möjligt att utföra på en gång. Mina föregångare hade tillämpat mer av brandmannasystemet, det som var mest krisigt plockades upp tills en annan kris tog över och så vidare i en evig rundgång.

Jag tog upp problemet med våra kunder och med mina ingenjörer. Jag ville ha deras input om andra sätt att hantera prioriteringen så att vi kunde få mera uträttat och inte bara springa från den ena krisen till den andra. Efter långa diskussioner och ventilerande av frustrationer kom vi överens om att testa ett nytt system. Varje ingenjör skulle bli tilldelad det antal projekt de ansåg sig kunna hantera på en gång. Resten av projekten fick vila. Våra kunder fick hjälpa till att sätta prioriteringsordningen.

Ingenjörerna fick lugn och ro att jobba på sina projekt. Våra kunder visste klart och tydligt vad vi jobbade med och när vi förväntades leverera. När någon kris dök upp, så var alltid första frågan vad vi skulle släppa från aktiva listan för att jobba på krisen. Detta tvingade kunderna att tänka efter vilket som egentligen var viktigast på lång sikt. Var krisen av återkommande natur så satte vi till en utredare som jobbade på det tills de kommit till kärnan av problemet. Så var de kriserna ur världen.

Man kan anamma idéer från en värld för att tillämpa i en annan. Visserligen är hemmet inte en fabrik, men ett visst mått av organisation kan göra livet enklare.

Shen-terapi

Beroende på var man letar kan man finna lite olika betydelser för Shen. I Kina representerar Shen medvetande, psyke, ande, mind (vi har ingen bra översättning av detta begrepp). Shen finner man också i de egyptiska hieroglyferna, där det står för gudomligt beskydd, evighet. Symbolen härstammar från Mesopotamien, där den var ett tecken för gudomlighet. Jag studerade Shen-terapi i USA, Storbritannien och Norge. Grundaren Richard Pavek hävdade att SHEN stod för Specific Human Energy Nexus.

Under mina inre resor har jag minnen av Shen från forna Egypten. Många av dem som jag träffat i nutid var med då också. När jag kom i kontakt med terapimetoden 1991 kändes energiflödena bekanta och självklara. Det är så med det vi sysslat med i tidigare liv. Vi kommer ihåg, kroppen minns, om vi inte stör den för mycket med att gå upp i huvudet. Huvudet är bra att ha men i dagens samhälle har den inte bara fått huvudrollen utan i många fall ensamrollen. Det krävs en hel ensemble för att bilda en helhet.

När du har lätt för att lära dig något finns chansen att du redan sysslat med det i tidigare liv. Det som vi har naturlig fallenhet för är det vi ska syssla med. Ibland kan för mycket studier komma i vägen för det naturliga flödet. Lagom är bäst. Vilket fantastiskt ord, lagom.

När jag gick en kurs i lomi-lomi massage sa läraren att det såg ut som jag inte gjort annat. Det var hur lätt som helst för mig och kändes också bekant. Både Shen och lomi-lomi löser upp spänningar så känslorna kommer loss, och med dem det kreativa skapande flödet. De passar mig som hand i handsken. Vad som inte passade mig var de stela organisationsformerna herr Pavek och andra försökte utöva.

Innan jag flyttade till Sverige 1998 hade jag en så stark upplevelse att det var min uppgift att föra in denna fantastiska terapi i Norden och även sprida den vidare ut i Europa. Metoden var redan väl etablerad i USA, Kanada, Storbritannien och Irland. När jag var på vidareutbildning i Edinburgh, Skottland berättade en av mina kurskamrater att det var så tacksamt att jobba med Shen där. När någon frågade vad han sysslade med och han svarade Shen-terapi, var det åtminstone 50% som visste vad det var. Vi har inte nått det stadiet här, främst av begränsande organisatoriska orsaker.

Som så ofta, när någon sätter samman en utbildning, vill de ha full kontroll. Tyvärr bidrar det inte till att metoden blir känd, snarare tvärtom. Det är starkt begränsat hur många som kan utbildas av ledaren. De tvivlar ofta på att någon annan än de själva kan göra det rätt. De vill ha det så perfekt som möjligt, för varje människa som säger att de utövar "deras" metod blir förknippad med ledaren själv. Det är i alla fall vad de tror. Men är detta verkligen sant?

När vi stöter på en Resanterapeut, tänker vi då på Brandon Bays? (www.thejourney.com) Nej, det är nog sällan vi gör den kopplingen. Vad hon gjorde annorlunda i sin bok var att lägga in Resanregressionerna med tillräckliga instruktioner så att du kunde lära dig på egen hand. Det är ytterst ovanligt. För det mesta är böcker om terapier en utdragen marknadsföring. För att få den information du behöver måste du gå ledarens dyra kurser. Vad som är intressant är att Brandon Bays skördar både och. Hon får mera deltagare på sina kurser genom att dela med sig detaljerna. Hennes metod praktiseras av många fler än de som gått i lära hos henne. Många terapeuter håller egna kurser i Resan, boken är ett kurskompendium i sig. Brandon Bays har blivit känd i hela världen för sin bok *The Journey*, *Resan* på svenska.

Shen-terapin började på samma sätt. Richard Pavek skrev *The Handbook of Shen* med utförliga scheman och detaljerade instruktioner. I boken beskriver han sin teori, han berättar hur han inspirerades i detta liv, och så är det massor av fallbeskrivningar. En mycket komplett handbok. Den kom ut ungefär samtidigt som Barbara Brennans första bok. För er som inte känner till henne driver hon en healingskola som blivit känd över hela världen, mycket tack vare hennes böcker.

Vad hände med Shen? Boken trycktes i liten upplaga. När grundaren upptäckte att människor började utöva "hans" terapi på egen hand med hjälp av boken så drog han tillbaka den. Han ville inte att människor skulle kunna göra det själva. Han ville ha kontroll och certifiera dem. Men man kan ju inte kontrollera människor. Från mitt perspektiv och egna upplevelser är detta en fortsättning på vad vi sysslade med i forna Egypten. Många av oss var då också aktiva utövare av Shen. Somliga av oss ville redan då släppa fram kunskapen till allmänheten, vi ansåg inte att den skulle gömmas och hållas hemlig. Richard och flera andra ville hålla den inom de initierades ramar, för att en liten elit skulle ha rätt att utöva metoden. Det handlar om makt och inget annat. Min sanning. Vilken är din? Alla åsikter har rätt att existera.

Shen kommer alltså från Egypten. Vi återvänder om och om igen i våra liv till det som är bekant för oss. När vi plockar upp det igen i nästa liv har vi lätt att lära, det ser ut som vi inte gjort annat. När vi utövade denna metod i Egypten var den mer integrerad mellan struktur och flöde, vi lärde oss tekniken och den andliga vägledningen. I detta liv ville Richard inte ha med det andliga, han ville så gärna få detta accepterat inom den allopatiska medicinen, alltså den traditionella sjukvården.

På våra kurser pratade han ofta om hypnos och dess ursprung i modern tid. Anton Mesmer praktiserade i Paris men blev så småningom förlöjligad och utestängd. Min känsla är att Richard är en reinkarnation av Mesmer. Igen, detta är min känsla. Jag kan ha fel. Jag kan också ha rätt och i så fall förklarar det hans oerhörda rädsla att Shen blir för stort eller för känt. Varje gång organisationen varit på randen till att växa förbi hans kontroll, har det varit något strul och instruktörer har lämnat organisationen.

När jag väl skulle åka hämta mitt lärardiplom i England sprack det rejält. 75% av lärarna gick ur organisationen och startade en egen bransch som de kallade Kairos. Detta är inte unikt. Freud och hans lärjungar blev oeniga, eller rättare sagt kunde Freud inte acceptera att Wilhelm Reich och Carl Jung hade egna idéer. Alla tre har bidragit enormt till vår förståelse av människan psyke.

Inom Reiki har det varit liknande splittringar. Anna-Lena Wikström berättar om många av turerna, hur det blev som det blev, i sin bok. Liknade inom Emotional Freedom Technique EFT, det finns flera grenar där också.

Vad många gör är att registrera "sin" beteckning som ett varumärke för att kunna kontrollera vem som lär ut och använder just det begreppet. Vad få förstår är att ett varumärke endast gäller i det land eller länder där det är registrerat och att det bara gäller en begränsad tid. Vad som är än viktigare att förstå är att det endast är namnet som är skyddat, inte metoden eller tekniken. Så finns det de som mönsterskyddar sin logotyp, alltså inte själva namnet utan hur namnet återges i tryck.

När jag ändå svävat ut om varumärken kan vi lika gärna ta upp patent och vad det är. Man kan inte ta patent på en terapimetod. Ett patent är till för sådant som kan produceras i flertal, genom samma process och ge samma resultat. Alltså tillämpbart för sådant som tillverkas. Du kan aldrig replikera terapiprocesser. Därför är de inte patenterbara.

Nog om detta. Jag tog med det eftersom det är så vanligt att kursledare försöker hävda att du behöver deras tillstånd att utöva metoder som vi alla bär inom oss från ursprungsfolken. En av mina vänner är utbildad inom shamantraditionen, en helt annan gren än de utbildningar jag gått. Ändå är det otroligt ofta vi ser att vi har samma saker i våra skafferier, allt går tillbaka till samma rötter, vare sig det är Huna på Hawaii eller indianerna i Nordamerika.

Varför berättar jag om konflikten inom ledningen?

Ja, det undrar du säkert. Om nu Shen eller Kairos är en sådan fantastisk metod, varför berätta att människorna bakom inte är det? Just det. De är människor med sina fel och brister. De är inte ofelbara. Det spelar ingen roll hur bra en läkemetod än är, den fixar inte allt. Vi förblir människor som lever här på jorden för att lära oss vara människor. Om vi vore fulländade änglar skulle vi inte behöva vara på jorden, vår plats skulle vara i himlen. De har fullt upp att göra där med.

Men det finns en ännu djupare anledning att jag berättade om det interna bråket. Det har att göra med en av huvudteserna i denna bok. Auktoriteten sitter i dig och mig, inte ovan oss eller bredvid oss. Auktoritet är detsamma som makt. När en kursledare utgår från att dela med sig av kunskapen och är en del av processen, så hanteras konflikter på ett helt annat sätt. Då handlar det inte om att bevisa att metoden är den enda rätta vägen. Nej, då blir vägen en utforskning av vad som egentligen är sant.

När jag undervisar från ett perspektiv som auktoritet finns det sällan utrymme för att utforska och vidareutveckla min sanning. Många kallar metoden korvstoppning i sedvanlig ordning. Ni vet. De där konferenserna där det står någon och punktar upp dagordningen och berättar sin version av sanningen. Informationen går i en riktning, uppifrån och ner. Alla sitter uppradade som i skolbänkar och lyssnar till auktoriteten som förmedlar den sanna tron.

Men om en ledare sätter sig på samma nivå som åhörarna händer det något. Föreställ dig att vi samlas och sätter våra stolar i en cirkel.

Så sätter jag mig på en av stolarna. Jag som författare är en del av cirkeln. När jag talar, är jag en del av processen. Jag kan berätta om det jag kommit underfund om, men det är tillsammans vi tar kunskapen till nästa nivå. Det är genom att vara delaktig och öppen för att det finns fler än jag som har något att tillföra som vi utvecklas.

Jag anser att det är viktigt som ledare av processer att jag själv är med. Vad menar jag då? Jo, att om jag gör fel, så säger jag förlåt. Om jag inte förstår något, så frågar jag. Om jag blir arg, så får jag bli det. Om något väcker mina känslor, så får tårarna trilla. Då låter jag livet och energin flöda. Då är jag mänsklig. Då är jag inte ofelaktig.

Det är oundvikligt att gå genom livet och inte klanta till det eller göra bort sig. Om ledare får bete sig som människor blir det lättare att hantera förändringar.

Om ledningen i Shen hade arbetat utifrån filosofin att de var del i processen hade konflikten tagits till bänken i stället för till advokaten. Det var säkert djupa grundsår som kom upp för att helas. När vi slutar sätta ledare på piedestaler, när ledarna själva tar ner sig på marknivå, då är vi jämställda.

En annan viktig pusselbit är kontrollbehovet kontra att lita på livets flöde. Om vi förstår att allt som tillhör oss enligt den gudomliga planen inte kan tas ifrån oss, då finns det inget att kontrollera. Det som är ditt att göra kan bara du göra på det sättet. Du är unik. Ingen annan kan göra det du gör. Även om det finns tusen svetsare så är ingen den andra exakt lik. Detsamma gäller kursledare.

Ledare inom Frigörande Dans tar med sig sina liv in i kurserna. Den ena är inte den andra lik. Jag tycker det är spännande. Det finns oändlig variation. Man kan arbeta med personlig utveckling på så många sätt.

Utveckling är just det. Utveckling. Om en metod är fastställd som den enda rätta vägen, finns det inget utrymme för vidareutveckling. Grupper som inte får in nytt blod stagnerar. Kunskap som är färdigpaketerad kan inte växa och förändras. Den dör.

Detta blev så tydligt när vår målargrupp tog in en fördjupningskurs i Vedic Art. Det hade skett så mycket och vidareutvecklats enormt, sa läraren. Vår grupp, som målat 8 - 10 helger per år i fem år utan ledare, tänkte att vi kunde lära oss något nytt. Men, de som utvecklats, var vi. Metoden hade stått still. Den skulle hållas "ren". Inga andra tekniker skulle tillföras, principerna var nog. Tala om syrebrist! Om de omfamnat metoder och tekniker som för en in i det skapande flödet hade det blåst liv i hela organisationen. Som sagt, jag tror på öppna nätverk och självgående grupper. De hjälper oss alla att växa.

I ett historiskt perspektiv användes metoder som liknar Shen redan i den grekiska antikens Askleipos' Läkegrottor, och i de egyptiska Per Ankh, eller *Livets Hus*. Och nu ska vi väl komma till själva metoden. Det är lätt att tro, att bara man lär sig tekniken, så kan man det. Men som med det mesta är själva strukturen bara början. Vad som är viktigt att lära är samspelet mellan känslor, orsaker, fysiska yttringar, andning osv. Man kan fördjupa sig hur mycket som helst. Tekniken eller metoden är basen, sen måste du lära dig att följa flödet. Det tar tid och för att riktigt ta till sig det behöver man jobba med sig själv.

Nyckelsession

När vi själva har upplevelsen av en nyckelsession, då förstår vi, då vet vi hur det fungerar. Innan dess kan vi ha en intellektuell förmodan, men vi vet egentligen inte, vi kan tro vi förstår men det är bara delvis förankrat.

Vad är då en nyckelsession? Det är ett begrepp jag lärde mig i Shen, men det kan hända i alla terapier. Förståelsen för hur det hänger ihop finns även förklarade i läror om hypnos och andra terapier. I en nyckelsession kommer man till grunden av ett beteende, mönster eller upplevelse. Man kan gå många varv innan man kommer till botten av brunnen så att säga.

Hur vet man då att man hittat nyckeln? Jo, dels löser man upp den känslomässiga knuten, dels upplever man hur man själv medverkat och vilka val man faktiskt gjort. När man upplever en nyckel är det en stark känslomässig upplevelse. Det räcker inte att någon annan säger vad det handlar om och så går du vidare. Att någon annan säger det löser inte upp det. Visst, det hjälper att fösa upp det till medvetande, så du kan gå ner i skiten och slänga ut den.

Hur vet man då om man har fått tag i hela nyckeln? Du kommer att upptäcka att du är förändrad. Du reagerar annorlunda eller du hamnar inte längre i samma situationer. Det viktigaste kännetecknet för att man verkligen gått till botten är att man inte längre har något behov av att prata om det.

En händelse är bearbetad när den slutar ha en emotionell laddning. Du minns den och du kan berätta om den, men det orsakar inte att det stockar sig i halsen, snörps åt i bröstet eller ger dig ont i magen. Vi kallar det att händelsen är neutral, den är färdig.

Om det är något du ältar eller om du återkommer till känslomässigt liknande händelser, så har du inte nått botten. Fortsätt och ta ett varv till.

I en nyckelsession kommer insikten hur du medverkade till att du fastnade i känslan. Först när du tar ansvar för ditt beteende, och medger för dig själv det val du faktiskt gjorde, så förlöses hela knuten. Först då förändras ditt liv. Dina energier är annorlunda och du går en ny framtid till mötes.

Jag kunde inte släppa mitt agg till familjen över att ha blivit tvångsförflyttad till USA som fjortonåring. Inte förrän en nyckelsession, då jag upplevde valet jag faktiskt gjorde. Jag valde att följa med. Jag ville inte vara ensam. Jag kunde ha insisterat på att stanna hos min moster och gudmor i Sverige. Det fanns andra lösningar. Vad jag inte insåg då var att jag förlorade mig själv genom att inte våga gå en annan väg.

Efter den sessionen ändrades hela mitt perspektiv på livet. Man vet om man haft en nyckelsession, den är så omvälvande. Behöver man fråga om man haft en så har man inte upplevt en. Som orgasmer, man vet om man haft dem. De går inte att ta miste på.

För att ge dig en helhetsbild av Shen har jag infogat och anpassat text från grundorganisationens broschyr. Som ni kanske märker används ett lite annat språk, men jag tog med det för att det ligger så mycket bra baskunskap i det. Dessutom spenderade vi åtskilliga timmar på att noggrant översätta - det vore synd om allt detta arbete var förgäves. Passar på att infoga att varumärket Shen, registrerat i USA och Storbritannien, hade redan gått ut när organisationen sprack 2002.

SHEN fysio-emotionell förlösningsterapi

- *när du har förlorat ditt självförtroende och ständigt tvivlar på dig själv*
- *när du alltid är överstressad, även när ingen annan i omgivningen är det*
- *när du har ihållande smärta som inte kan förklaras medicinskt*
- *när du inte längre har kontakt med dina känslor*

- *när du alltid är rädd fastän du vet att det inte finns anledning till oro*
- *när dina känslor ständigt upprör kroppen*
- *när du inte kan lämna det förflutna bakom dig och gå vidare i livet*

Vår emotionella hälsa är grunden för vår fysiska hälsa och våra känslor formar våra reaktioner på livet. Shen arbetar på denna urgamla visdom.

Vi vet alla att våra kroppar ställer till uppror när vi är känslomässigt upprörda, och att våra känslor påverkar och stör vårt sätt att relatera till andra människor. Detta stämmer inte bara för känslor kring dagens händelser, utan lika mycket för känslor som sitter kvar från smärtsamma händelser som vi upplevde för länge sedan. Det är först nyligen som man har kommit fram till varför de fortfarande kan påverka oss.

Tidig forskning inom Shen avslöjade att smärtsamma känslor som rädsla, sorg och underlägsenhet sätter igång en reaktion som man kan kalla "spjälningseffekten", en reflexmässig muskelsammandragning. Den har normalt funktionen att förhindra att vävnad skadas av de skarpa kanterna på en avbruten benpipa. Smärtsamma känslor sätter igång spjälningseffekten därför att våra kroppar inte kan skilja mellan fysisk och emotionell smärta. Eftersom våra hjärnor inte förmår att upphäva sammandragningen, så förblir de gamla smärtsamma känslorna instängda och fortsätter att besvära våra kroppar med onödig värk, färdiga att blossa upp när vi utsätts för liknande händelser i nutid - vilket ofta skapar överdrivna känsloutbrott och andra reaktioner som vi sedan ångrar men inte kan göra ogjort.

Fortsatt forskning ledde till insikten att våra känslor sitter i och fungerar i biofältet som genomströmmar våra kroppar och sinnen. Det är i biofältet som Shen verkar. Därför ger Shen resultat på så vitt skilda symtom.

Så här gör vi under Shen-behandlingen

Du som tar emot lägger dig raklång, fullt påklädd på en speciell Shen-bänk. Du kan känna sprittningar eller andra förnimmelser medan du slappnar av, somnar eller kommer in i ett meditationsliknande tillstånd.

Ofta kommer glömda minnen av väsentliga händelser från tidigare skeden i livet upp och återupplevs. Du kan förvänta dig att få känna många känslor som är förbundna med dessa händelser när de framträder och lämnar din kropp, men på ett nytt sätt - ett sätt som du utan svårighet kan hantera.

Den som ger riktar bioflödet (Qi-energin) mellan sina händer in i och igenom de områden i kroppen där vi upplever känslorna. Detta görs i en komplex sekvens av behandlingssteg som läggs upp efter klientens individuella behov. Bland det första vi vill göra är att upphäva muskelsammandragningarna som stängde in våra smärtsamma känslor. Allt eftersom dessa hinder för hälsan börjar lösas upp, tar vi itu med att återuppliva klientens inre jag och stärka den självkänsla, inre lugn, glädje och medkänsla som varit fångade under den känslomässiga smärtan. I de fortsatta Shen-behandlingarna kan vi nå djupare och djupare lager av känslor.

Shens kliniskt grundade metoder kan föra med sig snabba och dramatiska förändringar av symtom som ofta tar åratal att uppnå med andra mer traditionella metoder.

- *Har du arbetat hårt med att upptäcka de tidigare händelser i ditt liv som skapade dina reaktioner, bara för att finna att det inte räckte med att bli medveten om orsaken för att du skulle bli fri från dess verkan?*

- *Verkar dina känslor leva sitt eget liv och få dig att säga eller göra saker som du efteråt ångrar?*

- *Har du kroppsliga besvär som din läkare och hans kollegor hänför till känslomässiga orsaker eftersom de inte kan hitta en medicinsk orsak?*

Shenbehandlingar har hjälpt många människor med sådana besvär, liksom med besvär som är uppräknade i början och slutet av detta stycke. Vanligtvis behövs en serie behandlingar för att förlösa djupare liggande känslolager. Vi har funnit att ju mer i olag kroppen är, desto snabbare kommer resultatet. Känsloladdade saker som mera sällan kommer upp till ytan tar längre tid.

Med sina avancerade begrepp kring känslans natur, kroppsorganens reaktion på känslor, och hur undermedvetna, kroppshållna känslor påverkar vårt beteende - i kombination med den unika kopplingen till biofältfysiken - är Shen ett oöverträffat hälsoverktyg. Shenterapeuter, som arbetar djupt och kunnigt med de kroppsliga aspekterna av känslor, är ledande i utvecklingen inom den alternativa hälsorörelsen.

Hur stör "spjälningseffekten" våra fysiska kroppar?

Sammandragningar som orsakas av smärtsamma känslor utövar en press på organen och körtlarna i den kroppsdel där smärtkänslan uppträder, och stör den normala funktionen. Lägg märke till hur det knyter sig i magen när du känner ett sting av rädsla, eller hur svårt det är att andas när ditt bröst snörs åt av sorg.

När den smärtfyllda känslan är kraftig, eller uppträder om och om igen, så blir den instängd i den kroppsdel där vi upplever den. Det leder till fysiska besvär som saknar organisk orsak och som motstår medicinsk behandling.

När smärtfyllda känslor förlöses ur kroppen, brukar dessa besvär minska dramatiskt eller upphöra helt.

Liknar SHEN Therapeutic Touch eller Reiki?

Nej, vårt mål inom Shen är inte att balansera auran, men att aktivera biofältet så att vi därigenom kan förlösa instängda smärtsamma känslor. Våra metoder är annorlunda, och vi kanaliserar inte ned någon universell eller kosmisk kraft, eller använder några heliga symboler.

Hur frigör jag mina känslor?

Innebär "att frigöra känslorna" att man ska skrika hejdlöst eller slå och sparka? Nej, vi uppmuntrar inte till skrik eller någon annan fysisk aktivitet. Även om sådana utlevelser kan trötta ut kroppen, så kan de inte förlösa känslan. (Smärtsam känsla ger sig inte av genom strupen, händerna eller fötterna.) För att verkligen utmatta och frisläppa känslan måste vi först tillåta oss själva att helt och fullt känna dess inre verkningar. Shen gör detta på ett enklare sätt.

Vad menas med "Biofältet"?

Vad menas med "Biofältet"? Är det detsamma som "Energifältet"? Begreppet "energi" har en annan definition inom vetenskapen. The National Institute of Health i USA definierade år 1994 "biofält" och använde termen som standarduttryck i sin rapport: *Alternative Medicine Expanding Medical Horizons*.

Alla atomer och molekyler i människokroppen omges av små elektromagnetiska fält. Dessa små fält synes samverka till ett stort biofält, på samma sätt som individuella fält runt atomer och molekyler av järn samverkar och bildar det större magnetiska fält som flödar igenom och omkring en magnet. Man har funnit goda bevis för att biofältet fungerar i den lägre skalan av det elektromagnetiska spektrat.

För att Shen ska fungera är det inte nödvändigt att du förstår hur biofältet fungerar, eller att du tror på det. Shen fungerar därför att det är grundlagt på principerna för fysik och fysiologi.

"Ytligt sett verkar Shen vara en i raden av alla kroppsbehandlingar eller energibehandlingar. Detta är långt från sanningen. Shenteknikerna är unika, inte bara på grund av att de grundar sig på fysik, utan Shenmetoderna grundas på en ny medvetenhet om hur känslorna påverkar kroppen och styr vårt beteende. Shen är ett kraftfullt verktyg för verklig och snabb förändring, både på det personliga och det psykosociala planet. Det är förvånansvärt hur snabb och verklig förändring kan ske med hjälp av SHEN." ... Richard R Pavek

Shen fysio-emotionell förlösningsterapi

- *för blockerade sexuella känslor*
- *för depression*
- *för ätstörningar*
- *för irriterad tarm*
- *för menstruella/premenstruella besvär*
- *för migrän*
- *för panikångest*
- *för fobier*
- *för stressbesvär efter personlig kris*
- *för rehabilitering efter övergrepp*

Om du vill läsa mer om Shen kan du gå in på min hemsida www.divinedesign.nu, länk bakgrund, och klicka vidare till Shen och Kairos organisationerna. Läser du danska finns där även två förträffliga artiklar. Den ena är en översättning av Richard Paveks föredrag vid den stiftande konferensen för *The Chinese Society for Behavioral Medicine and Biofeedback* 1988 och den andra är Tove

Asmussens egen artikel om Shenterapi publicerad i norska Alternativt Nettverk 1997. Tove var den första Shenterapeuten i Norden. Hon kände att hennes uppgift var att få artiklarna publicerade för att sätta fröet. Jag har känt att min uppgift är att förankra kunskapen. Tydligen skulle en hel bok skrivas...

Känslorna svallar

Det är svårt att skriva om det här, om Shen, om mina erfarenheter. Så börjar tårarna trilla och insikterna ramla in. Det har varit en lång och krokig väg hit. Så jag ska berätta om den. Jag hittade som sagt Shen i Seattle 1991. Började med att gå i enskild terapi, gick snart med i en utvecklingsgrupp som leddes av läraren och terapeuten. Så till hösten skulle det bli kurs. Vid det laget hade jag förstås läst boken och ville lära mera. Första hindret blev att kursen var ju bara till för de som skulle jobba som terapeuter. Vi andra var icke önskvärda. På något sätt övertygade jag dem att det skulle gynna dem och mig om jag gick kursen.

Redan första dagen kände jag, det här vill jag undervisa i. Jag visste att det här ska jag lära ut. Jag nämnde det till kursledarna. De svarade med att först måste du bli certifierad terapeut. Ok då kör vi tänkte jag och fortsatte med utbildning och praktik.

Vid den tiden höll de på att sätta ihop *intern*-programmet. Den exakta betydelsen av intern är likvärdig med AT-tjänst som bara finns inom läkaryrket. En bättre beskrivning är praktikperiod eller lärlingstid. Det här med att man måste vara terapeut först gällde tydligen bara en del av oss. En som gick kursen efter mig blev samtidigt lärare och terapeut. Favoritism existerar överallt.

När jag var nästan färdig med certifieringen, efter alla kurser, praktikbehandlingar, godkända byten, utövande av Shen på lärare och på klient inför lärare hade jag bara en sak kvar. Att ge en serie sessioner till en migränklient. Jag drabbas själv ytterst sällan av huvudvärk så enligt universums attraktionslag var det inte så konstigt att ingen migräntyp knackade på min dörr. Jag frågade om jag kunde uppfylla kraven på annat sätt. Nej det var inte möjligt.

I samma veva 1993-1994 var jag en hel del i Sverige och flyttade till och med hit en sväng, för att en kort tid senare återvända till USA. Det var nödvändigt att göra resan fram och tillbaka med hull och hår, dels för att komma i kontakt med vad jag saknat, dels för att hämta upp en del av mig jag lämnat kvar. Sen var det dags för mera terapi och andra utbildningar. Shenterapin fick vila, oavslutat tre behandlingar från målsnöret.

När jag flera år senare hamnade i Sverige kände jag att min uppgift var delvis att plantera metoden i Norden. Innan jag flyttade kontaktade jag herr Pavek. Då fick jag reda på att kurser var på gång i Norge tack vare en artikel som danskan Tove Asmussen fått publicerad i Alternativt Nettverk. Tove hade jag träffat i Seattle när hon gick sin utbildning där.

Det kändes rätt att åka på kurs till Norge, så dit drog jag första gången hösten 1998. Gick med i organisationen igen, åkte på världskonferensen i San Diego 1999 och fick en ny mentor, från Skottland den här gången. Vid det här laget hade praktikperioden utökats, från 60 klientsessioner till 200. Och så skulle man skicka in en serie på 10 på en och samma person till certifieringskommittén.

Jag fick otroligt fin kontakt med mina norska och brittiska kollegor. Kände mig hemma. Dryftade igen att jag var intresserad av instruktörsbiten samt att organisera kurser i Sverige. Men först skulle jag bli certifierad. Jag gjorde mina praktikbehandlingar, skickade in protokollen till Skottland. Först göra, sen översätta, sen till grannen för att faxa. Det blev mycket jobb, men som mina norska kollegor också upptäckte lärde vi oss på djupet. Varje session gick vi igenom flera gånger tack vara språkskillnaden.

Innan jag fick lov av min mentor att skicka in för certifiering bad hon mig skicka hela serien till henne först, en gång till. Hon ville vara säker på att jag skulle få godkänt. Nja, kom det tillbaka, hon var inte 100% att de skulle godkänna den så kunde jag göra en till. Visst vissla fram en klient som vill lägga ut för 10 behandlingar på raken. Jag hade tur, men klienten kom från annan ort så skulle det vara ok att göra en intensiv?

Mera byråkrati och tid, men de meddelade att under rådande omständigheter skulle det väl vara ok, men då fick jag faxa mellan varje session. En intensiv betyder att man ger tre till fyra sessioner per dag i tre eller flera dagar.

Det blev tre intensiva och produktiva dagar. Det skedde jättemycket för min klient. Så varken min mentor eller jag förväntade oss problem. Vi hade verkligen en vinnare här.

Det dröjde, jag hörde ingenting. Det var ingen liten sak att skicka in alla papper. Man skulle också skriva en uppsats om hur man själv utvecklats. För att få godkänt måste man ha minst en nyckelsession och också kunna beskriva hur livet förändrats därefter. Som ni hör ingen enkel process. Till saken hör att man inte fick ta fullt betalt förrän certifikatet var utfärdat.

Så småningom ringer min mentor. Det har uppstått ett problem. Kommittén ifrågasätter min serie, tycker att jag coachat för mycket och vill att jag ska göra en till. Jag går i taket. Jag tror inte det är sant. Men i efterhand så kan man se en röd tråd. Varje gång man tror man uppfyllt kraven, så höjs ribban. Jag vägrade att skicka in en serie till och efter långa diskussioner fick jag äntligen certifikat.

Varför så mycket tjafs och kontroll? Alternativbehandlingar är över huvud taget inte reglerade i de flesta länder och få hade någonsin hört talas om detta institut. Nästa ribba blev att man måste förnya sitt certifikat vartannat år genom vidareutbildning. Ni kanske börjar förstå hur mina tankegångar halkat in på helt andra banor, varför jag så starkt förespråkar nätverk och självgående grupper.

Många som idag söker den här typen av kunskap har redan certifikat så det räcker, de kan tapetsera med dem. De behöver inte gå hela utbildningen. Det skulle gynna alla om de kunde införliva den kunskap som bygger på deras, genom att kurser anpassas efter deltagarnas utgångsläge. Torde inte vara så avancerat att göra, eller hur?

Jag dryftade igen att jag var intresserad av att lära ut. Nästa stöttesten var att grundaren själv ville hålla i utbildningen i nya länder. Att jag inte gav upp! Men det är så när man är på en mission från ovan, man har en inre drivkraft som kan förflytta berg. Man ger sig inte.

Det blev en massa tjafs om broschyrer och organisation, summan av kardemumman blev att jag avsade mig den organisatoriska biten i Sverige. Efter något år kom frågan om jag fortfarande var intresserad av att utbilda mig till instruktör. Funderade lite och sa ja, med stöd och uppmuntran från mina norska kollegor. Det skulle vara flott att inte behöva kämpa så förfärligt med språken...

Utbildningen skulle bestå av att jag var med på minst tre grundkurser med målet att undervisa en hel kurs som slutkläm. Grundkursen var då en åtta dagars affär där man gick igenom alla flödena och teknikerna samt ledde gruppen in i och igenom den terapeutiska processen.

Även där höjdes ribban. Jag skulle avlägga min examen och leda en hel kurs. Men så sa grundaren att nu skulle vi också assistera på fortsättningskursen. Till saken hörde att man fick åka till England eller Skottland, det kostar pengar, det tar tid, och betalt får man inte. Men ok då...

Äntligen skulle jag åka sista resan och avlägga examen, få mitt diplom. Mindre än två veckor innan jag ska åka, biljetten redan bokad, ringer min mentor. Inga goda nyheter. Vid styrelsemötet i USA hade det uppstått en oläkbar chism. Tre fjärdedelar av instruktörerna gick ur Shen-organisationen för att bilda en ny, namnet kom senare att bli Kairos.

Jag kände att jag hade varken ork eller pengar att marknadsföra ett helt annat namn med allt vad det innebar med att skriva ny kurslitteratur osv. Dessutom kände jag att jag ville införliva andra övningar under mina kurser. Jag upplevde att det blev för restriktivt att bara ligga på bänken. Jag visste ju utifrån egen erfarenhet hur mycket mer fart det blir på känslorna om man dansar, målar, tonar, andas varvat med bänktid. Men då skulle de lägga sig i igen. Vilket sanslöst behov av kontroll.

Det blev bråk mellan de två lägren. Man blev tvungen att välja sida. Var man med i den ena organisationen fick man inte vara med i den andra. Grundaren av Shen uppträdde hotfullt och vi fick alla brev från hans advokat med dunkla antydningar.

I samma veva hade jag börjat skriva på en bok. När allt sprack kändes det helt fel att börja om igen med samma snäva struktur. Jag föreslog ett nätverk, med fria tyglar, samverkan och utbyte. Det föll inte i god jord.

Sommaren gick, jag tvivlade på bokprojektet, satsade på att göra basgrejer som massage och meditation. Som klienter dök den ena konstiga gubben upp efter den andra. Magkänslan sa mig, att det var inte massage de var ute efter utan sexuella tjänster. Jag tackade nej.

Så en dag i slutet av juli klippte jag gräset. Inget ovanligt i sig. Dagen hade förtecken av mystik. En fjäril kom till mig och jag kände starkt närvaron av en väninna som gått över till andra sidan några år tidigare. Undrade vad hon ville säga mig. Gräsmattan i Paradis var ingen platt affär, det sluttade och slingrade. Helt plötsligt känner jag vänsterfoten glida iväg i rabattkanten, höger hänger inte med, benet viker sig under mig och jag landar, förskräckt.

Hörde något snäpp men hoppades det var en pinne jag landat på. För säkerhets skull hoppade jag in, hämtade en påse frysta ärter, virade in i handduk, la upp foten och ringde sjukhuset. De tyckte jag kunde vänta till morgonen men om jag ville så fick jag komma. Ringde runt och fick tag på en kompis som kom ut och hämtade mig. Hon hade ställt ner bilen i garaget tidigare så den skulle vara sval, men hon hade ingen aning om varför. Hon skulle ju ingenstans.

Så fort läkaren berättade att jag fått en spiralfraktur och skulle vara gipsad i minst sex veckor fattade jag. Du ska skriva din bok nu!

Tre böcker senare på engelska och en ljudbok på svenska sitter jag här och skriver om Shen på svenska för svenskar. Den långa vägen men nu blir det rätt. Det är som universum sliter isär trådarna tills vi får det rätt...

Jag har när allt kommer omkring lagt ner enorma summor på att utbilda mig till både terapeut och lärare. Då när jag började skriva kändes det helt rätt att göra det. Men nu känns det viktigt att föra ut kunskapen till så många som möjligt. Visst känner jag en viss oro hur de i Shen och Kairos kommer att reagera, om överhuvudtaget. Det har gått fyra år och alla de svallande känslor som då var i gungning har lagt sig. Nu har de olika lägren slutit fred och samarbetar med varandra och godkänner varandras kurser.

Jag ser förstås att kunskapen ska finnas tillgänglig för alla och inte bara en liten elit. Att läka med Shen och andra terapier är naturligt. Det är egentligen självklart att alla kan och har förmågan. Vi är inne i en tidsålder då allt hemlighetsmakeri avslöjas och lyfts fram i ljuset.

De säger att ljuset ska komma från Norden. Då får vi väl se till att göra allt vi kan. Mitt bidrag är denna bok.

Flöden i Shen

Då har vi äntligen kommit fram till den tekniska delen. Hur man lägger händerna på varandra. Jag ska passa på att säga att Shen är enligt min mening en av de mest effektiva terapierna när det gäller att läka djupa trauman. När jag varit ute och hållit föredrag får jag ofta frågan hur jag kan vara så glad och öppen när jag gått igenom så mycket svårt.

Mitt svar är terapi. Kan jag bara få er att fatta en sak. Gör det inre arbetet så behöver ni inte vara ett offer för det förflutna. Bryt ihop, lägg er på bänken, och gå vidare.

Till att börja med beskriver jag energiflödena så du lär känna dem i din egen kropp. Det tog ett tag innan jag kom underfund med hur jag skulle göra. Traditionen bjuder att man ritar och illustrerar. Men det ville sig inte riktigt. Så var min vän Karin Swanström nere i hemtrakterna för att lansera sin första bok FRI GÖR ANDE DANS - att följa livets flöde och som vanligt bollade vi idéer mellan njutningsfulla måltider.

Då trillade polletten ner. Jag kunde göra meditationer för varje flöde, så du kan lära känna hur det fungerar i din egen kropp innan du lägger vantarna på någon annan. Förstår du själva strukturen så blir det lättare att sedan följa det helande flödet när du jobbar med andra människor.

När du väl tränat övningarna på dig själv kan du börja öva på andra, om de frivilligt gått med på det. Utforska tillsammans, byt mellan att ge och ta emot, ta tid för att prata om era upplevelser och funderingar. Om känslor dyker upp, bejaka dem och låt dem bubbla över. Låt flödet ta över. Lär dig kapitulera i nuet.

Som jag tidigare påpekat är jag ingen vän av 1-2-3 instruktioner. Visst kan man lära sig göra en metod på det viset. Problemet är att man lätt hamnar i slentrian och tappar kontakten med nuet. Jag tror det är bättre att förstå helheten, systemet, de underliggande principerna för att sedan plocka upp det helande intuitiva flödet. Då blir det bra. Kanhända att du då tar med något från en annan lära. Jag säger hurra, det är just det som är meningen. Vissa lärare vill då tvista om vad som ingår i deras system. Nuet är nuet, flödet är flödet, vad spelar det för roll vad det heter eller vem som kommit på det? Om det hjälper en människa att plocka ihop spillrorna, att komma ihåg sitt sanna jag, är inte detta tillräckligt?

När du känner dig redo för *meditationerna i Shen* så ligger de vid bokens slut under *ÖVNINGAR*.

Fontäner, chakran & emotion centers

Kärt barn har många namn. I Shen kallar vi dem känslocenter (emotion centers). Den indiska traditionen kallar energihjulen i kroppen för chakran, som betyder snurrande hjul. Jag väljer att kalla dem fontäner, för i Shen jobbar vi med ett flöde genom dessa energicentra som fungerar som fontäner i kroppen.

Var dessa centra ligger i kroppen och vilka egenskaper som associeras med dem varierar lite från lära till lära. Jag utgår från min egen erfarenhet som i vissa fall stämmer väl överens med Shens teori, och i andra inte. Ni bör göra samma sak. Använd mina observationer som utgångspunkt tillsammans med allt annat ni vet.

Fråga er lite då och då - är detta verkligen sant? Stämmer det för mig?

Jag tror att all kunskap är färskvara. När jag lär ut och delar med mig så integrerar ni kunskapen i era medvetanden. När vi sedan tillsammans praktiserar det vi tror vi vet, så tar vi kunskapen till nästa nivå. Ingen lära är statisk. Den är alltid förnybar och utvecklingsbar. För den skull behöver man inte slänga bort det man vet eller kan, speciellt om det fungerar bra. Men vissa vetenskaper skulle må bättre av ett öppet sinnelag där det fanns utrymme för utveckling.

Fontänerna i kroppen har olika funktioner. Alla känslor kan upplevas överallt i hela kroppen, men generellt är de starkast i sitt hemcenter, men inte alltid. Stirra dig inte blind på dessa funktioner, använd dem som ledtrådar om det gynnar ditt arbete. Ibland fastnar vi i teorin och glömmer det empiriska arbetet.

Vid **roten** som ligger mellan anus och könsorganen upplever vi kontakten med jorden, den hjälper oss att vara grundade. När vi flyttar blir vi som uppryckta växter och kan ha svårt att hitta balansen igen innan vi rotat oss både fysiskt och känslomässigt. Roten är det centrum som stänger av vid djupare trauman, det är här chocken kommer in för att skydda oss. Vi skulle inte klara av att hantera alla känslor på en gång vid ett trauma. Kroppen är smart och stänger rotcentret. Därför är det så viktigt i terapeutiskt arbete att få igång rotcentret. I detta center upplever vi djup sorg, skräck, fasa, stark rädsla och död.

Den **sakrala** fontänen ligger mitt emellan naveln och blygdbenet. I Shen kallas detta center för kath. Här ligger mittpunkten för självet, alltså inte egot eller personligheten, utan det centrerade jaget. Här flödar kreativiteten, sexualiteten, skuld och skam, självkärlek, självförakt, fred, krig och det sakrala, det heliga, våra inre tempel. Oavsett om man är man eller kvinna huserar här den gudomliga energin som vi borde respektera och behandla varsamt. Vid övergrepp blir detta center starkt påverkat.

Solar plexus ligger mitt emellan naveln och v-et i bröstkorgen. Här ligger livsviljan och livsuppgiften, rädsla, ilska, makt, upprymdhet, humor, likgiltighet, håglöshet, tristess, ångest, panik, irritation. Många lägger känslor om liv och död i roten. Jag har upplevt dem starkast i solar plexus.

Hjärtat, alltså fontänen vi kallar hjärtat, ligger mitt i bröstkorgen, mellan bröstkorgens v och bröstbenet (sternum). Naturligtvis känner vi här kärlek men även känslor som sorg, ledsnad, bedrövelse, vemod, dysterhet, respekt, vördnad, ånger, samvetskval, hat till andra (hat till sig själv ligger oftast i sakrala centret). När vi blir "överkörda" känner vi det starkast i hjärtat.

Halsens fontän ligger i halsgropen. Här uttrycker vi oss, kommunicerar, släpper fram kreativiteten. Ett mycket viktigt center att hålla flödande.

Pannan, eller tredje ögat ligger mitt i pannan i vecket. Här upplever vi intuition och klarseende, clairvoyance.

Kronan ligger på toppen av hjässan. Här kopplar vi upp oss till andens energi. Om roten är kopplingen till jorden så är kronan kopplingen till himlen. Fötterna på jorden och huvudet i himlen.

En *fontänmeditation* och *en egen Shen session* finner du under ÖVNINGAR vid bokens slut när du är redo.

Insikt

Oavsett hur långt man kommit eller hur länge man än jobbat med sig själv, finns det alltid något nytt att lära. Ibland trillar insikten in med dunder och brak och hela ens värld rasar samman. Man ser att de val man gjort inte varit för ens bästa, utan har varit baserade på det som är bekant, det som är som man är van.

Som så många gånger förr, sitter jag här klockan halvtre på natten för att skriva om den senaste polletten som trillat ner. Nej jag sitter inte uppe varje natt. Men de gånger känslosvallet gått igång och jag släppt ut det gamla, börjar tankarna virvla i en annan riktning. Jag somnar och sover gott, bara för att vakna med en ny gryende klarhet i mina insikter. Inte alltid så lätt att ta.

Det började med att jag kände mig så dum, så otroligt idiotisk, jag förbannade mig själv för att ha varit så dum. Att jag inte kunde se hur jag hade valt fel gång på gång. Hur jag valt män som inte någonsin skulle kunna ge mig det jag behöver. Det blev så tydligt i kontrasten mellan de som jag umgås med som vänner, som jag känner mig trygg och ledig med och den typ av män som jag haft relationer med. Där spänningen är hög men som av någon anledning aldrig är tillfredsställande.

Någonstans har det programmerats in att deras behov är större än mina. Att vad de behöver överskuggar mina behov så jag får aldrig en chans. Tänk att ha jobbat så mycket med sig själv och ännu inte kunnat se det förrän nu. Genant känns det. Men det är det som jag ser är så viktigt i rollen som lärare. Att inte stanna upp i sin egen process utan fortsätta att utvecklas och lära. Någonstans inom mig har jag förstått med huvudet att många av mina relationer varit grundade på det jag varit van med från familjen och tidigare liv. Mina föräldrar fick inte den grundsats de hade behövt, de visste inte hur de skulle ge oss barn vad vi behövde emotionellt. Min bror och jag var vuxna barn som emotionellt tog hand om dem.

På sistone har jag haft ett tema att bryta mönster. Jag insåg att det blivit en vana att ta ett glas vin till maten varje dag. Och det är väl inget problem i sig, visserligen en mer kontinental vana än nordisk, där det verkar helt ok att supa sig stupfull till helger, men en liten hutt till vardags, det är ju suspekt som bara den. Jag kände också att ibland blev det mer än ett glas, kanske två eller tre. Inte mer, jag är dålig på att dricka har jag fått höra mer än en gång. Jag har aldrig förstått vitsen med att supa sig full.

Hur som helst är jag periodare på allt. Det har funnits perioder tidigare då jag gått in i mitt inre och slutat med alkohol helt och hållet. Min kropp vill inte ha det helt enkelt. Så var fallet igen, det har gått kanske tre, fyra veckor. Jag saknar det inte ens. Det är som att gå tillbaka till tonåren, innan man skulle bli vuxen och lära sig dricka och allt det där. Lite som att röka, första gången är inte så gott. Med åren har jag upptäckt att vin är egentligen det enda jag tycker om och så förstås cognac, benedictinelikör och lite annat.

Men så är jag då inne i denna mönsterbrytande period. Lägger av med vinet helt och hållet. Kanske också för att man inte vill fastna i ett mönster. Bryta traditionen. Göra något annat. Det är sommar och jag känner mig kreativ. Jag vill vara ute och gå på kvällarna, eller ta tillfället att vara med på Friskis och Svettis utegympa - som jag ännu inte kommit till, men jag drog igång en Frigörande Danskurs på tisdagkvällar. Min energi nu handlar inte om att sitta och äta och dricka utan ett mer aktivt någonting.

I och med denna mönsterbrytning känns det som andra mönster vill göra sig tydliga. Se här, så här har du valt, så här har du betett dig. Vill du fortsätta att ha det så här? Mår du bra i detta? Lägger du verkligen din livsenergi på det som tillfredsställer dig?

Häromdagen var jag på Lidl. En vän har hjälpt mig upptäcka hur bra de är på färsk frukt och grönsaker, för att inte tala om deras choklad och glass. Många härliga varor för njutningslystna. På väg in i affären springer jag ihop med en man som jag känner från en av mina fritidsaktiviteter. Han är spontan och glad att se mig. Vi har för vana att kramas. Han håller om mig och säger "vad gott det är att krama dig." Han är uppenbarligen väldigt glad i mig - det är ömsesidigt. Jag är väldigt glad i honom. Han är gift så det handlar inte om annat än vänskap, nog så viktigt det, men poängen är just detta spontana raka "jag är glad i dig-kramande."

Senare samma dag träffar jag en man som jag trott jag skulle kunna vara intresserad av som mer än vän. Han är blyg och visar inte vad han känner. Jag har inte en aning vad han egentligen tycker om mig. Jag är uppenbarligen inte en del av hans inre krets. Varför attraheras jag av någon som inte ens i öppningen ger mig det jag så innerligt vill ha? För att det är bekant. Jag är van att så här är det. Gamla mönster som inte längre är till nytta är till för att brytas.

I och med att jag blir medveten om hur jag har valt om och om igen, kan jag bryta det. I och med att jag ser klart och tydligt, om än med djup smärta i livmoder och ögon, så kan jag vända på mitt liv. Jag kan välja annorlunda. Det är inte min uppgift att rädda världen. Visst jag kan visa och så frön, men varje människa måste själv vilja något annat. Och varför tror jag att jag måste nöja mig med någon som inte är där jag är? En tanke som dök upp om och om igen var att man får ta vad som bjuds. Ungefär som att jag inte förtjänar bättre.

Kan tänka att den tanken kommer från ett liv i Belgien och Nederländerna på 1700-talet där min far skickade bort min käresta i svartsjuka och jag hamnade i prostitution och dog vid 40. Ett eländigt liv. Det fanns inte så mycket att välja på. Man fick ta vad som bjöds och passade det inte så svalt man. Hög tid att släppa det livet.

Som ni ser är det många turer. Det är så med personlig utveckling. Vägen är målet. Livet är här och nu.

En längre tid har jag haft lappar uppsatta lite här och där:

mina behov

...står det på dem. Som en påminnelse till mig själv att ta hand om mig själv. Att se till att mina behov är tillgodosedda, att jag tänker på mig själv. Jag är jättebra på att känna in vad andra behöver. Har behövt träna mycket på att säga "jag vill..." speciellt med vänner och i andra sammanhang. Verkligen känna efter. Vad vill jag? Hur vill jag ha det?

Kommer att tänka på en semesterresa för flera år sen. Jag umgicks med en väninna som var olik mig i mycket, hon var extrem extrovert och hade stort behov av att vara bland folk. Jag däremot är mer ensamvarg men ändå social. Vi åkte på tältsemester, skulle vara borta en vecka. Innan vi åkte pratade vi om att vi var så olika. Nu gällde det att var och en av oss kände in vad vi behövde för att må bra och var vi kunde kompromissa och mötas. Det var en utmaning, men en mycket bra sådan.

Vi var duktiga. Vi pratade och lyckades med att hitta den svåra balansgången mellan två så olika personligheter. Det gick bra i fyra dagar, men så kände vi spänningen växa. Vi hade ett snack, båda kände av att det skulle inte gå i längden. Jag sa att stannar vi ute hela veckan är det stor risk att vänskapen brakar ihop. Vi har gjort det bra, men det är bara att inse att vi är för olika för att det ska bli bra om vi fortsätter. Om vi åker hem nu så kan vi skiljas som vänner. Så semestern blev fem dagar och vi kom hem lyckliga. Vi hade vuxit i detta möte.

Något år senare insåg jag att vi verkligen var på olika spår. Min väninna hade i detta livet ett behov av intensiva förhållanden, där man stöter och blöter allt och pratar mycket och ofta. Det var hennes utmaning och utvecklingsväg. Jag däremot har inte den inriktningen i detta liv. Det är inte mina behov. Jag släppte taget. Det hade inte gynnat hennes eller min utveckling om vi fortsatt att umgås. Hon behövde hitta vänner som också ville ventilera på samma nivå. Det är också en insikt. Att man behöver släppa varandra för att var och en har olika utvecklingsvägar. Man är helt enkelt på olika spår.

Så det där med att ta hand om mina behov har jag blivit rätt så bra på. En av mina vänner uttryckte förvåning över mina lappar med *mina behov* så iögonfallande placerade.

- Det är du väl bra på? sa hon.

- Jo, i många fall, svarade jag. Men det känns som en nivå till är på g.

Det var det mycket riktigt. Affirmationer som dessa påverkar oss på en mer undermedveten nivå. Det kan ta lite tid för affirmationen att ta rot. Men det fungerar.

Dags att krypa i säng igen. Jag har skrivit i en timme, det tar inte mer tid att få ur sig det väsentliga. Nu kommer jag att somna lugnt. Nästa gång du vaknar och det maler, kliv upp och skriv, eller tona, måla, dansa. Man kan göra allt detta tyst utan att väcka hela huset. Gå inåt och använd fantasin. Och släpp fram det som finns inom dig.

Mer om alkohol

Det var vid midsommar. Jag önskade att det skulle regna hela helgen. Då blir det mindre fylla och våld, färre kvinnor blir skändade. Vad har hänt med denna sommarhögtid? Som egentligen är till för att fira sommarsolståndet, den ljusaste dagen på året. En dag att hylla fruktbarheten. I stället har det för många blivit en fyllefest, fullt-ös-medvetslös.

Jag funderar över varför det anses normalt i Sverige att supa sig stupfull när det är helg, men man anses vara snudd på alkoholist om man dricker vin till maten varje dag. Varför denna önskan till fullt-ös-medvetslös? I mina tankegångar super man bara så rejält om man mår dåligt.

Om ett glas förhöjer stämningen så går det snabbt utför vid andra eller tredje glaset. I Spanien anses det vara höjden av oförskämdhet att bli berusad. Det är den värsta fadäs du kan göra i sällskapslivet. Att hålla koll på sitt intag och inte överskrida sin kapacitet anses som en självklarhet i deras ögon.

När vi dricker så vi blir fulla, alltså inte bara lite glada, utan så fulla att vi inte vet vad vi gör eller kommer ihåg det nästa dag, då har man problem, om man mäter enligt amerikansk alkoholkunskap. Där har det jobbats mycket med rehabilitering och gemene man är generellt väl insatta i alkoholism som sjukdom. Kändisar och presidentfruar som gått ut offentligt med sina problem och berättat om vägen tillbaka har bidragit till att det finns en förståelse rent allmänt. Dessutom har många företag tagit tag i att hjälpa sina anställda.

De som blir alkoholister är ofta känsliga människor. Efter första eller andra glaset dämpar man känslor. Det är ett sätt att bedöva sig. Det kanske låter konstigt, alla har väl lyssnat till fyllesnack där någon gråter i glaset. Jovisst, men det är ett ältande och snyftande som inte leder till upplösning av känslorna. De ligger kvar, obearbetade. Det tjänar ingenting till att tålmodigt lyssna till en alkoholpåverkad berätta om hur djävligt de haft det. Det hjälper inte dem och det hjälper inte dig.

För att lätta på och verkligen släppa ut känslorna måste man ner djupare än så i nyktert tillstånd. I fyllan är bedövningen för stark för att man ska kunna förlösa det hela.

Jag förstår inte riktigt varför vi i Sverige har ett så konstigt förhållande till alkohol. Det känns som det är förbjudet att njuta. Jag har aldrig förstått vitsen med att bli full. Visst jag dricker gärna ett glas vin till maten och njuter av den förhöjda stämningen. Men att bli så full att jag raglar och spyr intresserar mig inte. Jag förstår helt enkelt inte varför man tycker det är kul.

Är det för att det är så förbjudet? Under förbudstiden i USA på trettiotalet dracks det mer än någonsin, just för att det var förbjudet.

Helt plötsligt blev det riktigt spännande. Folk som annars inte drack en droppe ville nu hitta de hemliga klubbarna.

Meditation i Ton

Att sång kan påverka hälsan upptäckte munkarna i ett Benedictinekloster. En ny abbot tyckte det var onödigt för munkarna att ägna sig åt att sjunga sex till åtta timmar om dagen, och inställde sången. Snart därefter blev munkarna trötta och deprimerade. Den ena experten efter den andra kom för att hjälpa munkarna bli friska igen, men rådde ingen bot på det. Till sist blev Dr. Tomatis tillfrågad, som genast insåg att det var just sången som hade gett den laddning de behövde för att arbeta tjugo timmar om dagen. När de återupptog sin dagliga Gregorianska sång, blev de snart pigga och friska.

Dr. Tomatis är pionjär inom helande tekniker för det medvetna örat (www.tomatis.com). Hans bok *The Conscious Ear* är en klassiker i ljudhealingcirklar.

Meditation i Ton handlar inte om att bli munk, men om att slappna av, ha roligt och lära dig något nytt och leka med toner som finns inom dig. Här finns en uppsjö av övningar att välja från. Chakratoner, andnings- och rörelseövningar, tonhealing, att sjunga affirmationer, turbokramar och HU-sång är bara några exempel. HU är en gammal tibetansk chant som fungerar som själens stämgaffel. Meditation i Ton hjälper dig att finna din röst och komma i bättre kontakt med dig själv, balanserar hjärnhalvorna, fördjupar andningen, gynnar förmågan att vara helt närvarande i nuet och stärker immunsystemet.

Meditation i Ton är mitt eget samlingsbegrepp för ljudhealing, tonlekar eller övertonssång. Kärt barn har många namn. Jag har en speciell förkärlek för det meditativa och sakrala inom ämnet och som ni kanske märkt leker jag gärna med ord.

Jag kom i kontakt med toning under min tid i Seattle. Jag var med i flera grupper som träffades varje vecka under ungefär fyra års tid. Jag hann lära mig mycket och kanske ännu viktigare praktisera så att kunskapen nu sitter i ryggmärgen. För mig är det bästa sättet att förankra kunskap. Mina lärare studerade med pionjärerna inom ljudhealing och delade varje vecka med sig av sina studier. Det hjälpte ju dem också att förankra vad de lärt sig genom att förmedla vidare till oss.

Mina lärare var klassiskt skolade inom operasång och kommunikation. Deras lärare var bland annat Jonathan Goldman, Dr. Alfred Tomatis, Don Campbell, Olivea Dewhurst-Maddock, alltså gräddan av de internationellt kända i branschen.

Det finns en hel del teorier om vad toning gör för oss. Jag upplevde att den stärkte min röst, öppnade upp kommunikationen och kreativiteten. Jag hade alltid fått höra att jag inte kunde sjunga. Med toning upptäckte jag att det kunde jag visst. Toning hjälper dig att få bättre kontakt med din intuition, din andning, din kropp.

När vi tonade i Seattle upptäckte vi att toningen hjälpte hjärnhalvorna att koppla samman. De som var vänster hjärnhalva dominanta släppte logik och tankar, de som var mer höger hjärnhalva dominanta kände hur de blev mer närvarande och kunde tänka klart. Vi kände att hjärnbarken kopplade samman de två halvorna, tonernas vibration gjorde att hjärnan fungerade som helhet. Det om inget annat vore väl vara nog skäl för att alla skulle lära sig att tona.

En intressant teori är att det är vibrationerna i skelettstrukturen som ger de hälsosamma effekterna när man tonar. Speciellt när man skapar övertoner så kan man känna dallringarna i luften och vibrationerna i benstommen.

Grundläggande instruktioner

Du behöver inga speciella redskap för att tona. Du behöver inga förkunskaper. Du behöver inte alls kunna sjunga. Ibland är det till och med lättare för oss oskolade att komma ihåg hur man gör. Slappna av, din kropp vet någonstans därinne hur du ska sätta tungan rätt i mun. När man tonar är mjukhet och tålamod viktiga egenskaper. Du kan sitta, ligga ner eller stå när du tonar. Tänk på att hålla ryggraden rak, detta gäller nästan alla komplementära övningar, när ryggraden är rak så flödar livsenergin bättre och du har starkare kontakt med dig själv.

Vilken övning du än gör så börjar du med att stilla dig på plats, gå inåt, andas lugnt och djupt. Tonen hämtar du upp inifrån, när du är redo kommer ljudet på utandningen, du behöver inte anstränga dig eller tänka på hur du ska göra. Lita på att din kropp minns. Släpp logiken. Var lekfull, ta fram femåringen inom dig. Det är ok att experimentera. Vad händer om jag skiftar fokus hit? eller dit? Vad händer om jag sätter tungan så? Eller si?

Ansträng dig inte. Toning ska var lättsamt. Skriker du så spänner du dig och kan skada stämbanden. Du behöver inte låta högt, eller lågt. Volymen kommer av sig själv. Tonen kommer av sig själv. Andas in och andas ut. Låt ljudet följa med upp på utandningen. Det är ok om du sitter helt tyst genom många övningar. Jag har haft kursdeltagare som inte yttrat ett ljud på en hel termin. En deltagare som suttit tyst flera gånger blev överraskad när ljudet bara kom, helt plötsligt var det bara där.

- Jag kunde inte ha hejdat tonen om jag hade velat, utbrast hon förvånad.

Så slappna av, du kan inte göra rätt och du kan inte göra fel. Detta lärde jag mig av en av mina första lärare. Vi ville alltid veta vad som förväntades av oss.

- Vad ska vi se? Vad ska vi uppleva? frågade vi gång på gång när hon introducerade en ny övning.

Hon sa om och om igen:

du kan inte göra rätt och du kan inte göra fel

Till slut fattade till och med vi. Denna grupp bestod av såna som jag, duktiga, mentalt alerta, vetgiriga men i dålig kontakt med sina känslor. Här fick vi lära om. Även denna grupp träffades varje vecka under ett och ett halvt år. Kunskapen förankras, en del skulle säga nöts in, i ryggmärgen.

De flesta av oss har lärt oss i skolan att det finns ett rätt svar. Men i praktiken, i den verkliga världen så finns det många svar. Speciellt när det handlar om oss själva, vårt välmående, så är det bara en själv som kan säga vad som är rätt och vad som är fel. Det är bara du som kan veta hur du mår. Hur sjutton ska någon annan kunna bedöma det? De har fullt upp med sig själva.

Allt eftersom du övar med toner kan du lägga till andningsövningar. Det är bättre att göra lite åt gången, kila in det nya, än att göra en mastodontsession. När man tar det bit för bit bygger man upp färdigheterna i mjuk och lagom takt. Det är mindre risk att du tar i för mycket. Att tona syresätter blodet. Är du inte van är det bra att ta det piano.

När man djupandas är det viktigt att klämma ut all luften. Gör du inte det är det risk att du känner dig svimfärdig och det svartnar för ögonen. Orsaken är den gamla luften som är kvar i lungorna. Du ska heller inte hyperventilera. Tänk dig munk och stillsamhet så är du på rätt väg.

Är ni flera som övar så bilda en ring. Det blir bättre energier i en cirkel och när samklangen ljuder kan man känna tonen i mitten av cirkeln. Underbart!

Hmmm...

Vi ska börja med den allra enklaste övningen. Att humma lärde jag mig från en CD med Chris James som en väninna hade med sig. Jag tar med övningen här för den är så enkel och perfekt att leda dig in i tonens värld. Om du är blyg och inte vill att någon ska höra kan du humma i duschen, i bilen, tyst för dig själv när du är ute och går. Man kan också sätta på bakgrundsmusik. Gör vad du behöver göra för att komma igång. När du väl dragit ur korken lär ingen få hejd på dig.

Tänk dig nästa möte på jobbet. Ni sätter er runt konferensbordet, lägger ner era saker och sitter stilla i tystnad en stund...

om du kör bil medan du lyssnar så håll ögonen öppna och fokus på vägen...

så börjar vi humma. Hmmm... hmmm... hmmm... hmmm... andas och slappna av, fortsätt att ljuda hmmm... hmmm... hmmm...

fem minuter är en bra början...

Kom ihåg att andas in avslappnat och låt ljudet följa med på utandningen, lugnt och naturligt. För den här övningen fungerar det bra att andas genom näsan.

Om du tyckte det här var kul så finner du *flera tonövningar* längst bak i boken under rubriken ÖVNINGAR.

Tänk hur produktiva och kreativa vi skulle bli om skol- och arbetsdag började med en gemensam chakratoning och meditation. Eller om vi samlades när vi kom hem för en gemensam stund av Meditation i Ton. Vi kan förändra världen...

Självgående grupper

Jag pratade tidigare om nya terapimodeller, nya sätt att lära ut. Grunden till mina tankar kommer från åratal av medverkan i självgående grupper, olika kurser, möten med olika sätt att lära ut och leda. Jag har alltså haft tillfälle att observera och tänka.

När jag säger självgående grupper så är de inte ledarlösa. Det är alltid NÅGON som tar på sig ansvaret att säga nu tycker jag vi gör så här. Denna någon kan förstås variera. Men man kan inte driva en grupp i kommitté, det måste finnas någon som tar tag i saker. Givetvis finns det många sätt att göra detta och det beror också på vad man håller på med och hur stor gruppen är.

Att följa flödet som ledare

Flera av mina lärare har inspirerat mig att tänka annorlunda när det gäller ledarskap. Jag kanske redan hade ett försprång från min tid i karriären. En av mina mentorer sa att han från början var imponerad av mitt sätt att hantera en grupp. Jag tog reda på vad alla tyckte och tänkte, sen fattade jag ett beslut, nu gör vi så här. Han är inte den enda som kommenterat min kapacitet när det gäller grupper. Jag har också fått höra att jag har förmågan att ta pulsen på en grupp. För mig faller det sig naturligt.

När jag gick lärarutbildningen i Shen fick jag möjlighet att dra igång en grupp utifrån helt andra premisser än de vanliga. Eftersom alla kände varandra väl, och detta var en sluten organisation med diverse problem, övertramp och till och med övergrepp så kunde de inte öppet berätta sina historier. Men i Shen är huvudsyftet att komma åt känslorna. Jag tyckte det var kul att få vara kreativ. Hur får vi dem i kontakt med sina känslor utan att de behöver lämna ut sin situation?

Vi började med att berätta våra egna historier. Jag berättade om hur jag blivit våldtagen och nästan mördad, en gripande historia eftersom jag inte helt fått ut alla känslor då. Under de närmaste dagarna gjorde vi inte sharing i vanlig bemärkelse. De fick måla sina känslor, de fick berätta var i kroppen de upplevde spänningar, de fick uttrycka vad de kände med ett ord, eller kanske två. Vi lekte oss fram till det som fanns under ytan, utan att berätta en enda historia.

Efteråt sa min lärare att innan den kursen hade hon inte en aning vad jag var kapabel till. Man vet aldrig vad någon kan göra förrän de får chansen att göra det. Hur skulle man beskriva detta i en meritförteckning till exempel? Tyvärr har det blivit så idag att vi lägger större vikt på hur en människa säljer sig än hur de gör jobbet. De som springer runt och pladdrar om hur duktiga de är kanske inte är lika bra på att göra som de som är tysta. Något att tänka på när det känns som förpackningen blivit viktigare än innehållet.

Min första Shenlärare ledde även en grupp i livsenergins grundprinciper. Att följa flödet var en av hennes naturliga gåvor. Hon kände in, lät oss berätta var vi var och så anpassade hon kvällens innehåll därefter. Ofta började vi med att göra en väderleksrapport. Helt enkelt känna efter hur vädret är i kroppen, tankarna, känslorna och själen. Är det stormigt eller lugnt, molnigt eller soligt, kaotiskt eller flytande? En övning vi alla kan göra lite då och då för att få bättre kontakt med nuet.

Vi träffades en gång i veckan i en och en halv timme, jag var med i ungefär ett och ett halvt år. Sen löste läraren upp gruppen, hon kände att vissa deltagare fastnat. I stället för att ta till sig övningarna och införa nya sätt i sina liv använde de gruppen som en slags ventil.

En annan lärares passion var helande och kristaller. Hon satt med oss i cirkeln och delade med sig av det hon lärt sig. Hon såg det som att när vi gör övningar tillsammans så vidareutvecklas kunskapen, tillsammans tar vi det till nästa nivå. Ett stort kliv från traditionell korvstoppning där auktoriteten står framför en grupp sittande i rader, som i skolan, och informationen flödar endast åt ett håll. Energin flödar inte alls i dessa situationer enligt min mening. Min sanning. Som sagt, det finns ingen sanning med stort S, bara olika uppfattningar.

När jag leder vill jag berika, ta fram möjligheterna, bygga vidare. Det handlar inte om att jag ska visa hur duktig jag är eller hur mycket jag kan. Som lärare gäller det att förmedla grunderna, lära ut baskunskaperna för att sen släppa loss så eleverna kan träna och pröva och utforska. Återkoppling, hur gick det, vad har vi kommit underfund med, vad har ni för frågor. Repetition och fördjupning är nödvändig om man verkligen vill lära sig något i helhet.

Tillsammans

En intressant grupp jag var med i blev till efter att kursledaren i Frigörande Dans flyttat till en annan stad. Vi i gruppen ville fortsätta, vi kunde grunderna väl vid det här laget, och vi var alla vana att jobba med oss själva. Det vill säga vi var inte rädda för våra känslor och hade erfarenhet av att ta oss igenom svåra stunder. Vi bestämde oss för att fortsätta på egen hand, dela på ansvaret och skramla till hyran.

En tog med stereo och hade hand om nycklar och ekonomi. Gemensamt bestämde vi tema för nästa träff. Det var upp till var och en att ta med sig musik eller övningar till nästa träff. Ville man leda en hel session så var det bara bra. Vi träffades två timmar i veckan på söndag eftermiddag. Tider som ofta passar bra är lördag förmiddag, söndag eftermiddag, eller vardagkvällar. I USA går ofta grupperna året runt, här i Sverige blir det många avbrott för helger och semestrar. Det blir inte alls samma kontinuitet.

Vi brukade starta varje sammankomst med lite sharing om var vi var och vad vi tagit med. Vi var en liten grupp på fyra till tio personer så det var lätt för alla att komma till tals. Processen får du anpassas efter gruppens storlek och behov. Ibland droppade det in människor som ville bli ledda, få terapeutisk hjälp att sortera vad de upplevde. De kom sällan tillbaka. Det var ju inte den sortens grupp. Man måste ha baskunskaperna i bagaget innan man kan ge sig in i en sån här tillämpning i verkligheten annars fungerar det inte.

Vid sharingen brukade vi lägga upp programmet, vilken ordning vi skulle ta musiken. Vi hade väldigt roligt i vår gemensamma utforskning och växte i vår intuitiva förmåga. Efterhand behövde vi inte ens bestämma tema i förväg, vi bara kände in vad som var på tapeten energi eller känslomässigt och följde inspirationen. När jag ser tillbaka är det uppenbart att jag tränats att följa flödet och lärt mig lita på ingivelserna. Det är vad vi alla kommer att behöva i framtiden.

Gruppen upplöstes när byggnaden skulle rivas, vi förlorade helt enkelt lokalen. Några av oss försökte dra igång gruppen i en annan lokal, men det ville sig inte. Allt har sin tid.

Vi vill bara måla

Som jag berättat tidigare började jag måla hösten 2000. Hade vetat om det länge, men det hade bara inte blivit av. Men nu var det dags. Läraren hade en grupp bestående av före detta elever, man kunde fortsätta att komma för en nominell summa, samtidigt som hon tog in nya elever. När jag började hölls kurserna i Virserum, men sedan flyttades de till Vimmerby. Grundkursen avverkas på fyra veckoslut.

Vi var ett gäng som verkligen trivdes i lokalen i Virserum. De andra hade varit med i flera år när kurserna hölls i Djursdala, men var lite trötta på att åka. Alla utom jag bodde i Hultsfred kommun. För att göra en lång historia kort (jag vet, du kan fråga mig vad klockan är och du får veta hur man tillverkar en) så bestämde vi att boka lokalen i Virserum en helg och testa hur det fungerade att träffas där, på egen hand utan lärare. Det gick väldigt bra. Vi ville fortsätta och bokade flera helger. Vi bjöd in alla de andra, inklusive läraren.

Men det blev i stort sett bara vi. I början testade vi med olika musik, med meditation, vi avslutade helgerna med att gå igenom våra målningar, vi tonade och så fikade vi. Efterhand så blev fikastunden på lördag förmiddag längre och längre. Vi hade så mycket att prata om efter en hel månad. År ut och år in har vi fortsatt, det har blivit lite tavlor färdiga, mina kan ni se på min hemsida.

Man ska inte underskatta vikten av det sociala i ett sånt här gäng. Under de senaste två åren har två medlemmar dött. Eftersom vi alla är inne i det andliga tänket pratar vi lite annorledes än runt vanliga fikabord. Senast gick Kristina över. Hennes bästis är med i målargänget, hon skriver automatskrift, sist vi träffades hade hon ett meddelande från Kristina. En annan i gänget fick meddelande när hon satt och mediterade.

Så en målargrupp kan ha så många aspekter. Vi utvecklas i vårt skapande. Vi knyter starka sociala och känslomässiga band. Vi är som en stödgrupp för varandra, bollplank. På senare år har jag fått med några från Eksjö och Vetlanda så jag slipper åka ensam. De första åren bodde jag över hos Kristina. Hon lagade god mat och jag fick bada i hennes badkar. Vi pratade mycket på lördagskvällarna, drack lite rödvin. Det var under dessa avslappnade stunder som vi kom varandra nära. Förtroenden växte fram. Vi kunde berätta för varandra om svåra saker, som gjorde att tårarna trillade. Det kändes mjukt, inget var forcerat. Jag saknar henne.

Känslomässigt stöd

Jag minns så väl när en terapeut sa till mig att jag behövde känslomässigt stöd och kvinnliga vänner. Jag fattade inte vad hon menade. Jag hade väl vänner? Mest manliga förstås.

- Jo, svarade hon. Men stöder de dig? Vem lyssnar till vem?

Jag höll väl inte riktigt med, då. Förstod ju inte problematiken. Men som hon förklarade, så vänder sig män till kvinnor när de behöver prata, de vänder sig inte till andra män. Men kvinnor vänder sig till varandra. Ok, detta är en generalisering med det ligger något i det.

Vad jag behövde var vänner som stöttade mig, lyssnade till mig, trodde på mig. Jag var ju bra på det, men jag behövde det i retur. Som hon förklarade det, behövde jag min egen hejarklack.

För att vara öppen för känslomässigt stöd krävs en viss styrka. I det här fallet innebär det sårbarhet, som vi kanske minst av allt förknippar med att vara stark. Men det fick jag snabbt klart för mig. Syftet med terapi var att finna sin sårbarhet, öppna sig för sina känslor. *Vulnerable* heter det på engelska. Ett vackert ord. Tänk på en blomma som linnean, otroligt vacker men skör. Den längtar efter att behandlas med ömhet och varsamhet. Det gör vi människor med.

Vi behöver alla någon att anförtro oss åt. Dagböcker i all ära, men nu talar jag om medmänniskor av kött och blod. Som man kan dela sina sorger med, eller tala med om sånt som när ens själ. Vi behöver stöd och uppmuntran. Vi behöver någon som tycker om oss även när vi beter oss idiotiskt, som accepterar oss med alla våra fel och brister. Som kan säga förlåt och förlåta. Som vågar visa när de gjort bort sig.

När du är orolig, vem pratar du med? Om du grubblar på något, vem kan du ringa och ventilera det med? Vem vill du dela härliga nyheter med?

Går förtroenden åt båda hållen? Är det lika naturligt för dina vänner att lyssna eller delge som det är för dig? Ibland upptäcker man att jämställdheten inte finns där, det kan bli så innan vi ser mönstren klart och tydligt. Växterna i vår herres hage behöver gödning och vattning. Vi människor behöver det med. Naturen kan det här med kretslopp.

Vid det här laget har du säkert förstått att jag tror på nätverk. Där kan vi komma samman när det finns energi och följa flödet. Hierarkier och revirpink tillhör det förflutna, men det är inte alla som förstått det än. Men det kommer.

Vitsen med terapi

Behovet av terapi är så enormt. Singlar söker kontakt som aldrig förr på nätet och andra ställen. När de äntligen träffar någon som verkar trevlig upprepas gamla mönster och de blir ännu mera sårade, eller så gör de slut innan de kommer för nära. De tror att lösningen ligger i att hitta den rätta. Tyvärr är det inte fullt så enkelt.

När man jobbar med sitt inre och släpper ut gamla känslor och mönster i terapi så ser man att världen runt omkring förändras. Man attraherar och attraheras av en annan typ av människa, relationerna blir mer och mer hälsosamma. Man upptäcker att man vågar bemöta utmaningar på ett annat sätt. Man blir mer och mer medveten om vem man är, vad man behöver och litar mera på livet.

Många tror att de inte behöver terapi. Bara jag går undan och det får lugna ner sig så går det över. Och så händer det igen och de drar sig tillbaka. Vore det inte klokt att ändra mönstret så man slapp ha det så här? Möten med andra människor väcker våra sår och obearbetade känslor. Det är naturligt. Hur ska vi annars lära oss sätta gränser och ta vara på oss själva? Hur ska vi lära oss vad som är mitt och vad som är ditt känslomässigt?

Alla bär på obearbetade minnen som kan blossa upp när vi kommer en annan person nära. I stället för att stoppa ner känslan i säcken eller fly från den så har vi världens chans att släppa ut den och bli av med den. Vi människor är märkligt funtade. Varför tror vi att allt ska vara en dans på rosor utan konflikter?

Vitsen med terapi är att sortera och släppa ut skräpet, så du slipper upprepa gamla mönster. Vid det här laget har jag tappat räkningen på hur mycket terapi jag gått igenom, men det är åtskilligt. Det tar tid att bygga om från grunden. Allt beror på vad du varit med om. Har man inte fått med sig alla byggstenar i uppväxten måste man bygga om och bygga till i terapi. Jag vet inget annat sätt. Att det fungerar är jag livs levande exempel på.

Vikten av att kunna byta behandlingar med andra terapeuter lärde jag mig genom Shenterapin. Det ingick i vår utbildning. Regelbundna egna behandlingar var en grundläggande princip, därför att du inte kan hjälpa andra länge än du själv kommit. Carl Jung skrev om detta, han tänkte som så, "hur kan jag jobba med patienters drömmar om jag själv inte har vågat utforska deras värld?" Mycket god fråga. Hans självbiografi *Memories, Dreams and Reflections* är en av de mest fascinerande böcker jag någonsin läst.

Jag märker att de jag bäst kan hjälpa är såna som varit med om djupare och långvariga trauman. Jag förstår den problematiken ända ner på cellnivå. Jag har ju själv varit och grävt i det mesta och har lärt mig hur man bygger om sitt hus från grunden.

När jag bodde i Seattle bytte jag varje vecka med en annan lärling i Shenterapi. När jag flyttade till Sverige åkte jag till Norge och Storbritannien på fortsättningskurser. Kollegorna jag träffade där blev mina nya bytarvänner. Vi turades om att åka till varandra på en vecka eller två. Det är en utmaning i närvaro att bo ihop och intensivt byta terapi, men en fantastisk träningsperiod att lära sig vad som är mitt och vad som är ditt. Att kunna säga att man är arg utan att projicera det på den andra. Man lär sig att ta ansvar för sina egna känslor. Man kommer varandra nära på ett helt annat sätt.

Jag känner en enorm frustration medan jag skriver detta. Jag vet hur stora behoven är. Visst tar det tid innan man får upp ögonen. Visst är terapi inte riktigt rumsrent - än. Visst lägger man tilliten till akademiska examen. Men vägen till läkning går genom din egen upplevelse och befrielse. Att det faktiskt innebär arbete att förändra sig. Som att bygga om ett hus.

Det är lätt att slå ifrån sig.

- Jag vet redan vad det beror på så jag behöver inte terapi, säger man. Det har lugnat ner sig, så nu behöver jag det inte. Det där är jag färdig med, är vanliga ursäkter.

Man tror att man bara kan köra på i ullstrumporna. Det är väl så i många förhållanden att den ena tror allt är ok, även om den andre klagar. Det är först när den ena går sin väg som den andra fattar, om ens då. Men är de villiga att göra det terapeutiska arbetet? Sällan. Det är ju inget fel på en. Det är ju den andra som måste ändra sig.

Varför är världen så knäpp? Varför kan man inte ta till sig att det är känslorna som måste pysa ut. Varför kan man inte se att det går att förändra sina liv. Svaret ligger inte ute i andevärlden, det ligger inom dig.

Det kan jag nog säga många gånger. Jag har stått på mässa ett antal gånger. Horderna rusar förbi mitt bord på väg till storseansen eller spådamen. Vad hjälper det dig att veta att du varit en egyptisk prinsessa? Hjälper det dig att leva här och nu? Hjälper det dig att bygga bra relationer med människorna runt omkring?

Varför tror vi, att vi inte behöver göra något för att det ska bli bättre? Varför tror vi att svaret finns utanför oss? Varför fattar vi så långsamt?

Jag ser om och om igen att när människor går in i nya relationer kommer oläkta sår upp. De kommer upp för att läkas, inte fly ifrån. Har man tidigare jobbat på liknande mönster kan man lätt trycka ner sig själv och tycka att man inte kommit någon vart. Men om du känner efter så ser du att denna gång kom du längre. Du hann bygga något nytt. Du fick uppleva något bättre innan mattan rycktes undan än en gång.

Det kan ta många varv på liknande mönster. Har du ett långvarit trauma, till exempel en alkoholiserad förälder i bagaget, så kan det ta lång tid att bygga en ny grund att stå på. Du fick aldrig uppleva normalt. Du fick inte uppleva att vara barn. Alla byggstenar måste göras om och det tar tid.

Varje gång vi upplever att någon slår undan benen, att mattan rycks bort från under våra fötter, så kommer vi in i ett chocktillstånd. Vi blir omskakade ända ner i grundvalarna. Om vi ser dessa händelser som möjligheter att läka ännu mera så är mycket vunnet. Ta tillfället i akt och bli riktigt ledsen eller förbannad. Skriv, måla, dansa, gå i terapi, gör allt du kan för att få ut dyngan.

Försök inte förstå, för det kan du inte i ett sånt känslotillstånd. Stoppa inte ner det. Gör allt för att sätta ännu mera fart på det. Universum har gjort dig en jättetjänst för att öppna upp. Det kan ta månader i terapi att komma till en sådan öppning. Använd den för att vräka ut skiten.

Det har hänt många gånger att en vän hamnat i kris. Jag har erbjudit kom hit och bo en vecka så ger jag dig en intensivbehandling så du kan transformera och hela. Sällan kommer de. Varför? Svara mig det. Det är inte så farligt säger de. Det känns lugnare nu. Förstår ni inte att känslorna kommer igen nästa gång det är kris? Lika bra att städa på en gång, eller hur?

Ska bli intressant att se vad för slutsats ni drar när ni väl läst hela boken. Vad har ni lärt er? Vad har jag lyckats förmedla?

Jag hoppas jag lyckas inpränta vitsen av terapi. Lär er grunderna, fortsätt utvecklas i grupp tillsammans. Jag ser att det kommer att vara lika vanligt att ha en behandlingsbänk hemma som en bastu eller meditationsrum på jobbet som fikarum. När vi nått stadiet där terapibänken finns på jobbet med, vilken värld.

Vad jag saknade i hypnosterapiutbildningen var just fortsättningen, där man kunde träna med varandra, ha läraren som mentor, som bollplank. Jag tror många utbildningar tappar på att inte fullborda erfarenheten. I många fall handlar det om girighet, det är svårare att klämma folk på pengar med en utdragen utbildning. Dessutom tror många att de inte behöver mer än några helger för att lära sig jobba med andra. De tror att de inte behöver göra det egna arbetet, nej de ska fixa alla andra. Se upp för dem!

Jag lärde mig tidigt att psyket är ingen lekstuga. Terapi är ingen kul partygrej man gör för att det är så häftigt. Vad hände mig kanske ni undrar? Jag hade en väninna på besök. Hon hade precis läst en bok om hypnos och regressioner, hur du kan göra det själv. Hon tjatade och tjatade på mig. Hon ville så gärna testa på mig. Till sist sa jag ok. Man skulle ställa en grundfråga. Hon föreslog att vi skulle ta reda på varför jag hade så svårt med auktoriteter. För mig spelade det inte så stor roll, det var ju inte jag som var den drivande. Problem nummer ett kan man säga. Den som ska behandlas måste själv ta initiativ och vilja göra det och få information om vad som kan hända, vad de kan förvänta sig.

Min kompis läste ur boken. Jag slappnade av och kom ner på rätt nivå. Hypnos är ett medvetandetillstånd vi passerar mellan sömn och fullt vaken, det är helt naturligt. Ett djupare lager än meditation. Min kompis läser vidare "gå tillbaka till en händelse förknippad med din svårighet med auktoritet" säger hon.

Minnet kom med en gång. Några pojkar hade tagit med mig till en byggplats där vi bodde och smetat ner mig med avföring från en bajamaja. Jag var väl en tre, fyra år. Pojkarna några år äldre. När jag kom hem storgråtande blev mamma helt ifrån sig, jag trodde det var mitt fel...

Min kompis ser att jag känslomässigt har fått upp något, hon frågar vad det är. När jag berättar med skälvande röst får hon panik. Hon instruerar mig att flyta upp från händelsen och komma tillbaka till nutid. Snabbt räknar hon upp mig till vaket tillstånd. Jag har ett oläkt trauma fullt uppfläkt som skakar om mig. Men när jag öppnar ögonen är min kompis helt ifrån sig. Hon är jätteskärrad och skakis. Summan av kardemumman är att jag får ta hand om henne och lugna henne. Jag har ju en viss vana, så var det hemma med mamma. Hennes behov var alltid störst. Det har vi vänt på nu.

Vad lärde jag mig av denna händelse? Först och främst att skaffa mig gedigen utbildning innan jag grävde i en annans psyke. Detta är ingen lekstuga. Det är viktigt att veta vad man ger sig in i och vad som kan hända. Det andra jag lärde mig var att inte låta vem som helst jobba på mig. Vi behöver behandlas varsamt. Vi behöver sätta gränser.

Jag har hört så många historier om de som gått en helgkurs och sedan drar igång hela grupper med allvarliga konsekvenser. De har lyckats öppna upp trauman, men sen inte haft en aning hur de ska hjälpa stackarna igenom till läkning och integration. Ledsamt och oansvarigt. Det är kanske inte så konstigt att det alternativa fått en sån flumstämpel. Det är mycket oseriöst i branschen. Det är många sårade själar som är kanske mer vilsna än dem de försöker hjälpa.

Det viktigaste är att ledare och terapeuter gör sitt eget inre arbete, annars fungerar det inte i längden. Å andra sidan kan man bli vilseledd. Bara för att någon varit på en massa kurser och tagit en massa behandlingar behöver inte betyda att de gjort det inre arbetet. Det går att flyta på ytan, även under de mest intensiva upplevelser. Det är inte förrän konflikter uppstår som man ser hur långt de egentligen kommit. Det är inte så lätt. Man vet inte vad man inte vet.

Det finns så många metoder

Läste i tidningen om en helgkurs i EFT, *Emotional Freedom Technique*, det vill säga känslomässig frihetsteknik. Tänkte att det kunde vara intressant. Men jag har ju redan mer än tillräckligt med verktyg att jobba med. Däremot kom jag att tänka på några av mina vänner som kanske skulle vara intresserade. Om de gick kursen kunde jag byta behandlingar med dem.

Om man får använda och praktisera det man lärt sig så fördjupar man kunskapen. Att gå en helgkurs är bara början. Får man då chansen att byta med andra som kanske har mer erfarenhet så växer kunskapen. En erfaren terapeut kan till och med ordna handledda byteskvällar, dagar eller helger. På det viset fördjupar terapeuten sin kunskap genom att lotsa gruppen. Jag önskar det fanns ett bra ord för *facilitate* på svenska. Det betyder underlätta, främja. Man ser till att det blir flöde och att deltagarna får möjlighet att utvecklas. Men *lots* var ett bra ord, det fångar essensen.

På detta sätt höjer man basnivån i samhället. Fler och fler har kunskapen inom sig hur man löser upp knutarna som kommer som ett brev på posten om man lever. Det är en del av livet att få sina törnar, att uppleva sorg, glädje, förluster och vinster. Alla händelser för med sig en känsla eller två. Lär vi oss att följa med och inte stänga av så mår samhället och framförallt vi själva bättre.

Tänk på alla våldsdåd som vore onödiga, som aldrig skulle komma i dager, om alla var närvarande i sina känslor. Våld är för det mesta ett fysiskt uttryck för en förtvivlan som de inte kan sätta ord på. Det finns inget kreativt utlopp för deras energier. Då blir den destruktiv.

Axelsons i Stockholm har länge haft ett projekt *Massage mot våld*. När man får regelbunden beröring och massage så minskar våldet. Ingen av oss mår bra av för mycket ensamhet och speciellt påverkas vi negativt utan mänsklig värme och beröring. Axelsons Gymnastiska Institut är Skandinaviens äldsta och största skola för komplementära behandlingsmetoder (www.axelsons.se).

Mjukhetens magi

Det finns många terapeutiska inriktningar. Man kan balansera, uppleva och uttrycka, man kan överlämna sig och falla inåt, man kan följa flödet. Alla sätten är bra vid rätt tillfälle. Men jag vill slå ett slag för mjukhetens magi.

Några exempel. När jag utbildade mig i hawaiianisk lomi-lomi massage var resten av deltagarna klassiskt skolade massörer i Sverige. Jämfört med de massörer jag stött på i USA är de svenska betydligt mer hårdhänta. Man ska ta i med nyporna. I lomi-lomi är rörelserna mjuka och behagliga, syftet är att få fysiska och känslomässiga spänningar att släppa. Man masserar längs energibanorna för att sätta fart på livsenergin. Om den svenska klassiska är hård och djup, så är den taktila mer en smekning på ytan. Lomi-lomi faller mitt emellan.

I lomi-lomi går man inte in och punktmasserar. Man går över hela kroppen och det är i repetitionerna av rörelserna som kroppen släpper sina spänningar. Under en övning bytte jag med en som tills nu trott att man måste ta i just där det sitter. Hon tyckte att jag var alldeles för mjuk i min beröring, så hon tänkte det händer väl ingenting. Hon kände en knut i skinkan, men tänkte jag säger ingenting, så får vi se vad som händer.

Hon blev jätteförvånad när spänningen släppte på tredje varvet, det bara pyste ut. Det är vad jag kallar mjukhetens magi.

Likaså i terapi. När man uppmuntrar och inväntar kroppen och känslorna, så lyfter de, de kommer upp till ytan. Går man på och provocerar är det lätt att personen går i försvar, muren blir ännu starkare. Alla har ju sin process och man kan inte forcera något.

Leka med möjligheterna

I dagarna fick jag syn på en annons om en kyrka till salu i ett grannsamhälle. Liten lägenhet och så samlingssalar, kök och wc, inte långt från sjö, skog, affär, tåg och bussförbindelser. Och så ligger det helt öppet vid vägen, både en för och nackdel. Pris 150.000 eller högstbjudande, välskött men gammalt. Min fantasi går igång, där finns det möjligheter. Sen tänker jag varför ska jag göra detta? Är detta mitt att göra? Är detta min väg?

Men tankarna återkommer till den lilla kyrkan, inte så liten med nästan 300 kvm i allt. Man kunde göra mycket med en sån lokal. Jag har önskat mig en ateljé, en plats att hålla till med rymd och närmare naturen. När någonting pockar på uppmärksamheten, när vi inte kan jaga bort det ur tankarna, är det ofta en signal att vi ska ta en chans på något. Det har hänt mig när jag tänkt på en människa. Ofta när jag då tar kontakt, visar det sig att de tänkt på mig.

Livet blir sällan som vi tänkt oss. En av mina vänner jobbade i Stockholm men tänkte sig en sommarstuga i Småland. Hon har sina rötter här. Pappan hittade en gård.

- Nej, men jag ska bara ha en stuga, protesterade hon.

- Vi åker och tittar, tyckte pappan. Det var auktion och de gav sig iväg. På vägen dit klappade han sig på bröstet och sa, "jag har handpenningen i fickan." Min vän tänkte han har då inte hört vad jag sagt. Jag ska inte ha någon gård.

När hon klev in i huset för att titta, såg hon en syn. Hon såg sig själv som gammal, i en gungstol i hörnet. Hon var lycklig. En kvart senare hade hon köpt en gård. Det var inte så långt senare som karriären i Stockholm tog slut, hon blev konsult och driver nu sin verksamhet från denna gård. Våra andliga vägledare ser längre än vi kan, men de delar sällan med sig allt de ser. Vi navigerar i blindo, till synes, men om vi litar på vägledningen så blir det rätt även om vi inte fattar varför.

Den här kyrkan dyker upp i mitt medvetande om och om igen. Det är bara några dagar men nu har det varit helg. Jag hittade info på nätet. Kanske jag ringer i morgon måndag. Det kostar ju inget att titta. Innan man vet ordet av har man gjort nåt man inte planerat. Det blir bäst så. Man ska inte tänka för mycket. Man kan analysera sönder allting, men jag tror inte det är meningen att livet ska vara så krångligt.

Efter några dagars paus med tillsynsvandring på Höglandsleden och samtal med vänner så klarnar synen. Nu förstår jag varför kyrkan spirade mitt intresse. Det handlar om strukturer och organisationsformer, om nya möjligheter. Vi behöver nya sätt att komma samman, nya sätt att arbeta. Vi som varit med i den alternativa svängen ett tag har redan upptäckt att det inte alltid är så lätt att omsätta i praktiken.

Vad som oftast hejdat framfarten är alla egon som blossar upp. Man har inte släppt de gamla tankemönstren när det gäller strukturer. Man tror fortfarande på konkurrens. Man styr och ställer från fel nivå. Man tror att det måste se ut på ett visst sätt.

Så ett frö

För flera år sedan drog jag igång en grupp i Jönköping som jag kallade Leka med möjligheterna. Så här såg inbjudan ut:

KULTURGRUPP DANSA/MÅLA/SJUNGA MM I JÖNKÖPING?

Jag har länge drömt om att ha en självgående grupp där vi träffas för att dansa, måla, tona, meditera, filosofera mm. Nu verkar det som det är dags att samla själsfränderna för detta äventyr. Om vi bildar en kulturgrupp genom ABF i Jönköping får vi disponera lokalen gratis och de hjälper till med administrativa detaljer. Vi får räkna med att vara självgående när det gäller material. Huvudsaken är att vi träffas och utvecklas. I lokalen finns bland annat stafflier.

Det här är alltså inte en grupp för nybörjare, utan för dig som har sysslat med en eller flera av intuitivt måleri, Frigörande Dans, Meditation i Ton eller annan ljudterapi och chakrasång, meditation, personlig utveckling med mera, med viljan att vidareutvecklas. Min tanke är att vi träffas en helg i månaden, som förslag kl 10-16 lördag och söndag, och att vi alternerar ledarskapet. Även om du inte känner för att ta på dig ledarskapet till att börja med behövs det alltid hjälp till att ordna nycklar och hålla reda på deltagarlistor och allmänt glada tillrop och moraliskt stöd. Man kan också vara flera som leder en helg, det är ett utmärkt sätt att prova på lite lagom.

I en grupp som denna sätts förstås inre processer igång så det förmodas att du har en viss vana att jobba med dig själv.

Jag föreslår följande datum...

Jag tar gärna ledarskapet första helgen.

Låter detta intressant? Sprid vidare till dina vänner och kollegor. Hör av dig om du också vill leda en helg. Intresseanmälan...

Det blev napp direkt. Arton personer anmälde sig till gruppen. En sa meddetsamma att hon ville leda helg nummer två och snart därefter dök ledare för helg nummer tre upp. Som jag hade hoppats och som det brukar vara på mina kurser var den geografiska spridningen stor. De kom från Jönköping förstås men sen var det som en stjärna - Eksjö, Vetlanda, Värnamo, Skövde, Motala, Uppsala - en härlig blandning med olika bakgrunder och kunskaper.

De flesta som kom var ledartyper. Jag såg det som vi sådde fröet till ett annat sätt att jobba i grupp. En ny typ av utvecklingsmöjlighet. Hur det gick och vad vi gjorde första helgen har jag beskrivit i detalj i *The Pathfinder Process*. Det är inte det jag vill berätta här. Jag tog med exemplet för att så fröet hos dig att det finns oändligt många sätt att få igång grupper och det behöver inte vara varken krångligt eller dyrt.

Studieförbunden är ofta hjälpsamma när vi tar initiativet själva.

Frigörande Dans

Dans har existerat i alla kulturer. Den är livsnödvändig, som Kerstin Thorvall så väl beskriver i flera av sina böcker. Dans för oss in i en annan värld. Man kan bli lycklig av att dansa. Rörelserna kan också väcka andra känslor, som ilska och sorg eller rädsla. När vi dansar rör vi om i livsenergins gryta och sätter fart på spritköket.

Frigörande Dans:

- *motion för kropp och själ*
- *lär dig lyssna till din kropp*
- *släpp loss din kreativitet*
- *locka fram ditt inre barn*
- *rör dig i din egen takt*
- *upptäck nuet och livets flöde*
- *vi dansar till all slags musik från hela världen*

När vi rör oss fritt och går in i vårt inre så händer det saker. Endorfiner frigörs, ni vet, det där njutnigshormonet som även dyker upp vid beröring och sex. Det finns många sätt att bli kåt på, dans är bara en av dem. Ibland är dansen orgasmisk, och tänk man kan göra det alldeles själv, var som helst, under alla omständigheter. Man behöver inte ens ha en musikanläggning, man kan föreställa sig trummorna och musiken. Det behövs heller ingen stor sal, man kan dansa på fläcken, även om ens hotellrum är pyttelitet.

Jag tror vi begränsar oss alldeles för lätt, lägger ribban alldeles för högt för att komma igång. Vi tror att vi måste ha de perfekta omständigheterna för att över huvud taget kunna börja. Så vad väntar du på? Sätt igång!

Vad jag älskar med Frigörande Dans är att det går att variera i oändlighet. Man får vara hur kreativ som helst, och all musik kan användas. Det finns inga begränsningar. Alla ledare som jag dansat med är helt olika och unika. De gör det med sin speciella prägel. Den man är som person genomsyrar hur man håller i dansen, valet av musik och kringliggande övningar. Även ledarens syn på den terapeutiska och kreativa processen återspeglas i dansen. Så ta chansen och dansa med så många du kan. Lugn, du behöver inte göra allt på en gång, men det är nyttigt att se dansen från olika vinklar och det berikar att testa sina gränser.

När du vill öva *Frigörande Dans* hemma så finner du enkla instruktioner i kapitlet *ÖVNINGAR*.

Dansa hemma, stäng av telefonen, säg ifrån att du inte vill bli störd. Få saker är så jävla viktiga att de inte kan vänta. Din omgivning kanske behöver lära sig lite tålamod eller att ta tag i saker på egen hand. Ibland blir folk beroende av en och det är ett mönster värt att bryta.

Överhuvud taget är det bra att bli medveten om mönster och testa andra sätt att vara. Det befriar att låsa upp.

Det mentala fängelset

Vi har alla begränsande tankar. Ibland är det svårt att bli medveten om hur man stänger in sig. Dansen är ett ypperligt redskap för att luckra upp det mentala fängelset. I rörelsens frihet har tankarna svårt att klamra sig fast, man upplever en varseblivning om sitt eget mentala fängelse. Att upptäcka det är en bra början, för hur kan man förändra något som man inte ens är medveten om?

Det mentala fängelset är en av de största hindren för mänsklighetens utveckling. Man klamrar sig fast vid gamla mönster och tankesätt, långt efter att de passerat sina bäst före datum. Jag vill att du ska vara fri, att tänka dina egna tankar, att känna dina egna känslor, att fatta dina egna beslut, att ha makt över ditt eget liv. Jag vill att du ska vara fri att bli den du var ämnad att vara.

Speciellt i Sverige ger vi bort alldeles för mycket makt och det är inte så konstigt att människor känner sig uppgivna. De kan knappt nysa utan att fråga om lov först hos någon byråkratisk myndighet. Helst ska de först fylla i blanketter och stå i kö. Tänk vad mycket livsenergi som försvinner i dessa korridorer.

Teman

Nu i sommar har jag dragit igång en lokal Frigörande Dansgrupp. Jag sätter ihop kvällens program samma dag som gruppen möts. För mig är det viktigt att känna in dagens energier och plocka musik och övningar därefter.

Vi började på fjärde juli, som är USA:s nationaldag. Eftersom jag är både svensk och amerikan så har jag ett speciellt förhållande till det amerikanska grundtänket. Frihet att yttra sig, frihet att skapa det man drömmer om, frihet att leva sitt liv som man vill. Frihetsgudinnan som står i hamnen i New York är en härlig symbol för just frihet. Så första danskvällen valde jag *frihet* som tema.

I stället för sharing, att dela med sig till alla de andra, bad jag deltagarna gå in i sig själva, göra sharing inåt. Ännu ett sätt att öva inlevelse i stället för utlevelse. Prat kan ofta vara ett sätt att inte känna, man pratar förbi eller över för att slippa känna på djupet.

Vid nästa sammankomst inledde vi med en skelettövnig. Det var fullmåne i Stenbocken som ju står för struktur. När jag lärde mig övningen, gjorde vi den på varandra. Denna kväll valde jag att leda övningen för att känna på sitt eget skelett, sin egen struktur, sin egen (ben)stomme. *Instruktionerna* finner du som vanlig längst bak under rubriken ÖVNINGAR.

Vi dansade sedan till musik som fick symbolisera att bränna gamla strukturer, alltså eldig musik, varvat med flödig och känslosam musik. När vi slängt ut det gamla kom tomrummet, tystnad, ligga stilla i tio minuter. Sedan kom nya vindar, musik med lättare inslag av luft, friska vindar som förde in nya tankar, nya mönster, nya möjligheter.

Vi avslutade med en kort sharing. Jag ville ha lite feedback hur allt hade fungerat. De flesta ville inte prata, bara vara med sina upplevelser och gå hem i lugn och ro.

En sak jag gör eftersom jag är utbildad terapilärare, är att hålla ett öga på hur deltagarna mår. Jag anpassar musiken och instruktionerna därefter, kanske uppmuntrar till att gå inåt, vara stilla, släppa fram något. Jag säger också, att är det något som kommer upp och de vill fråga eller känslor som väcks, så är det bara att ringa mig under veckan. Det skapar en extra trygghet.

Nio vägar till fred

Nästa sammankomst hade jag precis skrivit en nyhetstipsartikel på engelska om nio vägar till fred (Artikeln *Nine Paths to Peace* ligger på min hemsida www.divinedesign.nu). Det var än en gång oroligheter i mellanöstern och många människor var helt fokuserade på hur förskräckligt det var och kände sig maktlösa. Det fanns inget annat de kunde göra än att titta på hemskheterna i TV-rutan.

Oavsett hur lite vi gör för att skapa en bättre värld, så räknas varenda gest. Den fortplantas genom hela universum och påverkar allt. Så om vi dansar fred, eller målar eller helar eller tar hand om våra egna konflikter, så påverkar det alla andra. I det lilla förändrar vi det stora.

När vi låser oss i konflikter handlar det alltför ofta om det mentala fängelset. Vi kan bara se en lösning, vår egen, och motparten sitter i samma båt och då händer det ingenting. Det uppstår krig med all medföljande förödelse. Ingenting har hänt för att lösa problemet. Man har inte hittat till kärnan.

Visare män än jag har sagt att vi kan inte lösa problem på den nivå vi skapade dem. Såvitt jag vet var det Einstein som sa det. Alltså måste vi in på en annan våning i vårt inre för att hitta lösningar, nya möjligheter. Ett låst sinne kan inte se andra möjligheter. Börjar ni ana varför jag tjatar så mycket om detta mentala fängelse? Kan ni se vad det skulle göra för världen om vi alla kunde frigöra oss från detta fängelse som bara leder till förödelse?

När jag mediterade in hur man kunde dansa detta tema kom jag fram till ett program, som blev riktigt bra. Vi började med en kort inledning att gå inåt och känna efter hur konflikten i mellanöstern påverkade oss, hur det väckte saker i våra egna liv. Sen satte jag på trummor, massor av trummor, Brent Lewis, James Asher, Scott Fitzgerald, Nomad, Hedningarna... ja all slags musik som för oss tillbaka till dansen runt lägereldarna, ursprunget, kontakten med Moder Jord och dess rytm. Musik att stampa i backen till.

Vi dansade säkert en hel timme med bara trummor, för att verkligen gå ner och inåt, släppa loss. Sen satte jag på musik för att luckra upp rigida mönster, det där tankefängelset. Det blev Olivier Messiaen, klassisk musik i modern tappning, en verklig stretch, låter inte som något man är van vid. Därefter Pierre Dørje & New Jungle Orchestra, jazz som är oförutsägbar men också för in lekfullhet och glädje.

Som avslut helande musik, Barbara Hendricks Ave Maria...

Det blev jättebra, helt underbart, tiden bara flög förbi, inte mycket mer att säga. Tänk om vi kunde lägga energin på detta i stället för att träta om vem som har rätt och vem som har fel. Tänk om vi bara kunde se det från en annan nivå? Tänk om frid och fröjd verkligen vore möjligt?

Luft

Vi har bara träffats fyra av femton gånger i denna dansserie när jag skriver detta. Jag tror det räcker att beskriva dessa fyra första för att ge en inblick i dansens magi. Bäst är att dansa själv eller med en ledare. Vill ni läsa mera finns Karin Swanströms bok *FRI GÖRANDE DANS - att följa livets flöde*. Hennes sätt att skriva är inte så olikt mitt. En blandning av livets erfarenheter med instruktioner i ett icke linjärt flöde. Anne Grundel har också skrivit bok och gett ut flera CD, tyvärr har jag inte läst eller lyssnat så jag kan inte kommentera innehållet. Men hon är en av grundpelarna i svensk Frigörande Dans.

Fjärde gången vi träffades blev temat luft. Vad handlar luft om? Jo, andning, att fylla sina lungor med luft, att vädra sina sinnen, att låta nya vindar komma in... Luft är musik som påverkar hjärta, lungor, armar, strupe, kreativitet... Luft är blåsinstrumentens musik, panflöjt från Anderna och Sydamerika, Oboemusik i klassisk tappning, trumpeter, saxofoner, allt från mjukt och kvittrande till snabbt och stormigt...

Vi inledde med några andningsövningar. Det blir väldigt intressant när man kör ett tema en hel kväll. Ofta så blandar man, det blir alla elementen på raken, då hinner man kanske en kvart i jord, vidare till vatten, så eld och avslut luft. Att gå djupare in i ett tema varje gång passar förstås min läggning att pejla på djupet, men jag tror också att det ger alla chansen att verkligen gå in i temat innan man skenar iväg till nästa. Ett sätt att sakta ner det med.

Det var mycket armar med i dansen. En deltagare kommenterade att hon känt en sån glädje i armarna. Alla som sysslar med kreativt arbete behöver röra på sina armar för att få igång flödet.

Så passa på att dansa hemma, på jobbet, i naturen, på offentliga platser, när du handlar. Nynna för dig själv och svassa runt. Vad spelar det för roll om de tror du är tokig? De kanske bara är avundsjuka, för alla vill väl dansa?

Terapeutisk Berättelse

Undrar varför jag känner sådan irritation. Så insåg jag att nästa avsnitt i boken handlar om terapeutisk berättelse och då är det väl lägligt att jag har lite känslor att demonstrera med.

Igår kväll var jag med vänner på krönikespel vid Alvastra kloster. Fint nattspel med starka inslag av mygg, det var skönt att slippa köra på hemvägen och bara vara passagerare. Men vad trött jag var, orkade inte tvätta av allt myggmedel utan kröp utmattad i säng vid tvåtiden på natten.

Ni vet hur det är, man är övertrött, man orkar inte gå upp och duscha av sig men man ligger och vrider och vänder på sig. Stark doft av citronella och så känner man sig irriterad över ingenting, det är svårt att varva ner. Det tycker jag alltid när jag kommer hem sent efter en föreställning, jag kan inte bara stänga av och somna på direkten.

Nu på morgonen är det åskvarmt och kvavt, vaknade relativt tidigt och känner mig allt annat än utsövd. Irritation. Så att illustrera terapeutisk berättelse är tydligen läge.

Det finns vissa grundregler. Fokusera på dig själv. Skriv i jagform. Skriv vad som kommer i dina tankar och känslor. Bara skriv. Fokusera på hur du känner, utan att analysera. I terapeutisk berättelse handlar det om att få ut känslorna.

När ska man skriva? Jag tror man får ut mest av detta arbete om man jobbat med sitt inre i olika terapier ett tag. Den terapeutiska berättelsen blir då som en sammanhållande länk, en historia i helhet som belyser och lyfter fram och upp och ut saker som bara kan komma ut i ett sjok. Det är speciellt viktigt att få berätta sin historia om man blivit utsatt för övergrepp. Det är viktigt att bli hörd, att bli bekräftad, av sig själv i första hand, terapeuten i andra hand, medlemmar i ens terapigrupp i tredje hand.

Ni kanske undrar om de personer som begått övergreppen? Ska inte de få höra hur man mått? Är det inte nödvändigt att göra upp med dem? Nej, faktiskt inte. Den terapeutiska processen handlar om att göra upp med dig själv, att läka dig. Att kasta skuld eller bråka om vems fel det är läker ingenting, det gör saken oftast bara värre. Vissa terapeuter anser att del av läkeprocessen innefattar att konfrontera de som gjort en illa, andra anser att det är skadligt.

Jag tror att det är individuellt och bör övervägas innan man kastar sig in i det. I vissa fall kan det vara läkande. Men kom ihåg att först och främst handlar det om att konfrontera och läka sig själv. Det är först när man nått botten och rensat ut alla känslor och nått insikt om ens egna val och medverkan som man verkligen läkt det hela. När man ser sina egna val och sin egen medverkan kommer det ofta i slutklämmen en insikt som man innerst inne inte har velat kännas vid.

Att kasta skit på andra är inte produktivt. Däremot kan man skriva av sig och det är där terapeutisk berättelse kommer in. Mycket som skrivs med denna metod lämpar sig för papperskorgen eller eldstaden. Det är bara du och möjligtvis din terapeut som behöver läsa det.

Vill du veta mera om terapeutisk berättelse så har jag skrivit en hel bok om ämnet på engelska *The Naked Truth - an exercise in therapeutic storytelling and the principles involved in becoming finally free*. Jag berättar min historia i terapeutisk berättelseform, det vill säga jag demonstrerar med min egen historia hur man gör. De underliggande principerna återges i andra delen och som slutkläm finns min egen terapeutiska väg med alla metoder och terapeuter jag mött under resans gång.

Hur man gör vid *Terapeutisk Berättelse* hittar du vid bokens slut i kapitlet ÖVNINGAR.

Att korva sig igenom

Detta uttryck kommer från min väninna Kristina. Det handlar om att stå kvar, att inte fly, att sätta sig och ta tag i det som man vet man behöver göra.

- Nu Kristina, kunde hon säga till sig själv, ska du göra som Eva gör. Du ska sitta här tills du har korvat dig igenom det här.

Och så satt hon där tills det var klart. Självklart upplevde hon motstånd. Det gör vi alla. Självklart kom tankar om möjliga flyktvägar. Kolla kylskåpet. Äta något. Ringa någon. Frosta av frysen. Surfa på nätet. Titta på TV. Alla dessa aktiviteter kan vi använda för att inte komma till skott. Jag måste bara göra det här först... och vi vet ju hur det blir. Man kommer aldrig till det där...

Så knepet är att smyga på sig själv. Sen ta tjuren vid hornen och börja med det där. Jag har gnällt ett tag att jag vill bara skriva färdigt denna bok men det är så mycket annat... gnällspikar är vi allihopa. Jag får medge att ibland är det skönt att gnälla, man får medlidande, folk tycker synd om en... men så känner man att nu får jag ta mig i kragen och skriva, först, innan allt det andra. För allting tar ju så stor plats som vi ger det.

Det är få författare eller konstnärer som inte brottas med motstånd ibland. Det är inte alltid lätt att känna skillnaden på att det är dags för paus eller att det är motstånd som ska korvas igenom. Men efterhand blir man bättre på att känna igen signalerna.

Ett varv till på whiplashskador

Många tror att man bearbetar en händelse en gång och så var det klart. Min erfarenhet har visat mig att vi går varv på varv, att samma eller liknande händelser återkommer senare men då i en annan tappning eller med en annan vinkling att försona. Vi behöver släppa fixeringen vid att "det där är jag färdig med" för det kan du aldrig veta. Det finns hur många nyanser som helst att läka. När du väl är färdig har du ingen anledning att över huvud taget prata om det eller diskutera det. Du kanske till och med glömmer bort hur det var. Så släpp taget om poängberäkning, om målsättning, om värderingar hur långt du eller andra har kommit. Jag inser mer och mer att jag ingenting vet, för i stunden jag säger mig veta "så här är det" så visar universum att det finns ännu mer att se, ännu mer att utforska, ännu mer att lära...

Men terapeutiskt vill vi ju släppa bagaget och gå vidare till det roliga, till det skapande av oss själva i ny tappning...

Jag har tidigare nämnt att jag läkt whiplash och lärt mig en hel del. Det har varit många lager i läkeprocessen, det har gått många varv. Läkeprocessen ska ju igenom alla plan, man kan inte bara ta den fysiska eller känslomässiga, eller ignorera den själsliga - allt ska med. Vi skulle inte klara av att ta allt på en gång. Mellan varven behöver vi assimilera, integrera, lära om. Speciellt med whiplash så återgår kroppen till sin naturliga struktur, men musklerna runt omkring behöver också hänga med.

De flesta med whiplash får inte omedelbar hjälp att släppa traumat och återställa strukturen. Vi vänjer oss vid att vara sneda, lite ur led. Musklerna anpassar sig. Vårt beteende speglar också den struktur vi har, livsenergin flödar mer eller mindre bra beroende på hur naturligt skelettet hänger. Livsenergin är inte på topp när man har ont och är spänd.

Jag var i tre bilolyckor med min före detta man. I den sista kraschen totalkvaddade han min nya Toyota när han skulle köra ihjäl oss. Han hade druckit, vi hade varit hos vänner och han hade jagat upp sig mer än vanligt, skällde och gormade och skulle göra slut på oss... jag hade väl sagt något eller inte sagt något... oavsett så var det alltid fel, det spelade ingen roll vad jag gjorde, han hittade alltid något att skälla på...

Var man tyst så var det fel, var man pratsam tog man för mycket plats, eller så åt man för mycket eller för litet, hade fel kläder, ja ni fattar nog, det spelade ingen roll, det var bara fel. Jag skulle helt enkelt inte existera, det skulle lösa problemet, då kraschar vi bilen och tar livet av oss... som tur var stod det en brandstolpe i vägen, han hade siktat på en telefonstolpe och den hade nog gjort susen... som det var totalkvaddades bilen, och vi fick båda rejäla whiplashskador.

Läkaren ordinerade stödkragar och valium och vila. Det dröjde flera år innan jag uppsökte kiropraktor och började den långa läkeresan. Hela ens system går in i chock vid en så kraftig kollision. Man kan inte hantera alla känslor eller intryck, kroppens skydd är chock. Men allt ligger kvar för att komma tillbaka bit för bit för att läkas. Det kommer aldrig mer på en gång än vi klarar av att hantera. Jo det kan kännas som det är övermäktigt, men det går att korva sig igenom.

Precis lagom till att jag lämnat ut detta manus till läsning, när boken var sådär 85% färdig, tyckte universum det var dags för mig att ta ett varv till på mina whiplashskador. Jag anade inte ens att det fanns mera där.

För cirka fyra månader sedan var jag i Norge och hälsade på en Shen kollega. Vi passade på att byta lite behandlingar. Hon fick sån lust att jobba på min hals. Frågade om jag fått ut allt terapeutiskt sett från då min man våldtog mig och närapå ströp ihjäl mig. Jo, det hade ju varit uppe under en del behandlingar tidigare, men man vet ju aldrig om det finns mera kvar, tyckte jag.

Vid slutet av en session så bad hon mig berätta hur det hade varit när han ströp mig, hon undrade hur han hållit händerna, hur jag upplevt det... jag börjar berätta lugnt och sakligt och så är känslorna bara där...

skräcken... luften som tar slut... rädslan... sveket... hjärtat som bultar... det svartnar för ögonen...

Min kollega lägger händerna så energiflödet dras ut i motsatta riktningen till övergreppet. Helt plötsligt får jag luft, massor med luft, jag kan verkligen andas, jag gråter och skakar och andas om vartannat huller om buller...

När sessionen är över skrattar vi över hur jag jobbat med andningsövningar i så många år och nu först lossnar det...

Man kan aldrig veta hur många lager det finns. Men fortsätt att utforska och var öppen för att det kan finnas mera, lita på intuitionen.

Det var alltså fyra månader sen. Då öppnades mycket på framsidan av halsen och kroppen. Men den senaste tiden har universum sett till att skaka fram så jag kunde läka baksidan. En räcka händelser satte igång det, sällan är det bara en utlösande faktor...

Jag har gått och väntat, min ljudbok *Livs Levande Eva* är utgiven men inte recenserad. Så många gånger har mattan ryckts undan precis som jag trott att nu är vi uppe på rälsen. Jag har känt mig halshuggen eller sågad. Jag insåg att jag gick och väntade på att katastrofen skulle komma. Samtidigt sa mig förnuftet att boken är bra och att den kommer att bli väl bemött. Att döma av alla nedladdningar på biblioteken så var den intressant för den publiken, boken låg femma på lånetoppen redan första veckan. Det är ofta när det positiva inträffar som vi får chansen att släppa det gamla negativa tankemönstret och läka det.

Jag hade jobbat hårt en period, det var mycket på gång och så drösar flera jobbiga människor in på en gång, jag sätter gränser, är inte tillgänglig, en del blir sura för at jag inte ställer upp, jag ska liksom alltid finnas till hands - NÄHÄ sa jag.

Så var det juli och semestrar, svensken går på högvarv för att det är sommar, man ska ut, man ska träffas, man ska bada, åka på utflykt och allt det där är ju roligt men blir lite mycket när man är mitt i att avsluta en bok och man har mer vänner än man egentligen har tid med. Det är ju i och för sig positivt att fler vill umgås med mig än jag har plats för men det blev lite för mycket på en gång.

Jag kände som jag var i ett skruvstäd. Mitt i alltihop skulle jag upp till Linköping och mina föräldrar, som vanligt en kaotiskt resa men produktiv. Så hade jag varit på en massa födelsedagsfester, flera av mina vänner är kräftor. På en av dessa hände en olycka och det blev resa till akuten... allt som allt kände jag att jag inte räckte till, det kändes som ett skruvstäd, jag befann mig i en rävsax, och så lämnade jag ifrån mig mitt hjärtebarn, denna bok, till en läsarpanel.

Kanske inte så konstigt att min kropp reagerade. Mitt i alltihop hade vi börjat dansa. Det var skvimp och gnälldansen som skakade loss det sista. Fy vad ont i nacken jag hade... tänkte nu måste jag vila och ta det lugnt. Så föll det sig att ett manus skulle levereras till en kollega.

När jag kom såg hon på mig att jag var ur funktion. Så det blev en extra behandling. Jag var minst sagt i upplösningstillstånd. Bara det att hon skulle ta hand om mig utlöste en störtflod av tårar. (Då hade jag ingen tanke på att jag tidigare i sommar lagt upp henne på bänken när hon inte kunde gå för att hon tappat en vedkubb på foten eller var så yr att det bara snurrade).

När man är i process är man bara där. Känslorna är på ytan, redo att släppas ut. Jag kravlar mig upp på bänken, nacken låser sig flera gånger innan jag lyckas få ner mig själv på mage. Hon börjar massera. Tårarna strilar, jag snörvlar, snart räcker inte de små pappersnäsdukarna, jag får rediga servetter. Jag svettas, skakar, snörvlar, gråter hejdlöst. Hennes fingrar dansar över kroppen, hela baksidan, från huvudet ända ner till fötterna.

Minnen som dyker upp handlar om bilolyckan, om hur jag började sova på magen efter den för att skydda mig. Hur jag kände sådan rädsla för att bli halshuggen när jag nu går ut med mina tankar på svenska. Hur jag känt mig orättvist behandlad av mina föräldrar och nu när de är i slutskedet blir det jag som får ta hand om det organisatoriska. Hur andra tog så mycket plats och till sist fanns det ingen plats för mig.

Under behandlingen så var det ingen reda i varken tankar eller känslor. De skulle bara ut i en enda villervalla.

Så känner både jag och terapeuten att det är dags att vända på mig. Men något annat vill till. När vi väl hulkat så vinner man inget på att fortsätta med det. Släpp det gamla för att föra in det nya. Vad kunde vara bättre än en trumresa inåt?

Jag lägger mig på rygg. Nu kan jag fokusera på att resa in i lösningen. Jag känner hur jag hämtar kraft, nu får det vara nog, jag står i mitt centrum.

Efteråt går jag och lägger mig. Av och till hugger muskeln till i nacken, på höger sida. Jag sover oroligt och är uppe på toa många gånger. Jag är stel när jag vaknar men mycket bättre. Jag får röra mig varsamt. Under dagen kommer jag på att nacken hugger till då jag gör en häftig rörelse framåt. Hmm... där säkerhetsbältet satt och satte stopp för min framfart. Upplever att höfterna också är påverkade, där bältet gått tvärsöver.

Jag känner att nu är det slow motion, eller ultrarapid som gäller. Varsamhet, vila, försiktiga och långsamma rörelser. Min kropp har gått in i en annan struktur. Nu ska muskulaturen och hela jag lära känna en ny nivå. Så viktigt att inte rusa in i det gamla. Vila, mjuka rörelser, varvat om vartannat. Första dagen blir det inte så mycket. Andra dagen går jag en försiktig och långsam promenad. Sen vila, med extra kudde. Jag kan bara ligga på rygg än så länge. Så testar jag att diska, det går bra en bit, så får jag vila.

Det är en nyckel, gör mindre än du kan. Ta det i etapper. Vila emellan. Gör allting så långsamt som möjligt. I full medvetenhet. Lite försiktiga rörelser, för att mjuka upp och stretcha. Man kan inte gå på med fullt ös, men lite ska man göra. Sakta och långsamt. Känn efter vad som fungerar. Vila emellan. Som i Yoga.

Tredje dagen går det lättare. Jag sov som en stock den natten. Färre hugg i nacken. Min känsla är att det verkar ut traumat, att kroppen behöver rycka av sig så att det blir färdigt. Av och till gör jag mjuka rörelser, sakta, utforskar kroppens gränser. I morse gjorde jag lite styrketräning, men långsamt och bara en del av programmet. Man lär sig att känna in, göra lite, testa hur det känns och vila, lite mer nästa gång om det känns bra.

Upplevde också att jag ville förändra mönster, inte vara så tillgänglig, låta mailen vara och telefonsvararen fånga upp de som verkligen vill prata med mig. Jag är både social tiger och ensamvarg. Har haft lite svårt att få balans på det där.

När man väl släppt det gamla behöver man också sätt att skapa det nya. I min ljudbok *Livs Levande Eva* ligger två jättebra övningar just för att hitta sin väg framåt. Den ena är en sinnesmeditation, den andra är en nutid-framtidsmeditation. Jag har valt att inte repetera dem här utan hänvisar dig till mp3 världen. Övningarna finns också i min första bok *God put a Dream in my Heart - Handbook of Life Therapy.*

Mera Frigörande Dans

Samma kväll som jag skrev detta kapitel var det dags för Frigörande Dans. På morgonen mediterade jag in programmet och plockade fram musiken. Så här blev det.

Tema fullmåne. För er som kan lite astrologi var det fullmåne i Vattumannen, solen stod i Lejonet, Neptunus i Vattumannen och Saturnus i Lejonet. Planeternas positioner påverkar och hjälper oss att leva från hjärtat och använda viljekraften för det högsta bästa samtidigt som man inspireras av visionen att leva själens sanning.

Jag inledde danskvällen med att prata om fullmånen, om temat att finna sin livsväg. Vi började med att tona sakralchakrat. Detaljer hur man gör finner du i kapitlet *ÖVNINGAR* under *Chakratoner*. Sakralchakrat är vårt center, beläget nedanför naveln. Här finns kreativiteten, kraften, sexualiteten och heligheten, vårt center.

När vi väl värmt upp vår kraftkälla och hela salen vibrerade med våra heliga ljud var det dags att dansa. Slow motion, ultrarapid, verkligen känn efter och känn in. Lyssna till din kropp, stå stilla och bara gunga lite, små rörelser, sakta, stilla, låt rörelserna komma inifrån och följ flödet. Inspirerat förstås av min egen begränsning i whiplashens upplösning. Även om skelettet hittat igen sin rätta form så är man instabil tack vare att musklerna inte hunnit sträcka ut sig och anpassa sig till den rätta strukturen. Man måste vara varsam och försiktig, men rörelse är a och o i mjuka doser.

Att bli stel som en pinne, skräckfylld att röra sig löser ingenting, det gör bara skadan värrre. Andas och våga utforska men varsamt och långsamt så släpper det undan för undan.

Jag passar på att berätta om musiken för den är viktig genom att den för oss in i de rätta tillstånden. Började med en tre, fyra låtar från *Beautiful Bali*. Mjukt gungande musik att värma upp med. Stå och svaja in i rörelserna, minimala uttryck, här handlade det mest om att känna in i det lilla.

Därefter några låtar från början av *Atlantis Angelis* av Patrick Bernhardt. Otroligt sakral musik, in i det heliga. Så lite gungigare, höftmusik, *Sounds of the Caribbean*, men fortfarande mjukt, inte så eldigt och snabbt som den orientaliska musiken.

Så varvade jag med *Anthem to Soul* av Marcey Hamm, med själens stämgaffel av HU-sång. Att gå in i det heliga rummet genom gungande höftmusik varvat med sakralmusik förde oss fram och tillbaka men ändå till samma plats. Långsamt och varsamt, utforskande och nyfiket. Jag rörde mig långsamt, lät dansen ta över. Min kropp tänjde sig på ett sätt man inte skulle förvänta sig efter en whiplash. Knepet är att släppa taget och lita på att kroppen vet. Inte tänka logiskt utan låt din inre vägledning ta över.

Därefter lite Bob Marley, sen Sertabs lite snabbare orientaliska höftmusik, några exotiska toner från *Engelske Patienten*, lite Elvis gospel och som avslut Schola Hungaricas *Te Deum Laudamus* i fullt ös.

Efteråt konstaterade vi att det känts oändligt, två timmar var inte två timmar. Det är en av egenskaperna i sakrala rummet, det är bortom tid och rum. Första gången jag upplevde detta var på en Shenkurs i San Diego. Jag hade haft en otrolig release sessionen innan, tömt ut en mycket gammal sorg från just sakralchakrat, jag hade trott det var mitt fel... så sessionen efter fanns det inget terapeutiskt att krama ur, det är då man går in i det heliga, i kraften, i vägen framåt.

Hela den Shen-sessionen kändes oändlig, bortom tid och rum. Både jag och terapeuten berättade samma sak vid sharingen efteråt, vi var eviga utan gränser, tid och rum existerade inte...

- Det är precis vad Shen är! (*That's what Shen is all about*), sa Richard Pavek, grundaren.

Tänk om vi alla kunde samarbeta vid olika trauman och skador. Det finns ingen som kan allt, men tillsammans har vi all kunskap vi behöver.

Morgonen efter dansen skriver jag detta, har gjort lite Yoga, det går bra, bara jag tar det långsamt så känner jag hur spänningarna släpper undan för undan. Att skriva om mina upplevelser hjälper också energin att flöda. Bättre att släppa ut det via skrivande, målande och dansande än att ringa alla vänner och älta det i oändlighet. Då bli man bara fast i berättelsen. Jag vill bli fri så jag kan gå vidare. Jag vill inte leva i det förflutna. Jag vill leva här och nu. Livet är nu, i detta ögonblick.

Vad vet vi om morgondagen? En drömexpert hävdar att varje natt vi somnar så tränar vi oss inför döden, att dö är lika med att somna. När vi vaknar föds vi på nytt. Det enda vi vet är just nu.

- Det är svårt att spå, speciellt om framtiden, säger min pappa.

Vi kan se möjligheter, men det är nu du lever.

Tänker på min kusin som dog förra veckan. Det var bara några veckor sedan han fick veta att han hade levercancer. På bara några veckor var det över. Han hade planer på att trappa ner och gå i pension de närmaste åren. Men de planerna blir det inget av. Hans liv denna gång tog slut. Vi kan aldrig veta vad som ligger i vår framtid. Vi kan ana och jag tror det är viktigt att sätta en kurs, ha en intention, vision, veta sina prioriteringar. Annars är det lätt att man halkar med på någon annans bananskal och innan man vet ordet av har man tappat sig själv.

Att leva i nuet innebär att vara flexibel, öppen, i kontakt med sig själv och låta livsfloden föra en framåt. Oh var det så här det skulle bli! utropar man förundrat, när verkligheten överträffar fantasin.

Det vi behöver kommer till oss som på beställning ibland. Efter dansen fick jag erbjudande om en Reiki session, så det blev dagen efter. Vi byter Shen mot Reiki och egentligen var det hennes tur men hon kände att mitt behov nog var mer akut. Jag upplever Reiki som healing för att hämta kraft, få balans, fylla på. Alltså jättebra att varva med förlösande och skapande arbete.

Under sessionen kom en massa minnen från Seattle-tiden. Undrade vad de handlade om. Så såg jag mönstret, de här är alla goda minnen från den tiden. Och det är ju så att när vi släppt ut det gamla onda så behöver vi fylla på med nya krafter av det goda. Jag tror också att det här varvet är ett avslut av det onda, jag har svårt att tänka mig att det skulle finnas ett lager till...

Efter behandlingar blir det ofta att man pratar lite om vad man upplevt och ibland har terapeuten lite tankar. Eftersom jag den senaste veckan legat både på shamanbänken och Reiki-bänken har jag fått lite extra input och feedback. Vad som slog mig i min morgonmeditation var hur vitt skilda dessa två kapabla människor tolkar min situation. Två helt olika åsikter om var och vad det kanske handlar om på ett djupare plan.

Då måste jag begrunda vad jag känner innerst inne...

Det måste man ju alltid, ta en titt på vad som verkligen är sant för en själv. När vi kommenterar andra utgår vi kanske från oss själva. Det är inte lätt att separera vad som är mitt och vad som är ditt. Det kan ju ligga något i det de säger. Andas och begrunda. Vad stämmer för mig? Vad är min sanning? Vem är jag och vad vill jag? Det handlar förstås om att hitta svaren inom mig själv.

Jag finner mig inte i det här

Under trumresan förra veckan kom det klart och tydligt att nu fick det vara nog, jag finner mig inte i det här, det är hög tid att ta tillbaka min egen kraft i ännu större grad. Nu räcker det. Jag är färdig med att tillåta andra att köra över mig. Jag vill inte bli överkörd, jag vill bestämma själv över mitt liv.

Inte underligt att jobbiga människor dyker upp som redan har bestämt vad Eva ska göra. Blir förvånade när jag säger nej. Försöker övertala mig eller rent av köra över mig. En del blir sura när jag säger nej. Jag ska ju dansa efter deras pipa.

Min Reiki kollega undrade varför jag fortsätter att umgås med människor som irriterar mig så förbaskat ibland. Hennes idé var att jag var rädd för att vara ensam. Det kände jag direkt att så inte var fallet. Jag jobbar allena, bor allena och kan gå många dagar i sträck utan att prata med en kotte. Jag har gjort långa resor helt själv. Jag tror det är svårt att sätta sig in i det ensamma arbetet när man har fullt upp med jobb som är människointensivt, man lever i familj och har tät kontakt med släkt på nära håll. Det är ett helt annat liv.

Men nu på morgonen trillade polletten ner. De här människorna dyker upp som ett brev på posten, just för att jag ska säga nej, nu får det vara nog. Vill du köra över folk får du göra det någon annanstans. Under Reiki sessionen kände hon att det var mycket i hjärtat. Shamanen hade känt att det var sakral chakrat som behövde stärkas.

- *And, not or*, säger ofta en av mina vänner. Och, inte eller. Det ena utesluter inte det andra. Både och, inte antingen eller. Det finns lite olika sätt att uttrycka det på.

Att bli överkörd känns i mitt hjärta. Nu på morgonen hade jag fått mail från min bror där detaljer för en julresa för hela familjen är närapå bokad till Aruba. Sist jag pratade med pappa undrade han om vi alla ville komma till Linköping. Så vitt jag visste var planerna att min bror med familj skulle boka resa till Sverige för julen. Så jag blir inte lite förvånad. Som vanligt vet jag ingenting. Det vore ju naturligt att fråga alla om och vart man skulle vilja resa om nu alla ska med...

Jag känner mig överkörd. Det känns i hjärtat. Det här är inget nytt. Men det är just det här jag fått nog av. Jag finner mig inte längre i att andra ska planera mitt liv. Innan jag åkte på Reiki ringde ytterligare en vän. Skulle till Kroatien. Ska inte du följa med? Nej säger jag, jag har kurser. Men de kan du låta någon annan sköta. Hon hade redan bestämt att jag skulle bara släppa mitt för att tillfredsställa hennes behov. NEJ, jag finner mig inte längre i det här. Skulle inte förvåna mig om det blev lite omsortering i vänkretsen. Det brukar bli så när man hittar en ny nivå. Det är inte alls kul att leka med människor som man inte kan styra längre.

I poker kallar man det att syna korten. Just det. Jag ser vad de håller på med. Spelet är över. Nu går vi en annan gata.

Att bli överkörd är inte nytt. När pappa bestämde att vi skulle flytta till USA var det ingen som brydde sig om vad jag ville. Resten av familjen fattade beslutet och det var bara att finna sig i det. Som fjortonåring är det en sak. Nu är jag femtiotre. Nu finner jag mig inte i att de planerar en hel julresa och så ska jag bara hänga med som ett bihang. Jag har en vilja. Jag har ett eget liv. Mina planer kanske inte sammanstrålar med deras planer. Det värsta med att bli överkörd är känslan. Man har inte ens blivit tillfrågad utan ställs inför fullbordat faktum.

Så här blir det och du ska bara finna dig i det. NÄHÄ, det ska jag inte.

Här får inte jag vara

För flera år sedan skulle jag göra en regression med en kollega. I efterhand har jag insett att jag missade ett kritiskt vägskäl. Idag kan jag se att det har kopplingar till mina egna grundtankar.

Jag hade lett henne in i avslappning, in i ett sommarlandskap med ängar och blomster och ljumma vindar. Men så hade hon tvärvänt. Efter sessionen pratade vi om vad som hänt.

- Här får inte jag vara, berättade hon om den underbara sommarängen. Hon hade vänt tillbaka.

Då förstod jag inte att jag borde utforskat varför hon inte fick vara i det underbara. Hur uppstod detta förbud? Vad handlade det om?

De senaste dagarna har jag reflekterat över att det verkar ligga ett förbud för mig, inte om att vandra på grönskande ängar, men om att ha en vettig relation med en man. I hur många liv som helst har det saboterats eller varit omöjligt att få vara med en jag älskar. I detta livet har jag haft flera vänner som gjort vad de kunnat för att tränga sig emellan mig och en man. Varför är det så här?

På sistone har jag kommit i kontakt med vänner som verkar ha sunda och goda relationer. Det känns bra. Men så undrar jag, varför gäller inte detta mig?

Så tänker jag på min kollega som inte fick vara i den underbara sommarängen. Det är samma känsla. Detta gäller för andra men inte mig. Här får inte jag vara. Det gör ont, oerhört ont.

Det är otroligt smärtsamt att inse att jag bär på någon sorts beslut, att det är inte mig förunnat. Jag vet inte hur många som har predikat för mig att jag ska vara ensam. Jag har hört terapeuter hävda att det är nog för mycket att önska, jag är ju så sargad, så jag får nog räkna med att vara ensam.

Ungefär som att jag inte förtjänar att ha någon. Det är väl ännu viktigare för mig, om jag nu har så mycket i bagaget.

Eller så får jag höra att jag behöver avsluta ett projekt först. Som om man inte kan göra både och. Varför kan man inte ha ett förhållande om man skriver en bok, till exempel? Andra har trott att jag måste rota mig, inte resa så mycket, för det utesluter tydligen också en relation. Varför skulle det gälla andra regler för mig än andra?

Jag fattar inte. Om jag är mig själv måtte det väl finnas en man som också är sig själv och som skulle passa mig? Varför har så många i min omgivning lagt ner så mycket energi på att förhindra eller försvåra för mig? Vad handlar det om? I vissa fall är de olyckliga i sina relationer. I vissa fall har de varit bisexuella kvinnor som velat ha mig för sig själva. De har varit svartsjuka. I vissa liv har det handlat om föräldrar som velat knyta mig fast vid dem.

Men nu är det väl på tiden att jag släpper det här. Jag vill ha förändring. Jag är trött på att vara ensam. Jag är trött på att känna att det inte är möjligt, som om jag kan lika gärna acceptera att jag aldrig kommer att hitta någon, det är bara att inse att jag ska vara ensam resten av livet. JAG VILL INTE!!!!

Det känns som de säger att jag förtjänar inte att vara älskad. Varför hyllar folk ensamheten? Det är väl egentligen ingen som väljer det? Eller? Är det för att de är så sårade att de skärmar av sig? Varför vill de inte mitt bästa? Det kan man undra. Varför är det förbjudet territorium för mig? Är det en kvarleva från tidigare liv som nu bör slängas på soptippen?

Eller tog jag ett beslut någonstans på vägen för att undvika att bli sårad ännu mera? Det kan ju vara så. Att innerst inne stämmer inte mina önskningar med det som ligger närmare ytan. Förvirring. Smärta. Ilska. En salig blandning.

Men jag tror ljuset är nära (sann optimist, även när det ser becksvart ut lever hoppet kvar). Eftersom så många härliga par dyker upp i mitt liv så ser det annorlunda ut. Deras vibbar visar att det är möjligt. Samtidigt väcker det smärtan, som jag har undvikit att skriva om i flera dagar. Jag har sorterat, tvättat, pillat med hemsidan, lusläst tidningen, pratat i telefon, ni vet allt sånt där man gör för att undvika det man egentligen vet man behöver ta tag i.

Som förväntat blev det känslomässigt skitjobbigt så fort jag satte fingrarna på tangentbordet. Men det löser ju upp sig och snörvlar ut. Det är som jag inte vill se, inte vill kännas vid det här. Som om jag är utesluten från vad alla andra kan ha. Utanför. Det gäller andra men inte mig. Har du någonsin känt så?

Det är kanske därför det skulle med i boken. Vi upplever nog alla att vissa saker inte är möjliga för just mig. Men om andra kan få det, så måste det ju vara möjligt för mig med, och dig med...

Så någonstans finns hoppet ändå. När jag bodde i Paradis blev det många skämt om Eva i Paradis och var fanns Adam. Redan då svarade jag att han var beställd. Min kusin kommenterade att det var värst vad det var lång leveranstid. Det sa hon för flera år sedan.

Ska jag leva på hoppet eller ge upp? Jag orkar inte tänka tanken att jag ska vara ensam resten av livet. Det är förvånansvärt starka känslor som är i farten. Det ger mig hopp. För mina erfarenheter visar att ju djupare känslorna är som kommer till ytan, ju större är förändringarna efteråt.

Först smärta, sen tänds hoppets stjärna. Det är förunderligt hur dimmigt det kan kännas mitt i känslostormen och sedan klarnar tankarna, det blir kristallklart. Bara den vissheten gör det värt att släppa fram känslorna.

Enhet

Det pratas mycket om att vi går in en tidsålder då allt blir ett, vi kommer att bli medvetna om hur vi hänger ihop på ett helt annat sätt. En del kallar det *enhet*, på engelska säger man *oneness*. Vissa tror nog att vi alla kommer att bli lika, men så ser inte jag det. Jag tror hela enhetsmedvetandet innebär en ännu större tolerans för våra olikheter, att vi kommer att acceptera och uppmuntra varandra till att följa vår egen unika livsväg, våga lyssna till våra hjärtan och leva i samklang med själen. Detta skulle ju innebära att vi slutar med att köra över varandra, att påtvinga våra lösningar på en annan skulle inte vara intressant eller ens ses som nödvändigt. För när vi är uppkopplade till vårt eget högre jag har vi inte behovet av att styra och ställa med andra.

Nyheterna är fulla i dagarna av terrorhot och krig, där fienden inte nödvändigtvis är en annan nation utan en separat grupp. Jag såg ett TV-program för flera år sedan från en av länderna i Nordafrika. De talade om terrorgrupper, politiskt extrema grupper som blivit uteslutna från den demokratiska processen. De fick helt enkelt inte vara med som parti för deras åsikter ansågs vara alltför extrema. Den som blev intervjuad belyste att om dessa partier fått vara med, blivit invalda som en minoritet i regeringen, så hade de blivit tvungna att samarbeta, deras åsikter skulle ha fått utrymme, men kompromissats genom den demokratiska processen.

I stället blev de uteslutna, helt avstängda från den gängse processen. De fick inte existera. Följden blev att gruppen blev ännu mer extrem, ännu mer fjärmad från det acceptabla.

Det är ju likadant med oss själva. Inom varenda människa finns både anlag till Hitler och Moder Teresa. Det som vi inte tillåter oss att känna, tänka eller göra växer bara större. Ju mer vi förbjuder vissa tankar, ju mer surrar de inom huvudet. Det har alla upplevt som börjat meditera. Ju mer man försöker sopa bort eller ignorera det som kommer, ju större växer det. Låt det vara, låt det existera, acceptera det, omfamna det.

En guru säger att alla våra problem uppstår när vi kämpar emot nuet. Kan vi bara acceptera här och nu och följa med i den böljande processen så fungerar livet väl. Det betyder förstås inte att man glider med som ett mähä, nej man lever in i det med alla sina känslor och tankar.

Att lägga locket på skapar ännu mer problem vare sig det handlar om extrema åsikter eller oss själva. Allt detta finns inom oss. Enhet. Allt existerar, allt är del av Gud eller Alltet, använd dina egna ord.

Använder vi inte livsenergin kreativt så blir den destruktiv. Någon känd person lär ha sagt

om du inte hittar något att leva för

hittar du något att dö för

Varför frossar vi så i dåliga nyheter? Ju mer vi uppmärksammar allt det som inte fungerar, ju mer hemska saker kan vi läsa om i tidningarna. Men om du vill vara med och vända trenden finns det små ljusglimtar av goda nyheter. Ett sånt verk är tidningen *Tillit* (www.tillit.info).

Behov

När vi ändå är inne på relationer kom jag att tänka på en annan sak. Tanken dyker upp när jag ska ta fram middagen. Man behöver verkligen de här tomrummen av att flyta med i vardagen för att tankarna ska klarna. När vi inte är aktiva jämt så finns det en chans för vettet att smyga in. Tomhet.

Vi är alla på olika nivåer i vår utveckling. Nivåer är kanske inte rätt ord, vi har olika behov, vi har tagit oss an olika saker att jobba på, olika aspekter. Så även om vi vill lära oss om relationer så har vi olika fokus och sätt att göra det på. Ett tag umgicks jag mycket med en vän som var rätt olik mig. Det kan man lära sig mycket av. Där det skars sig var i våra behov.

Hon behövde stöta och blöta och prata väldigt ofta. Det behövde inte jag. Hennes utveckling låg i att ha människor i sin omgivning som hon kunde frottera sig med och emot, tjabba, diskutera, gräla, vad man nu vill kalla det, en intensiv fördjupning i varje förhållande.

Jag har inte det behovet i detta livet. Det var faktiskt ett medium som hjälpte mig få perspektiv på detta. Att alla människor har olika behov i vänskap eller relationer. Man behöver bara tänka på sina vänner och arbetskamrater. En del träffar familjen ofta och har djupa relationer inom familjen. För andra är arbetskamraterna de närmaste. Hur vi relaterar, vad vi känner vi behöver diskutera med andra och vad vi har behov av att sortera i målning, skriveri eller promenader varierar avsevärt. Det skiftar också under resans gång.

Jag märker att det ofta skärs sig när jag har behov av egen tid, bara få vara för mig själv. En del blir oroliga att jag inte mår bra för att jag kryper in i min egen värld. Det är här jag hämtar kraft och inspiration. Må vara att jag då inte har energi att lyssna på omvärlden och är man då inställd på att jag är lösningen så blir det sårade känslor.

Vi har alla kontakt med källan. Livsenergin kommer därifrån. Vi får inte kraft från andra, utan direkt ifrån källan.

Ibland uppstår problem när vi har olika mängder vänner som vi pratar med och ventilerar våra liv med. Det ser man också i parrelationer, den ena är mer fokuserad på den andra, går och väntar på att de ska bli lediga. Lösningen är alltid att fokusera på sitt eget liv och sin egen kraft.

Kontraster

Jag älskar kontraster. Idag regnar det, ihärdigt. Efter en sommar med mycket sol och torka älskar jag kontrasten, att gå inåt, det blir svalare. Jag övernattade ute på landet i hängmattan i lusthuset. Underbart att höra regnet strila ner på taket och löven i träden. Tystnaden och stillheten på landet. Underbara Sverige med sagolik natur och glest mellan människor, man kan andas, verkligen få luft och vidga sina energier.

Så mera funderingar om relationer, varför man drar in jobbiga människor i sitt liv. Utan motgångar och motstånd växer vi inte. Om vi alltid seglar i medvind så blir vi inte starka. Visst kan det vara svårt att förstå eller komma tillfreds med människor som är helt annorlunda än mig, men i mötet kan jag faktiskt hitta mig själv ännu mer. I stället för att känna att vi är så olika att vi inte går ihop tror jag utmaningen ligger i att hitta var man möts och släppa resten. Men det är ju inte alltid den andra förstår mitt resonemang.

Jag tror inte man behöver ge upp sig själv för att vara i en relation. Att ta hänsyn och ge omtanke om den andra behöver inte betyda att man ger avkall på sina egna behov. Men som i allt annat måste man utgå från sig själv. Ju mer man lär känna sig själv och vågar gå sin egen livsväg, ju lättare är det att säga det här behöver jag, det här är verkligen nödvändigt i mitt liv. Andra människor är ju fria att uppfylla ens önskningar eller inte.

Igår kväll och över morgongröten blev det intressanta samtal, denna gång om världspolitik, internationella tongångar. Jag finner att jag får luft när jag får träffa olika sorters människor, som vågar ha en åsikt, som inte tänker lika, som intresserar sig på olika sätt för omvärlden. Alla tillför vi något.

Det har vandrat en man in och ut ur mitt liv det senaste året. Jag har inte kommit underfund om vad han egentligen har för roll, om man nu ska definiera den. Varför blir det helt plötsligt viktigt när man inte ens tänker frågan om det är en kvinna som dykt upp som vän? Bara för att det är en man ska han bete sig på ett visst sätt för att få godkänt av väninnorna. Har han ringt? Har han hört av sig? Vi frågar aldrig dessa frågor när det gäller nya kompisar. Sanningen att säga skulle jag inte stå ut med någon som hängde mig i kjolarna jämt.

Mannen ja. Vi har ibland intressanta och djupa diskussioner om böcker, om filmer, om politik, om företagandet. Ibland är vi inte alls på samma frekvens. Men det är ovanligt att finna en man med ett sånt seriöst djup. Jag tänker som så att man ska ta emot det som finns och släppa greppet om resten. Varför skulle jag vilja gå miste om en djupsinnig lekkamrat bara för att han inte passar in i andras förutfattade meningar?

Sondra Ray, en av grundarna till Frigörande Andning skriver om många möten med människor. En gång träffade hon en man som väckte ett oerhört hat inom henne. De flesta av oss ryggar för sådana möten, vill inget ha att göra med en människa som väcker så starka känslor. Hennes reaktion var den motsatta. Hon ville lära känna honom, gå in i djupet av sina känslor. Hon kände att denna man kunde lära henne något väsentligt. Hon vågade möta sin egen avsky. Hon hittade inom sig en förståelse. Det finns många sätt att möta livet. Hennes väg är kanske inte min eller din väg. Vi får många möjligheter att välja, vi får många möjligheter att växa. Ibland går vi på nitar.

Å andra sidan hävdar en del att första steget till ett misslyckande är att göra något. Tala om kontraster! För gör vi ingenting så kan vi heller inte misslyckas. Om vi å andra sidan provar och testar, vågar oss in i det okända, så är det skrivet i stjärnorna att vi kommer att gå på nitar, vi kommer att göra bort oss, vi kommer att misslyckas, men i klivet ut från stupets kant finns möjligheten till framgång, vi lär oss flyga eller finner fast mark under fötterna.

Så vad väntar du på?

DET OKÄNDA

När du har kommit till gränsen för allt ljus Du känner till och Du står inför att stiga ut i det okändas mörker: Då är förtröstan att veta att en av två saker kommer att hända. Det kommer att finnas något stadigt att stå på eller Du kommer att lära Dig att flyga.

- Okänd

ÖVNINGAR

Om du, som jag, läst en massa böcker i personlig utveckling, så är du van att bokens budskap varvas med meditationer och övningar. Men handen på hjärtat. Gör du någonsin de där övningarna när du läser? Jag gör det i alla fall inte. Tänker att det där tar jag sen, nu vill jag läsa. Sen hittar man inte övningen. Var i texten fanns den?

Så funderade jag på hur jag skulle lägga upp ljudboken. Eftersom de flesta lyssnar när de gör något, kör bil eller jobbar, så är det inte speciellt lämpligt att varva boktexten med själva övningarna. Tänkte att då lägger jag övningarna för sig på separata CD-filer. Så slog mig tanken "varför inte göra samma sak i den tryckta boken?" Därför blev det så.

Jag tror det är lättare att läsa själva boken på det här viset. Många som läser den kommer aldrig att öppna detta stycke, de har fått ut tillräckligt ändå. Andra kommer att göra övningarna om och om igen, tills de sitter i ryggmärgen. Vi har alla olika behov och vägar att vandra.

Läs gärna om stycket som relaterar till de specifika övningarna innan du gör dem.

Basmeditation

Denna övning relaterar till kapitlet *Vila vid denna källa*.

Jag tänker lära er en meditation här. Det finns oändligt många. För mig handlar inte meditation om att sväva ut ur kroppen utan tvärtom. För mig handlar meditation om att bli närvarande i kroppen, känslorna, tankarna och anden. Att verkligen få kontakt med din inre källa. Mitt sätt att meditera tränar dig i att vara närvarande och följa flödet, en väsentlig del i alla terapeutiska och kreativa processer.

Dags att meditera. Du kan spela in instruktionerna eller be en vän eller kollega läsa dem högt. Eller gör det enkelt och tanka hem mp3-boken VÅGA LEVA från en nätbutik eller bibliotekets hemsida. Varför inte börja en vana att meditera tillsammans vid era sammankomster? Ni kan turas om att läsa instruktionerna.

Stäng av det yttre, antingen mentalt eller på riktigt - stäng av ringningen på telefon och dylikt. Sätt dig rätt upp och ner på en stol, lägg dig raklång eller om det känns rätt sätt dig i lotusställning eller skräddarställning som det också kallas. Låt armarna slappna av och låt händerna vila på låren med handflatorna uppåt. Ryggraden ska vara rak, lossa på åtsittande kläder så du kan andas naturligt.

Blunda...

slappna av...

tag några djupa andetag...

andas in... känn hur bröstkorgen vidgar sig

andas ut... all luft

andas in... lite djupare

andas ut... och slappna av

andas in... mjukt och stilla

andas ut... känn hur spänningarna släpper

om tankar kommer, är det helt naturligt, du behöver inte göra något eller analysera dem...

låt din uppmärksamhet flyttas till ryggen, till kontaktytan mellan dig och det du vilar emot...

känn hur du sjunker in i känslan...

bli medveten om baksidan av dina lår, känn hur de möter underlaget, uppmärksamma hur det känns...

låt din uppmärksamhet följa med...

bli medveten om vad du blir medveten om...

om en känsla dyker upp...

följ med den...

överlämna dig till den...

flyt med i den...

om en tanke dyker upp...

observera den...

låt den fladdra igenom ditt huvud, du behöver inte stanna upp och analysera den...

om du förnimmer något i din kropp, det kan vara sprittningar...

värme...

kyla...

smärta...

lägg din uppmärksamhet i det ställe i kroppen du förnimmer det starkast och sjunk djupare in i det...

möt intrycket och bli ett med det...

fall ner i det...

släpp taget...

om du ser bilder...

låt dem passera som i en dröm...

du behöver inte komma ihåg dem eller förstå dem...

låt dem fara igenom...

låt andetagen bara vara...

låt det ske på automatik...

följ med i flödet...

det är ok att uppmärksamma dina andetag, observera, du kanske andas djupare helt plötsligt, låt det ske...

följ förnimmelserna, följ med i flödet, gå djupare in i vad det än är som dyker upp...

känner du kyla, låt den bli starkare...

känner du ilska, låt den bli starkare...

känner du sorg, låt den bli starkare...

låt kroppen göra det den behöver...

slappna av in i det...

släpp tankarna fria...

oroa dig inte varför eller vad du förnimmer...

det är helt ok att inte se bilder, att inte känna något särskilt, låt allting passera och följ med i dansen...

du kanske irrar bort ett tag, flyger iväg på ett moln, somnar till... det är helt ok

du kanske kommer ihåg något som hänt...

du behöver inte förstå...

du kan helt plötsligt vara tillbaka i en annan tid...

häng med och överlämna dig till upplevelsen...

fortsätt att följa dina känslor och förnimmelser en tid, det kan vara fem minuter eller längre

när du är redo att gå vidare... kom tillbaka till här och nu, vifta på dina händer och fötter, sträck på dig och ta ett djupt andetag, öppna ögonen...

välkommen tillbaka...

ta en liten stund att samla ihop dig innan du gör nästa sak

Om du vill kan du dela med dig vad du upplevt, genom att antingen skriva ner det eller berätta för varandra. Det finns inget rätt eller fel sätt att uppleva en meditation. Det finns inget egenvärde i att ha häftiga upplevelser. De kan ibland till och med vara i vägen för utveckling. För att nå djupen kan man behöva gå igenom lager av ingenting. Ingenting är också en upplevelse.

Sharing - att dela med sig

Denna övning låg ursprungligen i kapitlet *Motsatser*.

Sharing är ett låneord från engelskan och betyder helt enkelt att dela med sig. Men hur kan man dela med sig så det blir bra? Man vill ju få till en bra kommunikation, eller hur?

Sätt er runt bordet, eller på golvet i en cirkel. Av någon anledning verkar det gynna livsenergins naturliga flöde att sitta i cirkel i stället för på rader som man ofta gör när det är föredrag.

Börja med att stilla er, varva ner, andas, gå ner i magen, känn fötterna på golvet, släpp dagen och allt stim, låt din inre motor gå på tomgång.

Träna på att fokusera dig i nuet.

När en person talar ska alla andra lyssna, ta in budskapet, fundera inte på vad du vill svara eller säga, du ska just nu bara lyssna. Att lyssna betyder ge akt, höra på, uppfånga, försöka höra, lystra, spetsa öronen, skärpa hörseln, åhöra eller beakta. Öppna öronen och stäng munnen. Man får förstås inte avbryta varandra.

Den som talar fokuserar på att berätta vad den upplever just nu, från ett jag perspektiv. Du har all tid i världen. Du kan sitta tyst tills du känner energin röra på sig, du andas in ner i magen och på vägen upp kommer orden med. Berätta hur du känner. Här handlar det inte om att beskylla andra eller att fördöma, utan att dela med dig av din upplevelse.

Att tala innebär att behärska språket, yttra sig, knysta, orera, uttrycka sig, formulera sina tankar i ord, resonera, dryfta, utbreda sig, orda, kommunicera, snacka, diskutera, mumla eller säga.

Den som har ordet bestämmer själv när den talat färdigt, antingen genom att säga tack, eller lämna vidare en talking stick. Man kan använda vad som helst som talpinne, på en kurs fick mitt mjukisdjur Lucas vara talhund. Vem kan vara tung och seriös när den håller en lekfull dalmatinervalp i famnen? Pröva detta vid nästa sammanträde.

Talking Stick kommer från indianerna. Den användes för att markera vem som hade ordet. Man placerade föremålet som representerade talpinnen i mitten av cirkeln. Den som kände sig manad att tala plockade upp talpinnen, hade ordet tills den lade tillbaka föremålet i mitten av cirkeln. Proceduren fortsatte tills alla hade pratat färdigt, det finns ingen begränsning på hur många gånger man får plocka upp talpinnen.

I en sharing cirkel kan man alltså använda en talpinne för att markera vems tur det är att tala. På många kurser går man helt enkelt ett varv runt cirkeln. När något ska dryftas och diskuteras bör man låta ordet gå varv efter varv runt cirkeln tills alla säger pass, då är det färdigpratat.

Jag skulle vilja introducera sharing och talpinne i varenda organisation, hemma, på jobbet, i skolan. Alla skulle få en chans att yttra sig, alla skulle bli hörda. Vi skulle lära oss att respektera, *att stanna upp och reflektera och framförallt att inte avbryta. Hur ofta drar inte diskussionen i gång och för att få en syl i vädret måste man avbryta. Det tyder på att vi inte pratar tillräckligt. Får man föreslå att stänga av TV:n och ta en pratstund?*

Armar & Händer i Shen

Den följande meditationen kan du spela in eller be någon annan läsa upp. Turas om att vara upplevare och uppläsare. Eller tanka hem mp3-boken. Läs gärna om kapitlet *Shen-terapi* mellan övningarna.

Lägg dig på rygg med armarna längs sidorna, med en liten kudde under huvudet och en stor under knäna för att avlasta ryggen. En fleece- eller bomullsfilt är aldrig fel att ha över sig.

Samla ihop dig här och nu, släpp dagen, släpp tankarna om vad du ska göra i morgon, släpp grubblerier om det förflutna och sjunk ner i dig själv. Känn hur ryggen sjunker djupare och du blir medveten om kontaktytan mellan ryggen och underlaget.

Ta några djupa andetag...

Lägg märke till hur du andas...

Känns det expansivt...

eller hopklämt...

andas och observera...

och släpp taget...

kom in i dig själv...

känn livsenergin strömma genom din kropp och aura...

vi ska nu lära känna några basflöden i Shen... vi börjar med armarna... de allra flesta sänder med höger hand och tar emot med vänster hand...

men... de som är vänsterhänta sändare vet inom sig att så är det... det är bara att byta riktning på flödet... och det gäller bara armarna... alla andra flöden är lika för alla... i detta system... det finns många system och de stämmer för dem som utövar dem... känn efter och bilda dig en egen uppfattning...

i Shen så flödar energin i vissa banor, de flöden vi jobbar med är i synnerhet förknippade med känslor...

förflytta din uppmärksamhet till vänster handflata... koncentrera dig på en yta i mitten ungefär så stor som en krona... känn hur livsenergin strömmar in genom denna cirkel... upp genom handen... in i handleden... energin strömmar genom underarmen... in i armbågen... upp genom överarmen... in i axeln... flödet strömmar från vänster axel tvärs över till höger axel... genom nyckelbenen... från höger axel ner i höger arm... höger armbåge... in i underarmen... handleden... och ut genom höger handflata... en ström vars kärna är stor som en krona, men som strålar ut från detta kärnflöde...

energin bubblar ut genom höger handflata... i ett perfekt kretslopp... in i vänster handflata... upp genom vänster arm... axel tvärs över till höger axel... ner genom höger arm... ut genom höger handflata...

för att känna flödet starkare i handflatan kan du föra samman dina händer... sen långsamt dra dem ifrån varandra... upp till några decimeter... för handflatorna tillbaka mot varandra... och ifrån varandra... fokusera din känsel till mitten av handflatorna... många upplever som ett magnetisk fält mellan handflatorna... de som kan se auror och energier bekräftar att här finns ett flöde...

det är detta flöde mellan dina händer som du använder när du ska ge Shen, till dig själv och andra...

högra handen är sändare...

vänstra handen är mottagare...

kom tillbaka till här och nu, sträck på dig och smält upplevelsen innan du går vidare.

Armarna och händerna är starkt förknippade med det kreativa flödet och hur vi uttrycker oss. Halsen, talet, sången vare sig vi sjunger ut eller håller inne vad vi känner kan påverkas genom armflödet. Vi använder händerna för att beröra och beröras, armarna omfamnar och kramar, minnen förknippade med att hålla handen ligger bevarade här. Armar och händer påverkas och påverkar hjärtat i sorg och glädje.

Tvärgående Shenflöden

Härnäst ska vi använda händerna och ge oss själva Shen. Den följande meditationen lär dig använda sändar- och mottagarhänderna samtidigt som du lär dig de tvärgående flödena och börjar känna hur en session kan påverka kroppen.

Lättast är om du sitter bekvämt, utan skor, med lediga kläder så du fritt kan röra på dig. Under denna session vill jag att du fokuserar på dina fysiska förnimmelser, alltså mer jordnära vad du upplever i din kropp.

Det kan vara sprittningar...

det kan vara kyla...

det kan vara värme...

det kanske bubblar som champagne...

det kan göra ont...

det kan kännas skönt... tryggt... vilsamt...

det kan kännas oroligt... rastlöst... stramt... ledbrutet...

tillåt dig att vara nyfiken... utforska hur du upplever energierna i din kropp... mellan händerna... just nu...

Var ska du då lägga händerna? undrar du säkert...

Börja med vänster fotled, dra upp benet så du kan lägga händerna med handflatorna vilande mot fotknölarna, höger hand på insidan, vänster på utsidan. Slappna av, släpp spänning i axlar och armar, vila i denna position i en till tre minuter...

Lugn, du får andas. Det är lätt att glömma bort andningen när vi koncentrerar oss för att lära något nytt. Någonstans inom dig kan du redan det här. Din kropp är vis, den vet vad den ska göra. Lita på den.

Medan dina händer skickar Shen tvärs igenom din vänstra fotled låt din uppmärksamhet vila i handflatorna, växla mellan höger och vänster hand. Till att börja med kanske du inte känner någonting. Det finns dem som utövat Shen i många år som inte får fysiska förnimmelser i handflatorna, de är lika effektiva för det. Alla har olika signalsystem i sina kroppar, att vila uppmärksamheten i dina handflator hjälper dig att förstå ditt eget signalsystem.

Skifta nu uppmärksamheten till inne i din vänstra fotled. Vad förnimmer du?

Sitt kvar... var i nuet

Flytta händerna till höger fotled. Uppmärksamma vad du märker i din kropp... i dina handflator...

Vila i denna position en till tre minuter...

Härifrån går vi till knäna. Börja med höger knä. Lägg händerna så energiflödet riktas genom mitten, höger hand på utsidan, vänster på insidan av benet. Lägg märke till hur det känns i ditt knä, mellan händerna...

Rikta sedan uppmärksamheten till handflatorna... kan du känna att det sker något? Kan du sätt ord på det?

Efter en till tre minuter flytta händerna till att ge ett tvärgående flöde genom ditt vänstra knä. Lägg ditt medvetande i händerna och i knät. Fokusera på den fysiska upplevelsen...

Därefter ska vi ge höfterna ett tvärgående flöde, ungefär i nivå med höftlederna. Höger hand på höger sida, vänster på vänster sida, handflatorna sänder och mottager rakt igenom din kropp. Vila i denna position en till tre minuter...

Håll uppmärksamheten i din kropp. Observera vad du lägger märke till rent fysiskt.

Flytta dina händer uppåt, till nedre delen av bröstkorgen, så att flödet går tvärs igenom din kropp i nivå med levern, gallan och mjälten... vila din uppmärksamhet i kroppen... i dina händer... uppmärksamma förändringar... glöm inte att andas... slappna av...

Efter en till tre minuter är det dags att skicka ett tvärflöde genom axlarna... men kommer du ihåg hur armflödet gick från vänster till höger?

Nu blir det som att du ger dig själv en kram. Lägg höger hand på vänster axel, sen vänster hand på höger axel. Du skickar nu en ström från din högra handflata in i vänster axel, tvärs igenom nyckelbenen och ut genom höger axel in i vänster handflata. Lätt som en plätt...

Andas... slappna av... uppmärksamma vad som händer mellan händerna och i din kropp... vila i detta läge en till tre minuter...

Nästa stopp blir käken, placera höger hand vid "gångjärnet" på höger sida, vänster handflata på vänster "gångjärn". Känn vad som händer mellan handflatorna, i kroppen. Stanna kvar i en till tre minuter...

Så flyttar vi händerna till att skicka livsenergi tvärs igenom tinningarna. Vila där i en till tre minuter...

Vi avslutar med ett tvärgående flöde genom skallbenet (occiput). Höger hand bakom höger öra, vänster hand bakom vänster öra. En till tre minuter gäller här med... Lita på att du innerst inne vet när det är dags att flytta händerna vidare. Låt din intuition vägleda dig... glöm inte att hålla dig närvarande i din kropp... följ med i den fysiska förnimmelsen...

Och så var det dags att återvända till här och nu. Sträck på dig och ta en liten stund att samla dina intryck och funderingar. Var kvar i ditt inre. En Rosenterapeut jag bytte med hade som regel total tystnad efter en session. Stanna kvar i upplevelsen i tystnad resten av dagen, om du har möjlighet...

De tvärgående flödena är speciellt användbara genom leder. Där samlar vi mycket spänningar. Dessa flöden är avslappnande och upplösande. I lederna kan ligga alla möjliga minnen, känslor och tankar. Allt som har att göra med skelettet påverkas i de tvärgående flödena.

Shen Omkrets- & Spiralflöden

Här lär du dig hur livsenergin flyter genom omkretsen av din kropp, som även arkiverat minnen, känslor och tankar. Omkretsen innefattar även energikropparna i auran:

- *den fysiska energikroppen*
- *den suprafysiska energikroppen*
- *den emotionella energikroppen*
- *den kausala energikroppen*
- *den mentala energikroppen*
- *den undermedvetna energikroppen*

Dessa energikroppar flyter in i varandra men den fysiska är den mest kompakta, eller tätaste och ligger alltså inne i våra kroppar. Varje energikropp därefter blir mindre tät och sträcker sig lite längre utanför den fysiska kroppen. Den yttersta energikroppen, den undermedvetna, kan uppfattas en till två meter utanför kroppen.

För det mesta arbetar man i Shen med flödet inom den fysiska kroppen, men när det ligger djupare minnen är det värt att flytta händerna ut i auran. Fem till femton centimeter ut är lagom i de flesta fall, men lita på din intuition. Be din inre vägvisare ge dig inspiration för klientens högsta bästa. Fokusera på lösningar. Släpp dina förutfattade meningar. Har du ingen agenda kan klienten inte göra motstånd.

Men först ska vi göra en meditation där du själv upplever omkretsflödet. När du väl kan det och förstår det kan du börja träna på andra och byta tjänster med dem. Kom då ihåg att flytta händerna in och ut ur deras aura mjukt och varsamt. Låt händerna vila mot kroppen så det känns behagligt för mottagaren. En liten kudde eller handduk att vila armen mot är ett bra hjälpmedel.

Vila horisontellt på rygg. En liten kudde under huvudet, en stor under knäna, en filt för komfort och värme. Ta denna tid för dig själv... släpp dagen och varva ner i ditt inre... till en resa i omkretsens energiflöde...

I denna session vill jag att du fokuserar på bilder... slut ögonen... om du inte ser något, är det ok... lugn... bilder kommer när det är dags... de kan förnimmas som en fantasi... i gråskala eller färg... eller så upplever du förnimmelser med ett annat sinne...

Lägg din uppmärksamhet i höger fot. Upplev hur ett energiflöde kommer in i foten underifrån, i fotvalvet, det är som en ström av livsenergi, en helt naturlig känsla... om du aldrig fokuserat på subtila förnimmelser i kroppen kan det ta några varv innan du vänjer dig... det kan kännas som mycket nytt att ta in... lugn, din kropp vet hur den ska hantera det här... man får aldrig mer än man kan hantera... universum är smart och vill ditt bästa...

Känn hur detta energiflöde kommer in genom fotsulan... upp genom vristen... omkretsflödet forsar vidare in i smalbenet... upp i höger knä... långsamt flödar det vidare... du uppmärksammar hur det känns... det kan komma bilder i ditt inre... som bara fladdrar förbi... låt dem... du behöver inte fånga dem eller analysera dem...

Energin strömmar uppåt genom höger lår... in i höften... utmed bålen... bröstkorgen... in i armhålan... axeln... utmed sidan av huvudet... runt toppen av huvudet och sedan ner för vänster sida av huvudet... in i vänster axel...

Lugnt och stilla flyter omkretsflödet... Fokusera på ditt inre seende... bilder som fladdrar... minnen som flyter förbi...

Livsenergin strömmar vidare ner längs vänster bröstkorg... bålen... in i vänster höft... ner i vänster lår...

Låt din medvetenhet följa med min röst... in i kroppen... in i omkretsen... av din livsenergi...

Följ med flödet in i vänster knä... vänster smalben... vristen... foten... ut genom fotsulan... flödet fortsätter i ett kretslopp... en omkrets... som gör en mjuk båge nedanför fötterna för att om igen flyta in i höger fotsula...

Men detta varv går vi en liten bit ut i energikropparna... cirka fem centimeter utanför kroppen... låt din uppmärksamhet följa med instruktionerna... bara flyt med... utan att tänka... utan att förstå... bara vara i flödet... här och nu... detta ögonblick kommer aldrig igen...

Följ omkretsen fem centimeter utanför din kropp... till höger om höger fot... upp vid sidan av höger ben... knä... lår... utmed höger höft...

Långsamt... uppmärksamt på bilder och förnimmelser i din kropp... fortsätt utmed bålen på höger sida... bröstkorgen... axeln... utanför huvudet... som en gloria... runt toppen av huvudet och ner utanför vänster sida... ungefär fem centimeter från kroppen...

utanför vänster sida av bröstkorgen och bålen... utanför vänster höft... lår... knä... ben... vrist... fot... och även här fortsätter omkretsen i ett evigt flöde... som gör en båge nedanför vänster fot för att komma upp utanför höger fot...

nästa varv tar vi femton centimeter utanför kroppen... låt bilder och förnimmelser fladdra igenom ditt medvetande... som en luftig gardin i sommarens bris...

uppför sidan av höger ben... utmed bålen... axeln... runt huvudet... nerför vänster sida... axeln... bålen... höften... benet... ner mot foten... och runt igen till höger sida...

När du ska arbeta med andra är flödet nedanför fötterna en viktig pusselbit för djupare sessioner... ta en minut att fokusera på detta flöde nedanför fötterna i din egen energikropp... vila i detta en minut...

Innan vi avslutar ska vi även lära oss spiralflödet... ett roterande flöde som går runt och igenom hela kroppen som en spiral... ett av de bästa verktygen för att lossa på känslor... för att häva chocken vid djupare trauman... så att de begravda känslorna kan komma loss... upp till ytan... för att bubbla iväg till universums magiska brännugn... där allt återgår till stjärnstoff...

Lägg ditt fokus mellan fötterna... någonstans i kretsloppet ska vi ju börja... du kan börja var som helst i flödet när du jobbar på någon annan... bra att komma ihåg... så du inte per automatik upprepar det vi gör i basövningarna... jag vill att du ska förstå i dina celler hur flödena är konstruerade... då kan du gå in i dem på oändligt många sätt... långt utöver vad som är möjligt i ett hela med siffror schema...

Vi börjar mellan fötterna... här kommer flödet uppåt... spiralen går runt vristen och ner på höger sida av höger fotknöl... flödet går igenom den fysiska kroppen och en bit utanför... likt omkretsflödet... under vristen och upp igen... runt ovanför smalbenet...

spiralen strömmar ner vid höger vad på utsidan... runt under vaden... upp nedanför höger knä på insidan... runt ovan knäet... ned på utsidan av höger knä... under benet... upp på insidan av låret... runt och ned som en spiral vid utsidan av höger höft...

spiralen fortsätter, genomströmmar kroppen, men i bålen går spiralen ända in till ryggraden... kommer upp i samklang med chakran eller fontänflödena... oftast när man jobbar med spiralflöden i en session så arbetar man endast med returflödena längs bålen, det är mest i benen man använder hela spiralen... så runt bålen fokuserar vi på returflödena längs kroppen... de är alltid neråtgående, dvs riktningen är från framsidan av kroppen till baksidan...

vid höger höft går flödet från framsidan av kroppen till baksidan genom höften... detta flöde sträcker sig även utanför kroppen... i samma riktning... retur...

flytta din uppmärksamhet till midjan... låt returflödet forsa fritt i utkanten av din kropp... och en bit utanför... lägg märke till hur det känns att öppna upp... när du ska luckra upp returflödet kan du jobba väldigt tätt längs bålen... lita på inspirationen...

gå vidare upp till sidan av bröstet... fortfarande på höger sida... känn returflödet från framsidan av kroppen till baksidan... i kanten av bålen och lite utanför...

flytta sedan uppmärksamheten till sidan av käken... upplev returflödet där... sen vid tinningarna... först höger sida... sedan vänster... ner till vänster käke... returflödet från framsidan av kroppen till baksidan i utkanten av ditt huvud och en bit utanför...

upplev returflödet vid vänster bröst... vänster midja... vänster höft...

sedan kommer vi tillbaka till spiralflödet i vänster ben... upp mellan benen... alltså framåt... ner på utsidan av vänster ben... lår... knä... spiralen fortsätter... upp mellan benen... runt vänster ben... ner på utsidan av vänster ben... runt fotknölen för att återvända till utgångspunkten mellan fötterna...

Du har nu upplevt både spiralflödet och en del av returflödet... oroa dig inte om du inte förstår allt på en gång... Shen-utbildningen pågår i flera år för terapeuter... Rom byggdes heller inte på en dag... en elefant kan kännas oöverkomlig att äta... men inte om man tar en bit i taget... med mellanrum...

Kom tillbaka till här och nu... öppna ögonen... ta ett djupt andetag... sträck på dig... återvänd långsamt... du behöver inte rusa iväg till nästa...

Delar av omkretsflödet används som avslappnande och öppnande i början av en session eller som avrundande och integrerande i slutet av en session. Oftast håller man händerna som ger och tar emot på en halv meters avstånd. Undantaget är långa omkretsflöden, där man sträcker armarna så långt de går. Dessa långa flöden är speciellt verksamma för människor med fibromyalgi och som avslut på en session. Man behöver inte göra hela kroppen. Ett flöde på var sida av kroppen är tillräckligt. Vid andra flöden är kroppen den styrande mätstocken för hur långt det blir mellan händerna som sänder och tar emot.

Shen Fontänmeditation

Så var det dags för nästa övning. Här kommer vi att uppleva flödet i fontänerna i kroppen, från roten till kroncentret.

Lägg dig på rygg med en liten kudde under huvudet och en stor under knäna. Lägg gärna en tunn bomullsfilt eller fleecepläd över dig för komfort och värme. Slappna av, blunda och gå inåt. I denna övning ska du fokusera på att följa flödet, träna din varseblivning på de andra sinnena som känslor, hörsel och doft. Luktsinnet är ett av det skarpaste sinnena för att föra oss in i minnen och obearbetade känslor.

Fokusera på roten, som ligger emellan anus och könsorganen. Föreställ dig en fontän av livsenergi som sprutar upp mellan dina ben. Fontänen är så stark att returflödet landar vid sidorna av kroppen, strömmar ned genom utsidan av låren, följer konturen av ryggen för att återförenas i mitten, vid ryggraden, där den åter strömmar uppåt.

Flödet är som en fontän av oändlig energi, den pumpar uppåt mellan dina ben, vid returen passerar den nedåt vid blygdbenet och vid höfterna. Som i omkrets och spiralflödet är strömmen bred, går igenom och utanför kroppen, men formen på flödet är hela tiden en fontän. Ligg en stund och låt fontänen flyta på, följ med strömmen i medvetandet... fokusera sen på dina sinnen... känsel... hörsel... doft... under en till tre minuter...

Flytta sedan din uppmärksamhet till den sakrala fontänen... börja vid mittpunkten mellan blygdbenet och naveln... känn hur fontänen bred och stark i diameter strömmar och pulserar uppåt... för att sedan återvända i kaskader... returen går genom höftbenen... genom naveln... genom blygdbenet... bakom ryggen för att återförenas i ryggraden... upp igen... om och om igen... i ett evigt kretslopp...

Följ strömmen i den sakrala fontänen... vad känner du... vad hör du... känner du en doft eller lukt... finns det ett minne förknippat med doften... eller ljudet... eller känslan...

Var i flödet... under en till tre minuter... var nyfiken... följ fontänen i det eviga kretsloppet...

Nu är det dags att gå vidare till solar plexus, lägg din uppmärksamhet i magen mitt emellan naveln och v-et i bröstkorgen... känn fontänen strömma uppåt... kaskaden flödar och återvänder vid sidorna av kroppen... returen går genom naveln... genom v-et i bröstkorgen... bakom ryggen... för att återförenas vid ryggraden... och vänder uppåt igen... en evig gång...

Låt fontänen forsa på... smaka på den... känn på den... lyssna på den... låt dig uppslukas av fontänens livsenergi... var med solar plexus strömmen i en till tre minuter...

gå sedan vidare till hjärtat... mitt emellan bröstkorgens v och sternum, det kallas också bröstbenet... låt fontänen flöda... följ den forsande kaskaden i ditt hjärta... på vägen ner passerar flödet igenom sternum eller bröstbenet... returen går genom v-et i bröstkorgen... genom sidorna av bröstkorgen där främre och bakre revbenen möts... följ fontänen runt revbenen... bakom ryggen... där flödet återförenas vid ryggraden... för att vända uppåt igen... ut genom hjärtat... flödande...

överlämna dig till detta flöde... bli ett med det... kapitulera in i fontänens flöde... upplev känslan... upplev doften... upplev ljuden... kom ihåg händelser förknippade med denna fontän... stanna kvar i hjärtats fontän i en till tre minuter...

Dags att gå vidare... till halsen... i halsgropen forsar en fontän fram... uppåt... vid returen passerar den genom bröstbenet... sternum... returen går genom axlarna... bakom ryggen... till ryggraden... åter upp igen genom halsen... i ett evigt kretslopp... fokusera på vad du skulle vilja uttrycka... vad som ligger och bara väntar på att du ska släppa ut det... upplev känslan... upplev doften... hör ljudet... och vila i denna fontän under en till tre minuter...

Framåt och uppåt till pannan... mitt i pannan strilar en fontän... uppåt... på returen faller strömmen mjukt runt sidorna av huvudet... bakom skallen... flödena möts i centrum av bakhuvudet... för att åter flöda framåt... fokusera på ditt inre seende... din intuition... vila i denna fontän upp till tre minuter...

Till sist når vi kronan på verket... huvudet i himlen... känn fontänen som strömmar ut ur toppen av hjässan... kaskaderna forsar ned vid sidan av kroppen... upplev kontakten med himlen... vad du nu kallar den andliga uppkopplingen... kontakten med livsenergin... man kan föreställa sig en stickpropp med sladd... ungefär som när man laddar mobilen... man sätter i kontakten till himlen för att ladda batterierna med livsenergi... det är vad vi gör varje gång vi mediterar...

vila en liten stund i dina fontäner...

kom tillbaka till här och nu... andas djupt... sträck på dig... vifta med fingrar och tår... öppna ögonen...

Pausa, innan du rusar in i vardagslivet. Förresten, det är väl inte nödvändigt att rusa?

En egen Shen session

Det är inte alla flöden man kan göra på sig själv. Därför får man mest ut av Shen om man byter tjänster med andra, turas om att ge och ta emot behandlingar. Men det är också viktigt att ge sig själv

Shen. Ni som gått Reiki är ju vana vid detta, att jobba mer er själva. Det egna arbetet är också grundläggande i Shen.

Dessa flöden vi ska öva på här heter rot- och kronflöden.

Enklast är om du lägger dig på soffan eller sängen, med en liten kudde under huvudet, en större under knäna och den sedvanliga filten för komfort och värme. En extra kudde eller två att vila armbågarna på är inte fel.

Då var det dags igen. Blunda, släpp dagen och tankarna, gå inåt. Andas ett par djupa andetag...

Vi ska börja med kronflödena. Lägg vänster hand ovanför huvudet så att det är 5 - 10 cm mellan hjässan och handflatan. Vila armbågen på en kudde eller sängen, se till att du ligger bekvämt och ledigt... Lägg sedan höger handflata på bröstbenet (sternum) så att center av handflatan ligger rakt ovanför mittpunkten på bröstbenet... vila höger armbåge på en kudde så att du ligger avslappnat...

Din högra hand sänder livsenergi i samma riktning som returflödet av fontänerna från hjärta och hals... vid ryggraden förenas returflödet med ryggradsflödet som strömmar från roten till kronan... din vänstra handflata tar emot flödet... när dina händer infogas i flödet förstärker de det naturliga flödet... finns det blockeringar så löses de upp undan för undan...

bli medveten om dina handflator... fokusera sedan på andningen... du behöver inget göra... bara andas... observera... öka din varseblivning... låt högerhanden ligga kvar på bröstbenet i en till tre minuter...

Den vänstra handflatan ligger hela tiden kvar ovanför hjässan...

Flytta höger handflata till v-et av bröstkorgen... vid returflödet från solar plexus och hjärta... andas... observera... upplev energin i dina handflator... bara var i förnimmelsen... under en till tre minuter...

Flytta därefter höger handflata till att vila på naveln... returflödet från sakralcentret och solar plexus... vidare med ryggradsflödet... till vänster handflata ovanför hjässan eller kronan...

Känn din andning... observera djupet... lägg märke till hur det känns att andas... förnimmer du att den förändras...

efter en till tre minuter är det dags att flytta höger handflata... till övre kanten av blygdbenet... vid returflödet från rot och sakralfontänerna... som går in i ryggradsflödet till kronan...

vila här i en till tre minuter... andas... normalt... utan ansträngning...

vi fortsätter sedan till rotflödena... enklast är om du vänder dig så du ligger halvt på vänster sida... flytta höger handflata så långt ner du kan nå bekvämt på ryggraden... så nära svanskotan du avslappnat kan nå... låt handflatan vila där... syftet är att sända från roten till fontänerna...

böka runt tills du hittar ett bekvämt sätt att ligga med höger handflata nederst på ryggraden... den handen stannar kvar där... lägg vänster handflata på framsidan av kroppen vid roten, alltså rakt ovanför könsorganen...

andas och observera... håll uppmärksamheten i handflatorna... när du jobbar på någon annan kan du lägga en tunn kudde mellan handflatan och deras kropp... respektera gränser och berör aldrig direkt könsorgan eller bröstvårtor...

håll denna position under en till tre minuter...

flytta sedan vänster handflata till mitten av sakrala fontänen, mellan naveln och blygdbenet... andas och vila här i en till tre minuter...

flytta sedan vänster handflata till solar plexus... mitt emellan naveln och v-et på bröstkorgen... flödet går från roten längs ryggradsflödet till fontänen solar plexus... vila här i en till tre minuter...

Vidare till hjärtat... lägg vänster handflata på hjärtats fontän... mitt emellan v-et i bröstkorgen och sternum, dvs bröstbenet... andas... observera... under en till tre minuter...

Lägg nu vänster handflata ovanpå halscentret, vid halsgropen... vila kanten av handen mot nyckelbenen och vinkla handflatan uppåt för att undvika struptag på dig själv... detta är ännu viktigare när du jobbar med andra... få av oss har undgått strypning eller halshuggning i före detta liv... det kan ligga många trauman här...

andas... observera... vila vid halsen i en till tre minuter...

till sist flytta vänster handflata till ovanför hjässan... där den var under alla kronflöden... vila här i en till tre minuter...

återvänd till här och nu... ta några djupa andetag... vifta på fingrar och tår... sträck på dig... öppna ögonen... du är vaken och fullt medveten...

Kronflöden kan användas i början av en session för avslappning och för att öppna upp. Rotflödena är bra som avslut, avrundning och integrering. De är också hjälpsamma när någon är i upplösning och inte har grepp om tillvaron.

HU-sång

Logiskt nog kommer HU-sång och Chakratonsövningen från kapitlet *Meditation i Ton.*

Jag lärde mig HU-sång genom vänner som var aktiva i Eckankar, ett andligt samfund som finns över hela världen. Huvudkontoret för Sverige ligger i Huskvarna. HU är en gammal tibetansk chant som dyker upp då och då när vi på jorden går igenom medvetandeförändringar. HU fungerar som själens stämgaffel.

Om du vill lyssna på HU-sång på CD vet jag att Eckankar har en bra inspelning från en stor grupp som sjunger denna underbara meditativa chant. Det låter som humlor surrar. Sen kan jag varmt rekommendera Marcey Hamms CD *Anthem to Soul*. Det är en fantastisk komposition av HU-sång och trummor...

Så är ni redo att HU:a?

Sätt dig bekvämt på en stol med fötterna på golvet och låt händerna vila på låren med handflatorna uppåt. Tag ett djupt andetag och slut ögonen, släpp dagen och andas ut...

Känn hur ryggraden är rak och avslappnad. Du andas in ner i magen, så småningom på vägen upp, kommer det att komma ett HU ljud. Du behöver inte veta hur du ska göra, lugn, din kropp minns. Någon gång, i en annan tidsålder, har din själ sjungit denna sång. Den kommer att minnas.

Andas in, känn hur ljudet porlar fram och upp genom strupen. Ingen ansträngning behövs, bara låt det ske när din kropp är redo. Du kan sitta många gånger och bara öva mentalt innan du är redo att sjunga ut. Det är helt i sin ordning.

HU uttalas som i Hugh, tänk på Hugh Grant, skådespelaren. HU kan sjungas högt eller lågt. Låt din kropp finna rätta läget i detta nu för denna gång. Du kan sjunga tyst eller starkt, låt det som vill komma fram bara komma.

Andas in, hämta upp ett HU och låt det bubbla ut på utandningen, lugnt och fint, det känns helt naturligt, som om du lärde dig detta i andra klass.

Fortsätt att andas in och ut i en naturlig rytm, låt HU sången fylla rummet.

Till att börja med kan du HUa fem minuter för att sedan sitta still i meditation i fem minuter. Öka tiden gradvis tills du/ni är uppe i tjugo minuter HU-sång och tjugo minuter meditation. Tänk om vi kunde införa detta innan alla stressade debatter och förhandlingar!

Chakratoner

Chakran är energicenter i kroppen. De är också förknippade med känslocentren i Shen. Att tona chakran är ett utmärkt sätt att stärka kroppens energisystem och sätta fart på igenslammade känslor. Chakratonerna är även bra när man haft en release, eller annat känslosvall. Chakratoner hjälper dig att vara i din egen energi och stärker kontakten med självet. Den här övningen går igenom alla energicentren så det är en bra grundläggande övning vid kurs eller konferensstarter.

Jag föredrar att sitta bekvämt där mina fötter når golvet och vilar bekvämt, min rygg har bra stöd och jag kan sitta rakt och avslappnat. Andra föredrar att sitta i skräddar- eller lotusställning, att ligga på rygg går också bra. Kom ihåg att stänga av ringning på telefoner, sätt gränsen att du vill vara ostörd. Man behöver inte vara tillgänglig jämt. Världen går inte under om du tar paus för dig själv. Det är nog snarare tvärtom.

När man gör chakratoner i grupp blir det bäst effekt om man sitter i cirkel, när samklangen är som bäst vibrerar tonerna i mitten, en härlig känsla.

Sitt bekvämt, lägg händerna på låren med handflatorna uppåt. Slut ögonen och gå inåt. Ta några djupa andetag, och släpp dagen... andas in... andas ut... andas in... andas ut... andas in... andas ut...

Känn hur luften dras in och ner ända till roten som ligger mellan anus och könsorganen... bli medveten om rotcentret... lägg din uppmärksamhet i roten medan du fortsätter att andas in och ut...

rotens färg är röd... upplev den röda färgen i din rot... andas in... andas ut... hämta upp rotens ljud som är ett mullrande öh... andas in... låt öh bubbla upp naturligt från roten vid utandningen... det kan dröja innan du hämtar upp ett ljud... fortsätt att andas in och ut... fokusera på roten, rött och öh... så oväntat finns det bara där när du andas ut... öh... du kan inte hejda det...

lugnt och stilla... in och ut... andas in... öh... in... öh... in... öh... in... öh... i ett evigt kretslopp...

vila i tystnad innan du går vidare... känn din rot...

flytta uppmärksamheten till sakralcentret mellan naveln och blygdbenet... färgen är orange... ljudet ett fylligt oh... andas in... låt ljudet oh komma naturligt när det är redo... slappna av... din kropp vet hur den ska göra... andas in... oh... in... oh... in... oh... in... oh... in... oh...

vila innan du går vidare... var i upplevelsen...

flytta din uppmärksamhet till solar plexus mellan naveln och v-et i bröstkorgen... färgen är gul... ljudet är åh... andas in... hämta upp åh från solar plexus... utan ansträngning... låt det komma naturligt... det bara bubblar ut när det är redo... du kan inte hejda det... andas in... hämta åh... in... åh... in... åh... in... åh... in... åh...

stanna upp i tystnad en liten stund innan du går vidare... pauser är nödvändiga i livet med...

vi går vidare till hjärtat mellan v-et i bröstkorgen och bröstbenet, också kallad sternum... färgen är pärlemorskimrande havsturkos och rosa... se det gröna havet på vänster sida av bröstet och det rosa skimret på höger sida... ljudet är ah... och kommer från bröstet... tonen blir högre för varje center... du hittar ljudet i din kropp... andas in... hämta upp och andas ut ah... andas in... andas ut ah... in... ah... in... ah... in... ah... in... ah...

vila i tystnaden... efterdyningarna av vibrationerna...

nu är det dags att tona halsen... i halsgropen... färgen är safirblå... ljudet är äh... andas in... hämta äh... låt stämbanden vara avslappnade... volymen är inte viktig... låt den justera sig själv så det blir naturligt för dig just nu... ibland är man tyst som en mus...

ibland är det lejonet inom oss som får ryta... andas in... hämta äh... in... äh... in... äh... in... äh... in... äh...

stanna upp och känn din kropp...

släpp alla tankar... var här och nu...

flytta uppmärksamheten till panncentret eller tredje ögat mitt i pannan... färgen är indigo, midnattsblå, jeansblå... ljudet är ai... andas in... hämta ai... i pannan... in... ai... in... ai... in... ai... in... ai...

en paus innan vi går vidare...

så till sist flyttar vi uppmärksamheten till kronan på toppen av hjässan... färgen är lila... en del använder vitt eller violett... känn efter vad som är rätt för dig just nu... ljudet är i... tonen hittar du ovanför huvudet en till tre decimeter upp... andas in... hämta i... låt det komma när det är redo... din kropp vet... din kropp minns... din kropp kan... släpp taget... andas in... andas ut i... in... i... in... i... in... i... in... i... in... i...

vila en minut eller mer innan du återkommer till här och nu... om du vill kan du meditera i tjugo minuter...

så var det dags att komma tillbaka till här och nu... rör fingrar och tår... sträck på dig och öppna ögonen... kom in i verkligheten med varsamhet...

sitt en stund...

Jag hade egentligen tänkt lägga in flera tonövningar här men känner att nu räcker det. Vill du veta mera finns flera övningar i min bok *God put a Dream in my Heart - Handbook of Life Therapy* eller så kontakta mig för en specialkurs.

Börja dansa hemma

I stället för att som i de flesta dansinstruktioner gå igenom elementen eller rytmerna ska jag börja där du är, hemma, med ditt eget musikskafferi. Nu finns det verkligen inga ursäkter för att inte sätta igång. Dans- och skelettövningen hänger förstås ihop med kapitlet *Frigörande Dans*. Mera om dans hittar du även i kapitlen *Dansen i mitt liv* och *Terapeutisk Berättelse*.

Börja med att gå fram till din musikhylla. Utan att tänka, plocka fram en CD och sätt in den i musikanläggningen. Om du känner för det kan du intuitivt välja vilken låt du ska börja med. Man kan helt enkelt fråga vilket nummer och så dimper det ner ett svar som nr 3. Då spelar man nummer tre. Svårare än så är det inte.

Börja med att känna in. Alltså rör dig inte, till att börja med. Stå avslappnat och bara lyssna in, känn in. Alltför ofta rusar vi in med gensvar innan vi verkligen hunnit känna efter, gå in i upplevelsen. Sakta kommer du i kontakt med vad dina fötter vill göra. Låt fötterna leda första dansen. Var lekfull, nyfiken, låtsas att det är en lek.

Fortsätt och låt händerna leda nästa del. Känn in, bara stå och gunga lite och känn in, och det spelar ingen roll vad eller hur du gör, det kan kännas ovant i början. Det finns inget rätt eller fel sätt att göra detta, du kan bara vara dig själv. Så slappna av, finn ditt inre barn som bara älskar att dansa för att hon kan. Hon oroar sig inte för vad andra ska tycka, hon bara rockar på.

Efter ett tag är det dags att byta CD, välj något helt på måfå, ja slumpen är ju ingen tillfällighet, men försök att inte tänka eller analysera. Bara välj, gör något, håll flödet igång.

Låt din kropp gunga i takt med musiken, spela hela skivan om du vill, dansa så länge du känner för. Låt dig ryckas med i musiken. Även mycket långsam musik har sin charm, man går in i slowmotion och upptäcker små, lugna rörelser. Medan du rör dig, medan du är i musiken, så kan det komma tankar. Det är helt ok, du kan helt enkelt låta dem passera som moln, observera att de är där. Känslor är inte ovanligt att de dyker upp, vid det här laget hoppas jag du förstått att livsenergin är känslor i rörelse.

Om känslor kommer, låt dem bubbla upp och igenom. Du behöver inte göra något utan bara känn. Att agera genom att skrika och slå hjälper sällan att få ut känslan, för i utagerandet skjuter man känslan ifrån sig. Bästa sättet att bli fri och gå vidare är att känna känslan, gå in i den, alltså inlevelse i stället för utlevelse. Att skrika kräver att man spänner sig, för att släppa behöver man slappna av i alla cellerna, överlämna sig i processen, kapitulera i nuet. Då, i mjukheten, släpper det, och man faller in i det okända, i befrielsens magi.

Skelettövning vid Frigörande Dans

Sitt ner på golvet eller på en stol. I denna övning kommer du att mjukt och varsamt utforska ditt eget skelett, din egen benstruktur.

Det är ett av många sätt att lära känna sig själv och sina gränser. Tänk om nästa släktträff började på detta sätt?

Om ni väljer att göra övningen på varandra så turas om att ge och ta emot. Kom ihåg att respektera gränser och icke beröra könsorgan eller bröstvårtor.

Börja med att blunda, slappna av och ta några djupa andetag. Använd fingertopparna till att mjukt trycka mot huden och känna benstommen därunder.

Börja med fingrarna, en i taget...

sedan handen... handleden... underarmen... armbågen... överarmen... axeln... nyckelbenet... andra axeln... överarmen... armbågen... underarmen... handleden... handen... fingrarna, en i taget...

upplev hur det känns att beröra och beröras... anpassa trycket med fingertopparna så att det känns behagligt...

flytta händerna till huvudet, tryck lätt med fingertopparna mot skallen och skallbenen... alla ben i ansiktet och runt ögonen... pannan... kindkotor... käkar... tänder... nacken...

följ ryggraden från atlaskotan till svanskotan... varsamt, mycket varsamt...

känn skulderbladen... först det ena... sen det andra...

gå vidare till bröstkorgen... alla revben... runt om... fram och bak... från magen till nyckelben... känn hur bröstkorgen rör sig när du andas... hur flexibel den är...

så ner till höftbenen... båda sidorna... sittkotorna... blygdbenet...

ena låret... knä... smalben... vristen... alla ben i foten... tårna en i taget...

andra foten... tårna en i taget... alla ben i foten... vristen... smalben... knä... lår...

stanna upp och bara var i denna känsla en stund...

kom tillbaka till här och nu varsamt, öppna ögonen och sträck på dig, gäspa lite kanske?

Terapeutisk berättelse vid irritation

Då var det dags att visa hur man gör. Här följer ett stycke *Terapeutisk Berättelse*, som förstås kommer från kapitlet med samma namn:

Jag känner mig irriterad, det finns något explosivt inom mig, som åska som väntar på en urladdning. Vädret är kvavt och varmt, jag vaknade ej helt utsövd, känner mig övertrött. Magen känns irriterad, som den inte fått redig mat, den känns upp och ner efter gårdagens sena utflykt.

Jag känner mig spänd, bröstkorgen är hopklämd, får inte riktigt ner andan i maggropen. Har ingen aning varför jag känner en sån irritation. Det är det djävligaste med ilska, jag skulle vilja kasta hinken över något men det finns ingen orsak. Jag vill bli av med den och den är inte alls rolig att känna.

Men det är precis det jag ska göra. Känna på ilskan i mitt inre och gå in i den på djupet, få upp den och ut den och lösa upp den. Jag känner avund för naturen, den bara åskar på och så blir det klart och rent och ozonen luktar så gott. Jag älskar åska, dunder och brak, Zeus i högform, inte för inte är jag skytt.

När jag skriver terapeutiskt skriver jag utan att tänka, fokuserar på vad jag känner, det gäller att hålla pennan igång eller fingrarna smattrande över tangenterna. Skriv på, skriv på. Fokus i maggropen, jag känner tension, spänning, stramhet, återhållsamhet, väntan på vadå? Väntar på att något ska hända, att få gensvar, positiv, feedback. Väntar på recension av min ljudbok. Tänker på kompis som säger ibland känns det som jag skriker rätt ut i rymden. Är det någon som lyssnar? Är det någon som bryr sig? Är det någon som hör vad jag säger?

Känner frustration att jag jobbar och jobbar, skriver och skriver och ändå vet jag inte om budskapet gått fram. Varför håller jag på? Tänk om jag skriver hela denna bok, allt detta arbete, helt förgäves, det är ingen som bryr sig, den kommer ut och faller platt, jaha så var det inget mer med det. Frustration att inte veta, inget gensvar, är det det jag känner?

Har även varit ute på en singelsajt för att träffa någon? Men känner att det är helt fel forum för mig. Undrar hur folk orkar sortera igenom alla knäppgökar innan de hittar ett guldkorn. Första mannen som raggade upp mig var inte alls den han gav sig ut för att vara. Plockade helt enkelt någons identitet, började fint och vände snart till dunkla hot och konstiga anspelningar och skulle förhandla om information. Man har ingen aning vem man kommunicerar med. Blir förbannad att det finns så många som förstör för de som är ute i ärligt uppsåt.

Blir förbannad för det känns som det inte finns forum för mer djupsinniga möten. Allt är så djävla ytligt, man ska chatta och slänga käft. Jag vill ha något verkligt, någon man kan vara tyst med, som är något att hålla i handen när åskan går och som inte håller på med löjliga spel och konstiga utspel. Jag har haft nog av detta.

En liten analys i all känslosamhet, jag kände på mig att jag inte platsade på en singelsajt och nu är jag förbannad för att jag mot mitt bättre vetande ödslat tid och energi på något som jag innerst inne vet är fel forum för mig. Hur fanken ska man göra? Det finns ingen lösning som är vettig förutom att leva sitt liv...

Som ni ser ovan kommer det en del insikter, man kan skriva korta stycken lite då och då för att få klarhet i stunden. Det behöver inte vara så stort.

Vill ni fördjupa er i terapeutisk berättelse hänvisar jag till min bok *The Naked Truth*.

Bakgrund, filosofi och länkar

För dig som gärna vill ha referenser eller dyka djupare i information har jag lagt till denna sektion. Informationen finns även på hemsidan www.divinedesign.nu

Jag har skrivit tre böcker på engelska om livsfrågor. Första boken handlade om Livsterapi och mina erfarenheter att hitta tillbaka till livet efter utbrändhet. Andra boken är min egen terapeutiska berättelse. Bok nummer tre kom ut sommaren 2005 och handlar om att upptäcka potentialen i relationer och organisationer. Böckerna distribueras över hela världen.

Än så länge finns dessa böcker inte översatta till svenska. Men jag finns här, och jag vill så gärna lära ut kunskaperna jag skriver om, så att de blir förankrade här i Norden.

Sommaren 2006 kom min första ljudbok ut, på svenska. Den heter *Livs Levande Eva* och är inspelad i nuets flöde, fritt från hjärtat. Normalt skriver man först en bok, ger ut den i tryck, gör en ljudbok på CD för att till sist konvertera den till mp3. *Livs Levande Eva* är unik, troligtvis den första boken i världen som gått raka spåret till digitalfil. Boken går att låna via bibliotekens hemsidor och köpa via nätbutiker.

Metodik Mitt sätt att lära ut skiljer sig från det traditionella. En kursdeltagare sa att jag gör det så enkelt och naturligt, som om "det här kommer ni ihåg från andra klass." Jag delar med mig av det jag kan, agerar som en katalysator för gruppens processer, låter livsenergin flöda vilket betyder att jag också går in i mina processer under resans gång. Bästa sättet att lära sig något är att vara med i en grupp som träffas regelbundet under en längre tidsperiod, där teori varvas med praktik, där man får tillfälle att lära känna och jobba med varandra och där det ges tillfälle till repetition, fördjupning och en förlösning av sina egna processer. Så småningom sitter kunskapen i ryggmärgen. Man har verkligen lärt sig materialet. Och det är man själv som känner efter att nu är jag färdig med det här, man skapar sitt eget diplom så att säga. Jag tror på inre vägledning, att ingen yttre auktoritet ska bedöma våra färdigheter, kunskaper eller upplevelser.

Innehåll Mina kurser och utbildningar skräddarsys efter deltagarnas önskningar och behov. Jag erbjuder självplock, axplock, eget urval från ett smörgåsbord av kunskaper. Jag är som sagt en katalysator, en igångsättare, som ger dig verktyg för livet. Flera år efter ett föredrag kan jag få höra "din presentation och övningarna du lärde oss är de mest användbara från alla föredrag vi haft i vår klubb. Vi träffas fortfarande och gör dina övningar." Vad vill du ge din livsenergi till? Nedan beskriver jag alla de valmöjligheter som finns med hänvisning till mina relevanta utbildningar och intressanta länkar.

Bakgrund Hösten 1990 var jag utbränd. När jag blev friställd våren 1991 började jag studera terapi och personlig utveckling för min egen skull. Jag lärde mig hitta tillbaka till livet och är mestadels utbildad av pionjärer inom branschen i USA och Europa. Tidigare arbetade jag i USA och Frankrike med resultatinriktad projektledning och organisationsförändringar där medarbetare fick större inflytande och ansvar. Jag är i grunden civilingenjör.

Divine Design betyder gudomlig plan, eller naturlig lösning. Inspirationen att använda Divine Design som företagsnamn och hemsideadress kommer från böcker av Florence Scovel Shinn och Emmet Fox.

Livsterapi är ett samlingsbegrepp jag använder för terapi och personlig utveckling, dvs det mesta som följer ingår i livsterapin. Övningar och mycket mera hittar du i mina böcker.

Känslor är energi i rörelse. För att må bra behöver vi röra på oss, andas och uppleva våra känslor. När vi blir stressade är det svårt att andas ordentligt. När vi inte rör oss stagnerar livsenergin (chi). När vi förtränger våra känslor stannar de kvar i våra kroppar. När vi inte kan fullborda upplevelsen av våra känslor lagrar vi dem i våra kroppar och vi upplever dem som spänningar, muskelvärk, uppkörda magar, migrän, mardrömmar, trötthet, depression mm. Kroppens naturliga reaktion vid trauman är att stänga av känslorna för vi förmår inte hantera dem alla just då - men de stannar kvar i kroppen tills chocken upphävs. Skolmedicinen hjälper oss med brutna ben, akuta infektioner och operationer. Livsterapin däremot kan hjälpa dig när symtomen är diffusa och man inte kan hitta en medicinsk eller psykiatrisk orsak. Livsterapi hjälper dig att släppa spänningar, förlösa känslor från till synes obetydliga händelser samt läka såren från djupare trauman, förbättra din fysiska och emotionella hälsa och hitta hem till dig själv.

Meditation Måste man sitta med benen i kors och se ut som en guru? Absolut inte! Man kan sitta på en helt vanlig stol. Meditation är ett helt naturligt medvetandetillstånd vi passerar igenom när vi vaknar och somnar. Meditation kan hjälpa dig att slappna av, bli mer medveten, få bättre kontakt med dina känslor, vara mer närvarande i nuet, bli mer fokuserad och mindre stressad. Det finns många olika sätt att meditera, och under resans gång kommer vi att prova på olika metoder så att du kan hitta "din" metod. Vi tränar att meditera med och utan musik, att fokusera på andningen, guidade meditationer, vippassana, andnings- och rörelseövningar, kroppslig avslappning, begrepp- och sinnesmeditation.

- *1991-1993 Meditation och Personlig Utveckling med Joan insui Giehl (Life Energy Fundamentals). Meditation, livsenergins grundprinciper, lyssna på ditt inre & mental, fysisk, känslomässig och andlig närvaro. Sedan 1991 mediterar jag 20 minuter varje dag. Upplevelsen av bestående förändring genom meditation kommer efter 1000 dagar, dvs tre år.*

Shenterapi är en vetenskapligt baserad healingmetod, eller biofältsterapi, som förlöser spänningar i kroppen för bättre emotionell och fysisk hälsa. Metoden kan beskrivas som en kombination av Rosen, Gestalt och healing, eller psykoterapi för kropp och själ. Det är en av de effektivaste terapierna för djupare trauman som jag har träffat på. 2002 sprack Shenorganisationen så nu finns det även Kairos.

- *1991-1993, 1997-2002 Shen terapeut och lärarutbildning*
- *SHEN Therapy Organization (www.shentherapy.info)*
- *Kairos Therapy Organization (www.kairostherapy.com)*
- *Shenterapi broschyr på svenska (www.divinedesign.nu/shensv.html)*
- *Tove Asmussens artikel om Shen-terapi, delvis publicerad i Alternativt Nettverk nr 6/97 (www.divinedesign.nu/Toveartdk.html)*

- *Følelse og sammentrækkelighedsfaktoren. En ny model for psykosomatiske sygdommes opståen. Foredrag holdt på opfordring ved den stiftende konference for The Chinese Society for Behavioral Medicine and Biofeedback © 1988 Richard Pavek, upphovsman av Shen-terapi (www.divinedesign.nu/emotcontdk.html)*

Hypnosterapi & Regressioner är andra metoder som når djupare medvetande för att förlösa känslor, uppleva tidigare liv eller få själskontakt mellan liv. Hypnos är ett naturligt tillstånd vi passerar igenom mellan sömnen och uppvaknandet, helt enkelt en djupare nivå än meditation. Man är djupt avslappnad men kan tala och höra.

- *1992 Certifierad hypnosterapeut American Institute for Transpersonal Hypnotherapy/NLP (www.FindingTrueMagic.com) en radikal syntes av österländska och västerländska perspektiv och tekniker tillämpad i hypnosterapins konst och vetenskap. Studerade med Jack Elias, författare av den internationellt prisade boken "Finding True Magic:Transpersonal Hypnotherapy/NLP."*

- *"Resan" av Brandon Bays (www.thejourney.com) har samma syfte som Shenterapin, men använder en annan teknik, mer lik hypnos och NLP. En viktig nyckel i Resan är kontakten med ditt allra innersta, din andliga källa.*

- *1992 Skapa din Framtid workshop m/Tad James (www.nlp.com). Boken "Time Life Therapy" av Tad James är en av de bästa böckerna jag läst om hypnosterapi och NLP.*

- *1992 Hawaiiansk livsfilosofi Huna (www.huna.com) är närbesläktat med både hypnos och NLP. Huna är en av de äldsta livsfilosofiska traditionerna som hållits levande genom tiderna.*

- *1999 Hawaiiansk Lomi-Lomi Massage, Annika Undeborn. Behandlingen är mjuk och böljande, skön och behaglig, avslappnande, löser upp muskelspänningar, ger djupare vila, ökat välbefinnande och mer livsenergi. En helkroppsmassage längs energibanorna ger näring åt kropp & själ. En naturlig del av en serie terapisessioner.*

- *"Lär av dina tidigare liv" av Sylvia Browne (www.sylvia.org) beskriver regressioner till tidigare liv. Hennes metodik ger utmärkta resultat när man vill utforska sambanden i nuvarande relationer och förlösa karmiska band.*

- *Andliga regressioner ger oss möjlighet att gå till rummen mellan liv och förstå varför vi är här. Jag utforskar Michael Newtons (www.spiritualregression.org) banbrytande arbete med Life between Lives - Hypnotherapy for Spiritual Regression.*

Meditation i Ton Att sång kan påverka hälsan upptäckte munkarna i ett Benedictinekloster. En ny abbot tyckte det var onödigt för munkarna att ägna sig åt att sjunga sex till åtta timmar om dagen, och inställde sången. Snart därefter blev munkarna trötta och deprimerade. Den ena experten efter den andra kom för att hjälpa munkarna bli friska igen, men rådde ingen bot på det. Till sist blev Dr. Tomatis tillfrågad, som genast insåg att det var just sången som hade gett den laddning de behövde för att arbeta tjugo timmar om dagen. När de återupptog sin dagliga Gregorianska sång, blev de snart pigga och friska. Meditation i ton handlar inte om att bli munk, men om att slappna av, ha roligt och lära dig något nytt. Vi leker med toner som finns inom dig och du får lära dig chakratoner, andnings- och rörelseövningar, tonhealing, att sjunga affirmationer, turbokramar och HU-sång. HU är en gammal tibetansk chant som fungerar som själens stämgaffel. Övningarna hjälper dig att finna din röst och komma i bättre kontakt med dig själv. De balanserar hjärnhalvorna, fördjupar andningen, gynnar förmågan att vara helt närvarande i nuet och stärker immunsystemet.

- *1994 - 1998 var jag med i ett flertal grupper som praktiserade tonhealing, bl a Sound Healers of Washington (www.soundhealers.com) & Mute Stones Shall Sing med Marline Lesh & Awakening Voice med Diana Nielsen. Dessutom studerade jag andnings- och rörelseövningar för personlig närvaro utvecklad av Jane Hundley (www.impactmanagementusa.com) samt Chi Yi/Art of Breathing utvecklad av Nancy Zi (www.theartofbreathing.com)*

Frigörande Dans är det mest naturliga sättet att dansa till musik och rytmer från hela världen. Kanske du hört talas om de fem rytmerna av Gabrielle Roth? Det är bara en del av den livsbejakande

Frigörande Dansens magi. På svenska finns Karin Swanströms bok *FRI GÖR ANDE DANS - att följa livets flöde.*

- 1999 - 2002 *Frigörande Dans med Karin Swanström (www.karinswanstrom.com) Anne Swahn & Ingela Moser*

Intuitivt Måleri handlar om att släppa taget och låta den kreativa processen ske, att släppa kontrollen och gå in i vad det än är som vill hända.

- 2000, 2004 *Vedic Art (www.vedicart.net) Anita Lindström, Curt Källman*

Terapeutisk Berättelse är konsten att berätta din traumatiska historia på ett sådant sätt att du blir färdig med den och kan gå vidare, till ett rikare liv. Terapeutisk berättelse är en fördjupning i ämnet livsterapi och beskrivs i min andra bok *The Naked Truth - an exercise in therapeutic storytelling and the principles involved in becoming finally free.* Kurser i terapeutisk berättelse lämpar sig icke för nybörjare, det är en process som avslutar en serie behandlingar, terapier eller kurser.

Livsvägledning är ett brett ämne som kan handla om livsuppgift, intuition, NLP, astrologi, Myers-Briggs, ledarskap med mera.

- 1994 - 1996 *Gemstone Therapy (www.lightstreams.net) var för mig en intensivkurs i att lyssna och lita till min intuition, att lära mig släppa taget så att jag inte behövde ha full koll. Jag lärde mig att jag inte behövde veta i tankarna innan jag gjorde något. En av mina kurskamrater var Daenin Tejeda (www.byregion.net/profiles/daenin6.html)*

- 1995 - 1997 *Livsvägledning med Janene Jurgensen & Merrill-Jan McGee. Jag både medverkade och ledde en grupp som utforskade ämnet livsuppgift.*

- 1997 *Personlig närvaro med Jane Hundley (www.impactmanagementusa.com) var en djup process ner i min mest bejakande personliga sanning och min mest begränsande tanke. Jane studerade Frigörande Andning med Sondra Ray och hennes processer har mycket gemensamt med NLP.*

- *Astrologi är ett viktigt redskap för att förstå varför vi är här. Mina favoriter är Carolina Eastwood (www.earthstarconsulting.com/planetarycycles) och Henry Seltzer (www.astrograph.com/sunsigns.php)*

- Om du är intresserad av Mayakalendern, så hittar du många intressanta artiklar på Carl Johan Callemans hemsida (www.calleman.com).

- Om du vill förstå själens resa i jordelivet är Michaelsystemet min absoluta favorit. Michael är en gruppsjäl som kanaliseras genom medier över hela världen. Böckerna finns ännu inte översatta till svenska (www.michaelteachings.com).

Organisationer & Relationer bygger på mina erfarenheter med individer, grupper, organisationer - frivilliga såväl som ofrivilliga - nätverk, kurser, filosofiska observationer och funderingar. I grunden handlar det om att man kan inte ha en organisation utan relationer och vice versa. För att en organisation ska fungera behöver man ta till vara individernas intressen och talanger, samt organisera arbetet så att livsenergin kan flöda fritt. Många relationsproblem uppstår när vi insisterar på att banka in andra människor i förutbestämda mallar, i stället för att utforska vem man är, var vi möts och släppa taget om resten. Allt detta och mycket mer skriver jag om i min tredje bok *The Pathfinder Process - exploring the potential of organizations and relationships.*

Debatten om **utbrändhet** diskuterar om det är individen eller organisationen som ska rehabiliteras. Jag säger att det är både och, men det krävs förändring på ett djupare plan, både för individen och samhället.

Boka kurser

Jag reser gärna till olika platser i världen för att hålla föredrag och kurser i de terapeutiska och skapande processerna. Böcker har en lång livslängd och jag kan ha hunnit flytta flera gånger innan du läser det här. Enklast är att kontakta mig via hemsidan:

www.divinedesign.nu

www.ingramcontent.com/pod-product-compliance
Ingram Content Group UK Ltd.
Pitfield, Milton Keynes, MK11 3LW, UK
UKHW040232070425
457122UK00001B/76